SÉNÈQUE

PHÈDRE

Traduction de François-Régis Chaumartin

Texte annoté et questions par

Aude ALIZON

Agrégée de grammaire

Christine TARDIVEAU

Agrégée de grammaire

LES BELLES LETTRES

Hatier

Avant-propos

■ Les nouvelles épreuves du baccalauréat – définies dans le B.O. du 9 avril 2009 – ont inscrit au programme de Terminale une œuvre de la littérature latine. Il s'agit, pour les sessions 2016 et 2017, de *Phèdre* de Sénèque.

■ Nous avons tenu à donner ici le texte intégral mais en proposant vingt textes, de façon à laisser au professeur le choix des textes qu'il souhaite étudier. Les autres extraits sont accompagnés de notes d'aide à la traduction.

Pour se préparer à l'épreuve

■ Sur ces vingt séquences, dix sont présentées de façon à être utilisées dans le cadre de l'entraînement à l'épreuve écrite du baccalauréat. Le texte y est bien sûr introduit par un court chapeau le mettant en contexte mais il est également accompagné de notes d'aide à la traduction et d'un questionnaire en quatre temps : une première question porte sur un fait de langue, une deuxième sur une comparaison de traductions, une troisième sur l'analyse littéraire du passage ; enfin, une quatrième question invite à traduire sous forme de version un passage de quelques lignes.

■ Pour permettre aux élèves de faire la comparaison de traductions demandée, nous avons donné à chaque fois plusieurs traductions portant sur quelques phrases particulièrement intéressantes et empruntées à des éditions variées : celles de Jean Yeuwain (1591), de Jean-Marie-Louis Coupé (1795), d'Eugène Greslou (1834), de Charles Nisard (1855), de François-Régis Chaumartin (© Les Belles Lettres, 1996) et de Florence Dupont (in Sénèque, *Phèdre, Thyeste, Les Troyennes, Agamemnon*, © Imprimerie nationale éditions, 1991, © Actes Sud, 2012, pour la présente édition).

Pour travailler le commentaire

■ Les dix autres séquences sont présentées dans l'optique du commentaire : toujours accompagnées d'un court chapeau et de notes, elles sont suivies d'un questionnaire invitant à relever les principaux points à commenter dans le passage.

Bonne lecture,
Les auteurs

© HATIER / LES BELLES LETTRES – Paris, août 2015 – ISBN 978-2-218-98672-7

Baccalauréat

Épreuves de langues et cultures de l'Antiquité (latin et grec)

■ Trois épreuves :
– l'épreuve obligatoire et de spécialité, en série L : épreuve écrite ;
– l'épreuve facultative pour les séries L, S et ES : épreuve orale ;
– l'épreuve de contrôle du second groupe (rattrapage) en série L : épreuve orale.

L'épreuve écrite

■ Elle porte exclusivement sur l'œuvre mise au programme, qui sera renouvelée tous les deux ans. Durée : 3 heures. Coefficient : 4.

■ L'épreuve est divisée en deux parties. Le support de l'épreuve est un extrait d'une trentaine à une quarantaine de lignes ou vers accompagné d'une traduction, à l'exception d'un passage consacré à la version.

■ **Questions (60 points) :** trois questions sont posées sur le texte.
– La première question porte sur un fait de langue – morphologie, syntaxe, lexique – constitutif du système linguistique latin ou grec et cherche à en évaluer l'acquisition.
– La deuxième question porte sur une comparaison de traductions, qui nécessite la mise en œuvre de compétences linguistiques en latin ou en grec, et en français.
– La troisième question porte sur le sens du texte et sa qualité littéraire ; elle conduit le candidat à adopter une démarche de commentaire ; elle établit nécessairement un lien entre le texte et l'œuvre au programme à laquelle il se réfère ; elle invite aussi le candidat à relier ce texte à des textes ou à des œuvres artistiques qui, au cours des siècles, en sont les prolongements.

■ **Version (40 points) :** elle porte sur un extrait appartenant au texte (éventuellement à son contexte immédiat). Cet extrait comprend de 50 à 60 mots.

L'épreuve orale

■ Durée : 15 minutes. Le candidat fournit à l'examinateur la liste des textes (environ 200 vers ou lignes) étudiés pendant l'année terminale, organisée selon les entrées inscrites dans le programme (œuvre complète ; interrogations philosophiques ; interrogations scientifiques ; interrogations politiques).

■ L'examinateur propose au candidat un passage représentant environ le quart du texte retenu ; le candidat devra traduire ce passage. Puis il devra préparer un commentaire de l'ensemble du texte en le mettant en perspective avec l'entrée du programme correspondante.

Extraits du B.O. n° 15 du 9 avril 2009

Sommaire

INTRODUCTION 7

Le théâtre romain 7
Le temps de la représentation 7
Le lieu de la représentation 8
Les professionnels de la représentation 9
Le contenu de la représentation 11

Sénèque : sa vie 14
Son éducation 14
Son influence 14
La disgrâce 14

Sénèque : ses œuvres 15
Les œuvres philosophiques 15
Les tragédies 15

Le mythe de Phèdre 16
Les sources de Sénèque 17
La postérité du mythe 20

Conspectus metrorum 21

PHÈDRE 23

Seuls figurent ici les textes que nous avons choisi d'étudier. Tous les autres extraits sont accompagnés de notes d'aide à la traduction.

1 Prologue (v. 1 à 53) ENTRAÎNEMENT AU BAC 23

2 L'entrée en scène de Phèdre (v. 85 à 128) ENTRAÎNEMENT AU BAC 31

3 La voix de la raison (v. 129 à 177) VERS LE COMMENTAIRE 37

4 L'Amour est un dieu tout-puissant (v. 177 à 203) VERS LE COMMENTAIRE 40

5 « Même s'il fuit à travers les mers je le suivrai ! » (v. 217 à 245) VERS LE COMMENTAIRE 44

6 Retournement de situation (v. 246 à 273) VERS LE COMMENTAIRE 49

7 La toute-puissance de l'amour (v. 330 à 359) VERS LE COMMENTAIRE 55

8 Les ravages de l'amour (v. 360 à 386) VERS LE COMMENTAIRE 59

9 « Que ton cœur bondisse de joie ! » (v. 435 à 482) ENTRAÎNEMENT AU BAC 65

10 L'âge d'or (v. 525 à 579) ENTRAÎNEMENT AU BAC 72

11 La rencontre entre Phèdre et Hippolyte (v. 592 à 633) ENTRAÎNEMENT AU BAC 79

12 L'aveu (v. 634 à 671) ENTRAÎNEMENT AU BAC 83

13 Mise en place de la ruse (v. 698 à 735) VERS LE COMMENTAIRE 90

14 La rencontre entre Phèdre et Thésée (v. 864 à 902) ENTRAÎNEMENT AU BAC 102

15 Les imprécations de Thésée (v. 929 à 958) VERS LE COMMENTAIRE 109

16 Le monstre marin (v. 1015 à 1049) VERS LE COMMENTAIRE 118

17 La mort d'Hippolyte (v. 1064 à 1104) ENTRAÎNEMENT AU BAC 123

18 Ultime confession et mort de Phèdre (v. 1156 à 1198) ENTRAÎNEMENT AU BAC 130

19 Thésée appelle la mort sur lui (v. 1199 à 1243) VERS LE COMMENTAIRE 136

20 Scène finale (v. 1244 à 1280) ENTRAÎNEMENT AU BAC 141

Traduction 147

INTRODUCTION

Le théâtre romain

L'histoire du théâtre romain est davantage circulaire que linéaire : elle commence avec des pantomimes (au IVe s. avant J.-C.) d'origine étrusque, et s'achève avec des pantomimes dont les sujets étaient mythologiques (de 27 avant J.-C. jusqu'après le Ve siècle après J.-C.). Ces pantomimes ne mettent pas en scène des textes littéraires, mais sont davantage des numéros d'acteurs qui sont chantés et dansés. Sénèque occupe donc dans le panorama des auteurs dramatiques latins une place particulière, d'une part parce qu'il n'est pas un auteur dramatique « professionnel », d'autre part parce que ses textes ont été écrits à une époque où les spectacles à texte littéraire avaient déjà disparu. Nous ne savons pas d'ailleurs si ses tragédies ont été représentées mais dans la mesure où elles répondent aux codes du genre, on doit les considérer comme si elles l'étaient. Aussi est-il nécessaire de resituer le genre de la tragédie dans l'ensemble du théâtre romain.

Le temps de la représentation

Dimension religieuse

On ne va pas au théâtre dans l'Antiquité romaine comme on va au théâtre de nos jours. Toute représentation s'intègre au culte religieux. La première représentation, qui n'était pas vraiment du théâtre à proprement parler, date de 364 avant J.-C., lorsque pour combattre une épidémie de peste, les Romains, qui avaient essayé toutes sortes de rites expiatoires, se tournèrent vers un rite étrusque qui consiste en un rituel scénique assuré par des acteurs. Ce rite devint annuel (de 364 à 240) et s'intégra aux Grands Jeux. On ne parle d'ailleurs pas de théâtre mais de « jeux scéniques » (ludi scaenici). Ces jeux scéniques prennent place entre la procession qui va du champ de Mars au Capitole et les jeux du cirque.

Le calendrier des jeux scéniques

Le théâtre romain est un théâtre d'État. La République y consacre ainsi un certain nombre de jours de fête, où toute la population est conviée. Ce nombre n'a cessé d'augmenter pendant toute la période. À la fin de la République, six jeux annuels sont consacrés à des divinités (en septembre, les ludi Romani, grande fête nationale, sont consacrés à Jupiter ; en novembre, les ludi Plebei sont consacrés à Jupiter ainsi qu'à Liber, Cérès et Libera ; les ludi Cereali sont consacrés à Cérès en avril ; les ludi Apollinaris en juillet, etc.). Chacun de ces jeux donnent lieu à un ou plusieurs jours de ludi scaenici.

L'État ajoute à ces jeux en l'honneur des dieux, ceux qui sont consacrés aux grandes victoires romaines : les jeux de la Victoire sont ainsi donnés pour célébrer la victoire de Sylla en septembre, puis celle de César en juillet. Ainsi, si au début de la République, seuls deux jours sont consacrés aux jeux, sous l'Empire, ce sont 175 jours qui sont consacrés aux jeux officiels, dont 101 pour le théâtre.

En outre, à ces manifestations publiques, il faut ajouter les représentations privées qui peuvent être données par les grandes familles nobles, à l'occasion d'un triomphe, de funérailles ou d'un anniversaire.

Un temps ludique

Le temps des jeux est un temps coupé de l'occupation politique et toute autre activité civique est suspendue pendant leur durée : c'est la raison pour laquelle la plupart des jeux ont lieu lorsque l'armée est de retour de campagne militaire, c'est-à-dire entre avril et octobre. Toute la population se rend alors au théâtre : hommes, femmes, enfants et esclaves ; elle est alors réunie pour éprouver un plaisir ludique « à tous les jeux esthétiques pratiqués à partir des codes linguistiques et des savoirs partagés, jeux de mots, énigmes mythologiques, lieux communs, maximes et sentences. » (Florence Dupont, *Le Théâtre latin*, Armand Colin, 1999).

Le lieu de la représentation

Théâtres temporaires / théâtres permanents

Le théâtre grec connaissait deux types d'espace de représentation : les grandes cités possédaient des théâtres fixes, tandis qu'ailleurs il s'agissait d'une simple estrade. Le monde romain a connu pendant longtemps ce dernier type de théâtre, sorte de scène improvisée, puisque le premier édifice en « dur » à Rome[1], a été construit sur le champ de Mars, en 55 avant J.-C., sur l'ordre de Pompée. Cette construction tardive, malgré plusieurs tentatives et le grand succès du théâtre auprès du public, s'explique par le fait que le pouvoir voulait éviter d'offrir à la plèbe de vastes lieux de rassemblement (le théâtre de Pompée pouvait en effet accueillir 17 000 personnes) où elle pourrait se laisser séduire par les paroles subversives d'un opposant politique. « Un voile ne couvrait pas un théâtre de marbre et la scène n'était pas arrosée de la rouge essence de safran. À ce moment, les branchages, fournis par les bois du Palatin et disposés sans apprêt constituaient un fond de scène où l'art n'intervenait pas. Sur des gradins de gazon s'assirent les spectateurs, qui, d'un feuillage quelconque, protégeaient leur chevelure hirsute. » (Ovide, *L'Art d'aimer*, I. 103-108, traduction du latin par H. Bornecque, Les Belles Lettres, 1924).

Ces nouveaux théâtres permanents de la fin de la République et de l'Empire comportent parfois de savantes machineries afin de pouvoir faire monter ou descendre des personnages et des dieux des cieux, ou au contraire de les faire descendre sous la scène. On y installe également des systèmes sophistiqués de panneaux triangulaires mobiles afin de pouvoir changer facilement de décor.

1. Dans les villes des provinces, comme Orange, Arles ou Pompéi, des théâtres en dur ont été construits avant cela.

Architecture

Si le théâtre grec avait une forme quasi circulaire, le théâtre romain est, lui, semi-circulaire. Dans l'orchestre sont installés des sièges réservés aux spectateurs de marque, et les gradins (cavea, « la cage ») qui le surplombent sont divisés par des escaliers qui permettent d'y accéder. Ce que l'on appelle scaena correspond non pas à ce que nous nommons scène (en latin pulpitum ou proscaenium) mais au monumental mur du fond de la scène, sur lequel on peut fixer les décors, et qui comporte trois ouvertures, d'où rentrent et où sortent les personnages.

Les professionnels de la représentation

La troupe de théâtre (grex)

Une troupe de théâtre réunit tout le personnel nécessaire à la représentation d'une pièce autour du chef de troupe qui remplit les fonctions de régisseur, de metteur en scène et d'acteur principal. C'est ce même homme qui commande la pièce au poète et la propose aux magistrats responsables et c'est lui qui remporte les honneurs en cas de succès.

Une troupe de théâtre compte rarement plus de cinq acteurs ; la plupart des pièces d'ailleurs se jouent à trois acteurs, un seul et même acteur pouvant tenir plusieurs rôles du moment que les personnages ne sont pas plus de trois en scène. Si l'on prend l'exemple de notre pièce, on peut supposer qu'un acteur jouait le rôle d'Hippolyte et de Thésée, un deuxième jouait Phèdre et le dernier interprétait la nourrice et le messager.

Les acteurs (histrio ou ludius) sont avant tout des danseurs et des mimes. À leurs côtés se trouvent un chanteur ainsi qu'un joueur de flûte qui jouent et chantent les parties de cantica tandis que l'acteur danse sur scène ; c'est en revanche l'acteur qui assure les parties parlées. Ainsi donc, les acteurs de comédie et de tragédie ne présentaient pas exactement les mêmes qualités : dans la comédie, les parties chantées sont beaucoup plus nombreuses et impliquent donc de la part des acteurs un plus grand travail de danse et du mime, et donc du corps. Dans la tragédie en revanche, les parties parlées tiennent une place plus importante et l'acteur doit donc donner à ressentir toutes les émotions avec sa voix ; cela est d'autant plus vrai que les acteurs de tragédie portent les masques correspondant à leur rôle et qu'il ne leur est alors pas possible de jouer avec les traits de leur visage.

Le statut social de l'acteur est assez ambigu : les artistes de théâtre sont frappés d'infamie, c'est-à-dire qu'ils sont privés d'une partie de leurs droits civiques. Les textes juridiques de l'Empire les mentionnent aux côtés des proxénètes, des escrocs et des condamnés de droit commun. On peut d'ailleurs comprendre cette interprétation en considérant que les acteurs asservissent leur corps au public. En outre, il est très fréquent que pour subsister, l'acteur se place sous la protection d'un homme riche et puissant, auquel il asservira son corps également. Il y a donc un certain mépris et un certain dégoût affichés pour les acteurs, une fois passé le temps de jeux, mais pendant ces derniers, ils font l'objet d'une véritable admiration et adoration de la part des spectateurs et les « stars » peuvent être très riches[2].

Les auteurs dramatiques

Contrairement à ce que l'on pourrait penser, être auteur dramatique ne rapporte rien et bien plus, l'auteur ne gagne quelque argent que si la pièce qu'il a écrite a remporté du succès. Mais que la pièce soit un triomphe ou non, être un poète dramatique n'apporte ni gloire, ni fortune. C'est pourquoi la plupart des auteurs étaient des affranchis, ou bien des provinciaux. Ainsi, le premier auteur dramatique, qui est également considéré comme le fondateur de la littérature latine d'une manière générale, était un affranchi grec : Livius Andronicus (vers 280-vers 200).

La littérature dramatique romaine a connu plusieurs grands noms dont nous ne donnerons ici que les principaux. Livius Andronicus mérite d'être cité puisqu'il est considéré comme le fondateur de la littérature en même temps que du théâtre romains. C'est en effet lui qui instaura à Rome, en les adaptant du grec, les deux genres de la comédie et de la tragédie, ainsi que la dramaturgie qui consiste à faire alterner des parties chantées (cantica) et des parties récitées (diverbia). Toutes les tragédies de Livius Andronicus sont à sujet grec et plus particulièrement mythologique (*Achille, Danaé, Le Cheval de Troie, Égisthe,* par exemple) et sont très probablement inspirées de tragédies grecques existantes[3]. À la suite de Livius Andronicus, Nevius (270-201) composa également des tragédies sur des mythes grecs, ainsi que des tragédies à sujet romain ; mais c'est surtout pour ses comédies que cet auteur était aimé du public. Tout comme pour son prédécesseur, nous n'avons conservé aucun texte de Nevius, uniquement des titres ou quelques fragments, trop lacunaires pour reconstituer l'intrigue. L'auteur de comédie le plus célèbre de cette époque est Plaute (264-184). Cet auteur originaire d'Ombrie, qui fut également un acteur, n'écrivit que des comédies ; la tradition lui en attribue 130, dont 20 seulement nous sont parvenues.

Après ces trois fondateurs, une deuxième vague d'auteurs, dont le style est plus travaillé, plus poétique, s'illustre dans les personnes d'Ennius, Pacuvius (neveu d'Ennius) et Térence. Ennius (239-169) est le premier grand nom de la tragédie romaine et ses œuvres lui ont assuré un grand succès : on lui attribue 20 tragédies dont les 400 vers de fragments que l'on a conservés attestent d'une grande puissance tragique. Certaines de ses œuvres sont manifestement le fruit d'une contaminatio, pratique courante dans la littérature : l'auteur s'inspire de plusieurs pièces existantes pour écrire une nouvelle pièce. Ainsi, son *Andromaque* semble être une contaminatio des *Troyennes* et de l'*Hécube* d'Euripide. Son style est très travaillé car Ennius estimait que la tragédie réclamait une langue noble : cela se traduit par l'emploi de mots rares et précieux, ainsi que par une certaine abondance rhétorique (nombreuses figures de style).

2. On peut lire sous la plume de Cicéron dans son discours *Pour le comédien Roscius*, que ce métier peut être extrêmement lucratif.

3. Nous ne pouvons faire que des conjectures car il ne subsiste rien de l'œuvre de Livius Andronicus.

Avec Accius (170-86) s'ouvre une nouvelle période : tout en étant encore dans la lignée de la poésie d'Ennius, Accius renforce le lien entre la tragédie et la rhétorique et ses nombreuses pièces (davantage de tragédies que de comédies, genre qui est en perte de vitesse) rencontrent un grand succès auprès du public ; Cicéron reconnaît en lui un summus poeta (« éminent poète ») et les auteurs semblent s'accorder pour dire qu'il fut le plus éminent poète tragique de l'Antiquité. Et bien que les vers qui nous restent soient peu nombreux, on note dans son théâtre l'emploi de sententiae, ainsi qu'un goût prononcé pour la violence et le sang, caractéristiques que l'on retrouvera plus tard dans le théâtre de Sénèque.

La fin de la République voit également le tarissement de nouvelles productions théâtrales, au profit des anciennes qui sont jouées et rejouées. Pour autant, et comme le confirme la construction d'un théâtre permanent à Rome par Pompée, le spectacle théâtral rencontre toujours autant de succès auprès d'un public qui a plaisir à revoir les pièces qu'il connaît déjà. On peut expliquer cette décadence par plusieurs facteurs : tout d'abord, un changement du goût du public qui préfère assister à d'autres types de spectacles, comme les jeux du cirque, ou le mime. Ensuite, les auteurs semblent, comme le dit Cicéron, « avoir perdu leur sens tragique ». On peut expliquer ce phénomène par le fait que les auteurs ont, eux aussi, au fur et à mesure que l'élite s'intellectualise, perdu le goût du spectacle, le goût d'écrire pour un public qui ne saurait pas saisir toutes les subtilités de textes de plus en plus littéraires et de plus en plus marqués par la rhétorique. C'est pourquoi des pièces peuvent voir encore le jour sans être nécessairement représentées : elles sont déclamées lors de recitationes et permettent à un public averti d'apprécier toutes les qualités d'un auteur qui s'est employé à illustrer son talent littéraire, poétique et rhétorique dans une œuvre dramatique, tout comme il est capable de le faire dans un discours, un traité, un dialogue philosophique, une consolatio, une élégie, etc.

Le contenu de la représentation

La dimension des ludi scaenici est avant tout ludique : le public assiste aux représentations dans l'esprit de se divertir, de prendre du plaisir esthétique. Florence Dupont[4] insiste sur le fait que le public est à ce moment « "en vacances" du politique et du sérieux ».

Bien que le théâtre romain emprunte énormément au théâtre grec, notamment en adaptant les sujets et même les textes grecs, il présente une grande originalité par rapport à son modèle, en ce qu'il n'est pas un théâtre de la mimésis[5]. Le théâtre romain « est un théâtre du jeu, ne s'autorisant que le rêve et le rire »[4].

Avant 240 avant J.-C. et les pièces à textes, ces représentations ne consistaient d'ailleurs qu'en de petites saynètes bouffonnes souvent improvisées autour d'un canevas récurrent et jouées par des acteurs qui incarnent des rôles bien connus de

4. *Le Théâtre latin*, p. 18.
5. La théorie aristotélicienne du théâtre repose en effet sur le fait que le théâtre est une représentation, une imitation du réel.

tous : l'intérêt du spectacle ne réside pas dans l'intrigue, mais davantage dans le jeu des acteurs, dans leurs performances physiques et vocales. Ce principe reste valable même quand le théâtre devient plus littéraire et plus poétique.

Les comédies

Les comédies de Plaute peuvent ainsi sembler redondantes car on y assiste toujours peu ou prou à la même histoire dans le même décor : dans une Athènes fictive, un jeune homme (adulescens) et une jeune fille sont amoureux, mais, d'une part cette dernière (souvent une prostituée) n'est pas libre (son proxénète, le leno, refuse de l'affranchir) et d'autre part, le père du jeune homme (senex) est contre cette union. Mais grâce à l'intervention d'esclaves rusés (servus callidus) et au soutien de la mère du jeune homme (matrona), tout finira bien.

Dans ces pièces, chaque rôle a son code : le senex est ventripotent, il a une barbe et se déplace lentement ; le servus est vêtu d'une tunique courte et se déplace vivement, etc. Ce code permet au spectateur de reconnaître, quelle que soit la pièce à laquelle il assiste, le rôle qu'endosse chaque personnage dès son entrée en scène. De même que les rôles sont stéréotypés, la dramaturgie l'est également et certaines scènes sont particulièrement attendues et appréciées des spectateurs : les scènes d'entrées de rôles où un personnage parle en se croyant seul sur scène, les « scènes de ménage » entre le senex et l'acariâtre matrona, mais également les scènes de travestissement qui visent à abuser le senex, etc. Si le style de Térence (vers 194 ou 184-159) est différent de celui de son prédécesseur (le texte prête davantage à la réflexion, le comique tient moins aux « gags » et à la gestuelle), les sujets et les intrigues sont les mêmes, c'est-à-dire empruntées à la comédie grecque de la *néa*[6].

Les tragédies

Il est plus difficile d'y voir clair dans les tragédies dans la mesure où les fragments qui nous sont restés des trois grands poètes tragiques Ennius, Pacuvius et Accius, ainsi que des auteurs moins importants, sont trop peu nombreux pour pouvoir reconstituer leur structure. Les titres, bien sûr, ainsi que les quelques vers dont nous disposons, nous permettent au mieux d'en dire les sujets et de voir qu'ils étaient, dans la grande majorité des cas, les grands mythes grecs, avec pour modèle les tragiques grecs qui les avaient traités avant eux. Il existe également quelques tragédies prétextes[7] à sujet romain, telles que l'*Ambracie* d'Ennius, qui fut écrite et représentée pour célébrer la victoire remportée par Marcus Fulvius Nobilior (le protecteur d'Ennius) en prenant la ville d'Ambracie (189 avant J.-C.), ou encore *Brutus* d'Accius, écrite à la gloire de Decimus Junius Brutus Callaicus, consul en 138 avant J.-C. et protecteur d'Accius.

6. La *néa* est le type de comédie grecque (incarnée par Ménandre) qui succéda à la comédie ancienne (incarnée par Aristophane).

7. La tragédie prétexte est une tragédie « en toge prétexte » (praetextata) et s'oppose à la tragédie à sujet grec, de même que pour la comédie, on distingue la comédie palliata, à sujet grec (jouée en pallium, le manteau grec), de la comédie togata (à sujet romain et jouée en toge).

Les seules tragédies que nous connaissons dans leur intégralité sont celles de Sénèque, c'est-à-dire des pièces qui ont été écrites à un moment où les pièces à textes avaient déserté la scène. Mais toutes les pièces de Sénèque sont à sujet mythologique grec et racontent toujours l'accomplissement d'un nefas, un crime impie.

Ce nefas des tragédies est un crime inexpiable, aussi bien dans le monde des hommes que dans le monde des dieux. Il est commis par un personnage animé par le furor. Les traductions de furor par « fureur » ou « folie » ne sont pas très satisfaisantes ; le furor est en effet une notion juridique et le furiosus est juridiquement un homme jugé irresponsable, pris par une démence passagère. Transposé dans l'espace dramatique, le furor anime un personnage qui va alors accomplir, sous son emprise, un nefas qui le fera définitivement et irrémédiablement sortir de l'humanité. Ce furor tragique ne surgit pas de nulle part et trouve son origine, ainsi que son aliment, dans un dolor (« douleur »), c'est-à-dire, selon la définition de Florence Dupont, « un malheur surhumain qui accable le héros tragique au début de la pièce »[8]. Les tragédies de Sénèque donnent donc à voir le trajet qu'accomplit le héros, du dolor jusqu'au nefas qui donnera à ce même héros son statut de monstre mythologique.

Tout comme dans la comédie, on retrouve des rôles stéréotypés : il y a les furieux (furiosi), et les simples mortels. Parmi les furieux, on distingue les furieux bourreaux, c'est-à-dire qui vont jusqu'à commettre un nefas, et les furieux victimes, ceux qui sont la cible du furieux bourreau et qui pâtissent de son nefas. Dans notre tragédie par exemple, Thésée est un furieux victime (de Phèdre) avant de devenir un furieux bourreau (d'Hippolyte).

Les simples mortels sont en général désignés par leur rôle (la nutrix, par exemple, dans notre pièce). Ces personnages incarnent l'humanité et permettent d'en donner les limites et de fixer des repères. On ne peut pas dire qu'ils professent la sagesse populaire, puisqu'ils conseillent parfois la ruse et le mensonge, mais ils parlent le langage humain, propre à leur identité : la nourrice dans *Phèdre* se range ainsi du côté de sa maîtresse, essayant de la raisonner dans un premier temps, l'aidant dans son projet fou ensuite, de peur de la voir mourir.

Les tragédies de Sénèque, tout comme les tragédies grecques, possèdent un chœur, à cette différence que le chœur latin est composé d'acteurs et non de citoyens et qu'il évolue sur scène et non dans l'*orchestra*. Les chants du chœur ne font pas avancer l'action tragique, mais marquent plutôt une pause après un épisode de l'intrigue, dans un chant où il est tantôt question des malheurs humains, tantôt de la mythologie. L'intervention du chœur peut aussi parfois permettre aux acteurs de changer de costume avant l'entrée d'un nouveau personnage, ou d'occuper un laps de temps pendant lequel est censé se dérouler un événement nécessaire à l'action. C'est la raison pour laquelle les érudits du XVIe siècle se sont appuyés, pour découper la tragédie en « actes », sur les interventions du chœur, ces dernières marquant la fin d'une unité dramatique.

8. *Le Théâtre latin*, p. 169.

Sénèque sa vie

Lucius Aeneus Seneca est né autour de 2 avant J.-C. à Cordoue, en Bétique, qui est l'Andalousie actuelle. Il est donc bien romain et non espagnol. Son père est Sénèque le Rhéteur (ou Sénèque l'Ancien), connu pour ses ouvrages à l'usage des étudiants en rhétorique : les *Controverses* et les *Suasoires*. C'est un riche chevalier romain, qui s'installe à Rome alors que son fils est encore tout petit.

Son éducation

Sénèque reçoit une éducation soignée, en particulier en philosophie, et suit les préceptes pythagoriciens. Son ascétisme lui vaut d'ailleurs, peut-être, de tomber gravement malade. Il se soigne en Égypte, chez son oncle qui est gouverneur.

Son influence

Il revient à Rome en 31 et commence son cursus honorum. Il devient conseiller à la cour de Caligula et est ensuite victime des intrigues de Messaline, l'épouse de Claude. Il est alors exilé en Corse en 41, sous prétexte d'adultère avec Julia Livilla, la sœur d'Agrippine. Il est rappelé à Rome en 49 par Agrippine qui est devenue l'épouse de l'empereur. Elle le charge de l'éducation de son fils Néron, alors âgé de treize ans. Quand celui-ci prend le pouvoir en 54, Sénèque, devenu son conseiller politique, exerce une grande influence sur l'empereur et parvient peu à peu à le libérer de l'autorité maternelle. Il consacre tout son temps libre à l'écriture et est nommé consul en 56. Les historiens considèrent que c'est à lui qu'on doit la partie heureuse du règne de Néron, le quinquennium Neronis. Néanmoins, à partir de 59, après l'assassinat de sa mère, Néron devient un véritable despote malgré les efforts de Sénèque pour arrêter cette évolution. Le philosophe s'écarte alors peu à peu de la cour, sans obtenir toutefois le droit de se retirer complètement.

La disgrâce

En 65, se trame un complot pour assassiner Néron dont le règne suscite beaucoup de mécontents. La conjuration qui rassemble de nombreuses personnes influentes, parmi lesquelles le sénateur Pison ou le poète Lucain, neveu de Sénèque, est déjouée. Sénèque est accusé – peut-être à tort – d'y avoir participé et est contraint par Néron au suicide comme le raconte, avec de nombreux détails, Tacite dans les *Annales* (XV, 63 et 64).

Sénèque : son œuvre

Les œuvres philosophiques

Sénèque est surtout connu pour ses œuvres en prose. Il est une grande figure de la philosophie stoïcienne et a écrit des traités (*De Clementia* et *De Beneficiis*), des consolations (à Marcia, pour la mort de son fils, à Helvia, sa mère, lors de son exil en Corse et à Polybe, un affranchi de Claude pour le consoler de la perte de son frère), des dialogues (*De Tranquillitate animi, De Ira, De Brevitate vitae, De Vita beata, De Constantia sapientis, De Otio, De Providentia*) et les *Lettres à Lucilius* (124 lettres conservées) dans lesquelles il amène son ami Lucilius vers le choix de la philosophie stoïcienne. Il y décrit son propre cheminement vers la sagesse : mépriser les fausses vertus, vivre conformément à la Nature et ne pas redouter la mort.

Aucun des traités de Sénèque n'est un véritable exposé de la pensée stoïcienne (les Grecs avaient exposé la théorie) mais plutôt des conseils à son disciple et un examen de conscience personnel.

Outre ces recueils philosophiques, Sénèque a écrit un traité scientifique (*Naturales quaestiones*) sur les phénomènes naturels (nuages, foudre, tremblements de terre, comètes...) qui présente le monde comme une harmonie régie par la Raison universelle. *L'Apocoloquintose* (« transformation en citrouille ») *du divin Claude* est une œuvre parodique sur la mort de Claude. Elle mêle passages en prose et vers, dans la tradition de la satire ménippée. Sénèque semble ainsi annoncer une nouvelle ère sous le règne de Néron.

Les tragédies

Neuf tragédies sont attribuées à Sénèque. *Octavie*, tragédie prétexte (c'est-à-dire dont le sujet est romain), que la tradition lui attribuait, ne semble pas avoir été écrite par lui puisque Sénèque en est un des personnages et qu'il est fait mention d'événements survenus après son suicide. *Hercule sur l'Œta*, parce qu'elle se distingue des autres par sa longueur et ses particularités métriques, est quant à elle, sujet à débat.

La question de l'attribution des autres tragédies a longtemps suscité de nombreuses controverses : Sénèque en effet ne fait jamais mention de ces écrits, de même que ses contemporains, comme Quintilien qui émet pourtant un jugement sur ses écrits philosophiques (*Institution oratoire*, X, 1, 125). Il n'est plus question de nos jours de douter de la paternité de ces œuvres. On pense que Sénèque les a écrites au moment de sa retraite, soit autour de 62, époque à laquelle il écrit aussi à Lucilius au sujet de l'enseignement philosophique : « N'entendez-vous pas de quels applaudissements retentissent nos théâtres, quand il s'y prononce de ces maximes que tout un peuple reconnaît et sanctionne d'une seule voix comme la vérité même ? » (lettre 108, 8).

Les thèmes de ces neuf tragédies sont ceux de la tragédie grecque classique : *Hercule furieux*, *Les Troyennes*, *Les Phéniciennes*, *Médée*, *Phèdre*, *Œdipe*, *Agamemnon*, *Thyeste* et *Hercule sur l'Œta*. Sénèque a puisé son inspiration chez Eschyle, Sophocle et surtout Euripide mais a su se libérer de ses modèles pour écrire des pièces originales.

La question de l'intention de Sénèque a également été débattue. Quelle relation ces tragédies entretiennent-elles avec l'œuvre philosophique ? On a pu croire en effet que ces pièces avaient été écrites pour l'éducation du jeune Néron, fervent amateur de théâtre. Sénèque aurait voulu montrer à l'empereur où mène le dérèglement des passions. Ce qui est certain, c'est que contrairement à la tragédie grecque qui met en scène des personnages liés à leur destin, à leur famille, Sénèque invente des caractères plus individuels. Ses personnages sont face à eux-mêmes et non voués à lutter contre un destin extérieur. En cela, la tragédie de Sénèque se rapproche de la philosophie stoïcienne.

Les pièces de Sénèque sont, de plus, émaillées de sententiae (64 sententiae qui occupent 88 vers pour *Phèdre*). Le contenu de ces phrases est parfois fait de lieux communs, parfois de véritables échos à la philosophie stoïcienne (Sequere naturam, vers 481 de *Phèdre*).

Mais pour Pierre Grimal, les tragédies furent pour Sénèque, plutôt qu'une forme d'instruction philosophique, « l'occasion d'instituer de véritables expériences morales ». Il ajoute que toute la tragédie semble construite autour de l'évolution de Phèdre : « De la dissolution physique où aboutit inéluctablement la passion, émergera finalement le *moi*. La philosophie de *Phèdre*, s'il y en a une, ne serait pas une philosophie d'école, mais bien comme le recommande si souvent Sénèque lui-même à Lucilius, une "*meditatio mortis*" ».

Le mythe de Phèdre

Phèdre est la fille du roi des Enfers Minos et de son épouse Pasiphaé, fille du Soleil. Selon Diodore de Sicile (Ier siècle avant J.-C.), « Deucalion, l'aîné des enfants de Minos, devenu souverain de Crète, fit alliance avec les Athéniens, et donna en mariage à Thésée, Phèdre, sa propre sœur. Après ce mariage, Thésée envoya à Trézène son fils Hippolyte, qu'il avait eu d'une Amazone, et le fit élever auprès des frères d'Ethra. Il eut deux enfants de Phèdre, Acamante et Démophon. Peu de temps après, Hippolyte étant revenu à Athènes pour la célébration des mystères, Phèdre s'éprit de lui ; et, quand il fut parti, elle éleva à côté de la citadelle un temple à Vénus, d'où elle pouvait découvrir Trézène. » (*Bibliothèque historique*, IV, 62, traduction du grec par F. Hoefer, 1865). L'histoire de Phèdre commence véritablement à ce moment-là. Cette histoire de femme amoureuse, qu'elle soit incestueuse ou pas, qui devient calomniatrice, se retrouve dans de nombreuses mythologies : Inde, Chine, Égypte (le conte d'Anoup et Bata raconte la même histoire : http://egycontes.free.fr/2freres.pdf), dans la Bible (Joseph et la femme de Putiphar) et en Grèce (Bellorophon et Sténébhée, Pélée et Astydamie...).

Il n'est cependant pas fait véritablement mention du mythe de Phèdre et Hippolyte avant les récits des tragiques grecs. Pausanias (IIe siècle avant J.-C.) raconte qu'il existe un culte ancien à Hippolyte mais on ne peut déterminer si ces pratiques ont été légitimées par le récit ou si ce culte a mis en œuvre des récits anciens : « On voit à Trézène un myrte dont les feuilles sont toutes percées, on prétend qu'il n'a pas toujours été ainsi, et que ces trous sont l'ouvrage de Phèdre qui, dans le chagrin où la plongeait son amour, le perçait avec l'aiguille qui lui servait à tenir ses cheveux » (*Descriptions de la Grèce*, I, 22, traduction du grec par M. Clavier, 1821) et : « Vers l'autre partie de l'enceinte, est un stade, qui porte le nom d'Hippolyte, et au-dessus duquel est élevé le temple d'Aphrodite, surnommée Catascopia [qui observe], parce que c'était de là que Phèdre déjà éprise d'Hippolyte le regardait lorsqu'il se livrait aux exercices de la Gymnastique. C'est là que se voit le myrte qui a toutes ses feuilles percées » (II, 32).

Le nom des personnages permet en tout cas d'en expliquer l'histoire : Hippolyte est celui qui délie et dompte les chevaux mais aussi celui qui est rompu par les chevaux, ce qui rappelle à la fois le côté chasseur du héros mais aussi sa mort tragique. Phèdre quant à elle, est la brillante, créature de lumière, petite-fille du Soleil, peu à peu habitée par la nuit.

Les sources de Sénèque

Sophocle et Euripide ont écrit des tragédies racontant cette histoire. La *Phèdre* de Sophocle et l'*Hippolyte voilé* d'Euripide ont disparu et le peu de témoignages sur ces œuvres ne nous ne permettent pas de savoir véritablement quel aspect du mythe ils traitaient. Seul l'argument de la deuxième tragédie d'Euripide, *Hippolyte couronné*, nous permet de nous en faire une idée : « C'est là le second Hippolyte, surnommé aussi Hippolyte à la couronne. Il est visible qu'il a été écrit après l'autre, car ce qui choquait et prêtait à la médisance a été corrigé dans ce drame. » (traduction du grec par L. Méridier, © Les Belles Lettres, 1927).

Il est vraisemblable que Phèdre avouait elle-même son amour à Hippolyte dans cette première version d'Euripide. La seconde version fait de Phèdre une victime d'Aphrodite qui calomnie Hippolyte dans une lettre découverte après son suicide. Son crime est alors expié par son suicide, avant même d'avoir été commis.

Nous ignorons en revanche presque tout de la pièce de Sophocle, si ce n'est son titre, qui fait de Phèdre la véritable héroïne. Nous savons aussi que c'est lui qui a l'idée d'envoyer Thésée aux Enfers pendant cet épisode, ce que Sénèque reprendra dans sa tragédie.

Chez les Romains, le thème a été traité par Ovide à de nombreuses reprises, puisqu'on le trouve dans trois de ses œuvres.

Dans les *Héroïdes*, lettres d'amour fictives adressées par des figures légendaires déplorant l'indifférence de leur amant, Ovide suit Euripide :

« Le salut dont elle-même sera privée, si ce n'est toi qui le donnes, la fille de Crète l'adresse au héros, fils de l'Amazone. Lis jusqu'au bout, quoi qu'il en soit : quel mal peut faire une lettre qu'on lit ? Même toi, peut-être, y trouveras de quoi te plaire. Par de tels signes les secrets sont transportés sur terre et sur mer ; l'ennemi examine ceux qu'il reçoit d'un ennemi. Trois fois je m'efforçai de te parler, trois fois ma langue s'arrêta impuissante, trois fois le son expira au seuil de ma bouche. Autant qu'il se peut et qu'on le peut, il faut mêler de la pudeur à l'amour. Ce que je taisais par pudeur, l'amour m'a ordonné de l'écrire. Quoi que l'amour ordonne, on ne le dédaigne point sans péril. Il règne et étend sa loi sur les dieux souverains. J'hésitais d'abord à écrire, c'est lui qui m'a dit : « Écris, et cet homme de fer, vaincu, te livrera ses mains. » Puisse-t-il m'assister, et, comme il embrase mes moelles d'un feu dévorateur, frapper aussi ton cœur de ses flèches, selon mes vœux !

Non, ce n'est pas par perversité que je romprai le pacte qui m'enchaîne : ma renommée – informe-toi, je le souhaite – est intacte. L'amour est venu d'autant plus fort que plus tardif. Je brûle au-dedans de moi, je brûle et mon sein porte une plaie secrète. Oui, comme le premier joug meurtrit les jeunes taureaux, et comme un poulain tiré du troupeau souffre impatiemment le frein, ainsi un cœur novice subit difficilement et avec peine les premières amours et un tel fardeau n'assoit point son équilibre dans mon âme. Tu raviras les neuves prémices d'un honneur intact et pareillement chacun de nous deux deviendra coupable. C'est quelque chose de cueillir les fruits à pleines branches et, d'un ongle précautionneux, de détacher la première rose. Si pourtant cette candeur initiale, par quoi j'ai vécu sans crime, doit être marquée d'une tache insolite, eh bien ! brûler d'un feu qui ne soit pas indigne est une rencontre heureuse. Pire que l'adultère est un complice honteux. Si Junon me cédait son époux et frère, il me semble qu'à Jupiter je préférerais Hippolyte. »

Ovide, *Héroïdes*, IV, vers 1 à 36, traduction du latin par M. Prévost, © Les Belles Lettres.

Dans les *Fastes*, Ovide raconte la mort d'Hippolyte ainsi que sa résurrection par Esculape et sa transformation en Virbius, divinité assimilée au Soleil :

« On sait l'amour de Phèdre, on sait le fatal égarement de Thésée ; trop crédule, il dévoue son fils à la mort. Hippolyte, qui n'a pu être pieux et chaste impunément, se rendait à Trézène ; voici qu'un taureau sort du sein des flots que sa poitrine brise et partage : les chevaux s'inquiètent, s'épouvantent ; leur maître s'efforce en vain de les retenir, ils l'emportent à travers les pierres et les durs rochers. Hippolyte tombe de son char, il s'embarrasse dans les rênes, et son corps, traîné avec violence, est déchiré en lambeaux sanglants ; il expire, et Diane fait éclater son indignation. “Cessez de vous affliger, lui dit le fils de la nymphe Coronis ; je rendrai la vie à ce pieux enfant, et je guérirai ses blessures ; mon art triomphera de sa cruelle destinée.” »

Ovide, *Les Fastes*, VI, vers 737 à 748, traduction de C. Nisard (1857).

Dans les *Métamorphoses*, Ovide reprend aussi le mythe de la transformation d'Hippolyte en Virbius. Le héros raconte à Egérie, inconsolable d'avoir perdu Numa, les malheurs qui lui sont arrivés.

« Cessez, cessez vos pleurs. Votre destinée n'est pas la seule qui soit à plaindre. Jetez les yeux sur des malheurs pareils, le vôtre vous paraîtra moins difficile à supporter. Et plût aux dieux que, par d'autres exemples que le mien, je pusse soulager vos ennuis ! Mais mon exemple pourrait suffire. Vous avez sans doute entendu parler d'un Hippolyte qui périt victime de la crédulité de son père, et des artifices d'une marâtre impie. Vous allez être étonné, vous m'en croirez à peine : je suis cet Hippolyte. Jadis la fille de Pasiphaé, qui voulut m'engager à souiller le lit de mon père, feignit que j'avais tenté le crime conçu par elle, et, soit dans le dépit de ses feux méprisés, soit qu'elle craignît d'être accusée par moi, elle osa m'accuser elle-même. Mon père m'exila d'Athènes, malgré mon innocence, et, par ses imprécations, appela sur ma tête la haine des dieux. Debout sur mon char, je fuyais vers Trézène, où Pitthée prit soin de mon enfance. Déjà j'étais arrivé sur le rivage de Corinthe : soudain la mer se soulève, des flots immenses s'entassent, montent et s'inclinent courbes comme une montagne. L'horrible vague mugit, s'ouvre à son sommet, et, se brisant avec furie, chasse de ses flancs un taureau armé de cornes redoutables. Le monstre s'élève, de la moitié du corps, sur l'onde jaillissante. Il rejette des flots élancés de sa gueule et de ses naseaux. Mes compagnons épouvantés ont fui ; mon âme n'est point ébranlée : qu'avais-je à craindre de plus terrible que mon exil ? Mes coursiers ardents tournent la tête vers la mer ; leurs oreilles se dressent et leurs crins se hérissent. L'aspect du monstre les trouble, les effraie; ils précipitent le char à travers les rochers escarpés. Vainement ma main veut gouverner les rênes : ils ne craignent plus le mors, qu'ils blanchissent d'écume. Je penche en arrière mon corps, je tire et tends les guides ; et mes efforts eussent dompté la fureur des coursiers, si, heurtée contre un arbre, vers le point où elle tourne rapidement sur son essieu, une roue ne se fût brisée en éclats. Je suis précipité du char : vous eussiez vu mes pieds embarrassés dans les rênes, mes entrailles vivantes traînées au loin, mes nerfs s'attacher aux ronces, mes membres épars emportés par les coursiers, ou laissés sur la plage ; mes os, en se brisant, rendre un son terrible, et mon âme fatiguée s'exhaler dans ces affreux tourments : il ne restait de moi aucune partie qu'on eût pu reconnaître, et tout mon corps n'était qu'une blessure. »

Ovide, *Métamorphoses*, XV, vers 493 à 529, traduction du latin par G. T. Villenave (1806).

Depuis le XVIIe siècle, de nombreux critiques ont nié toute originalité à Sénèque dans l'écriture de *Phèdre* : sa pièce ne serait que le résultat d'une synthèse entre Euripide, Sophocle et Ovide. Si l'influence est certaine, il convient cependant de reconnaître que son originalité provient des intentions de l'auteur (voir paragraphe sur les tragédies de Sénèque) et de son esthétique et sa métrique.

La postérité du mythe

De nombreuses reprises du mythe ont eu lieu après Sénèque. Il est remarquable que ces reprises vont choisir, à la suite de Sénèque, de mettre en avant la figure de Phèdre au détriment de celle d'Hippolyte. Malgré leurs titres ambigus, c'est bien Phèdre qui va dominer dans les œuvres de Robert Garnier ou de Jean Yeuwain : l'*Hippolyte* du premier (1585) est largement inspiré de la pièce de Sénèque tandis que celui du second semble en être une traduction. Les XVIe et XVIIe siècles ont donné naissance à de nombreuses réécritures mais c'est surtout la pièce de Racine, écrite en 1677, qui donne du mythe une nouvelle lecture. Elle est la tragédie classique par excellence et Racine met en avant les préoccupations morales de son époque :« En effet, Phèdre n'est ni tout à fait coupable, ni tout à fait innocente. Elle est engagée, par sa destinée et par la colère des dieux, dans une passion illégitime, dont elle a horreur toute la première. Elle fait tous ses efforts pour la surmonter. Elle aime mieux se laisser mourir que de la déclarer à personne, et lorsqu'elle est forcée de la découvrir, elle en parle avec une confusion qui fait bien voir que son crime est plutôt une punition des dieux qu'un mouvement de sa volonté. [...] Les moindres fautes y sont sévèrement punies ; la seule pensée du crime y est regardée avec autant d'horreur que le crime même ; les faiblesses de l'amour y passent pour de vraies faiblesses ; les passions n'y sont présentées aux yeux que pour montrer tout le désordre dont elles sont cause ; et le vice y est peint partout avec des couleurs qui en font connaître et haïr la difformité. » (Jean Racine, Préface de *Phèdre*, 1677).

Le mythe de Phèdre est resté très productif au cours des siècles, aussi bien en musique qu'en littérature ou encore au cinéma au XXe siècle. Pour n'en citer que quelques exemples, nous pouvons mentionner *Hippolyte et Aricie* de Jean-Philippe Rameau (1733), tragédie lyrique ; *Phèdre* de Jules Massenet, musique pour la mise en scène de la tragédie de Racine au théâtre de l'Odéon en 1900 ; *Phèdre*, ballet à l'opéra de Paris en 1950, chorégraphié par Serge Lifar, mis en musique par Georges Auris et argument, costumes et rideau de scène par Jean Cocteau ; en 1962, Jules Dassin réalise le film *Phaedra* avec Melina Mercouri.

Pour les références iconographiques, nous pouvons citer :
RUBENS Pierre Paul, *La Mort d'Hippolyte* (1611-1613), Cambridge, Fitzwilliam Museum.
GARNIER Étienne (1759-1849) *Hippolyte, après l'aveu de Phèdre sa belle-mère*, Montauban, musée Ingres.
GUERIN Pierre-Narcisse, *Phèdre et Hippolyte* (1815), Bordeaux, musée des Beaux-Arts.
CABANEL Alexandre, *Phèdre* (1880), Montpellier, musée Fabre.

Il convient aussi de mentionner les mises en scène de la pièce de Sénèque : celle de Julie Recoing en 2007 (http://www.nanterre-amandiers.com/2007-2008/phedre/) et celle d'Élisabeth Chailloux en 2013 (http://www.lestroiscoups.com/article-phedre-de-seneque-critique-studio-casanova-a-ivry-sur-seine-121009056.html).

Conspectus metrorum

Comme la comédie latine, la tragédie renferme des parties parlées (diverbium) et des parties chantées (toutes les parties du chœur par exemple), avec accompagnements de flûte (canticum).

Le parlé n'employait que le sénaire iambique qui équivaut au trimètre iambique des Grecs. Il est composé de six iambes (U –) ; aux iambes peuvent se substituer le procéleusmatique (UUUU), surtout au premier pied, le dactyle, l'anapeste (UU —), le tribraque (UUU) ou même le spondée. Il admet une coupe penthémimère ou hephtémimère.

Dans *Phèdre*, toutes les parties dialoguées sont bien en sénaire iambique, sauf dans les malédictions que Thésée s'adresse à lui-même après avoir causé la mort de son fils (v. 1201 à 1212). Dans les parties de chœur, on rencontre une grande variété de vers, qu'il ne vous sera pas demandé de savoir scander.

Prologue	1-84 : vers anapestiques
Acte I	85-273 : sénaires iambiques
Premier canticum	274-324 : hendécasyllabes saphiques 325-357 : quaternaires anapestiques
Acte II	358-735 : sénaires iambiques
Deuxième canticum	736-752 : hendécasyllabes saphiques (avec adoniques : 740 et 752) 753-760 : asclépiades mineurs 761-763 : quaternaires dactyliques 764-823 : asclépiades mineurs (avec glyconique : 783)
Acte III	824-958 : sénaires iambiques
Troisième canticum	959-988 : vers anapestiques
Acte IV	989-1122 : sénaires iambiques
Quatrième canticum	1123-1127 : quaternaires anapestiques 1128-1129 : asclépiades mineurs 1130 : glyconique 1131 : aristophanien 1132-1139 : vers anapestiques 1140 : phérécratéen catalectique 1141-1148 : vers anapestiques 1149-1153 : hendécasyllabes saphiques
Acte V	1154-1200 : sénaires iambiques 1201-1212 : septénaires trochaïques 1213-1280 : sénaires iambiques

PHAEDRA

Personae

HIPPOLYTUS
PHAEDRA
NUTRIX
THESEUS
NUNTIUS
CHORUS

Scaena Athenis

I. Prologue

Vers 1 à 53 ➤ traduction p. 147-148

HIPPOLYTUS

Ite, umbrosas cingite silvas
summaque montis juga Cecropii[1] !
Celeri planta lustrate vagi
quae saxoso loca[2] Parnetho[3]
subjecta[4] jacent[5], quae[6] Thriasiis
vallibus[7] amnis rapida currens
verberat unda ; scandite colles
semper canos nive Riphaea[8].
Hac, hac, alii qua nemus[9] alta
texitur alno[10], qua prata jacent
quae rorifera[11] mulcens[12] aura
Zephyrus vernas evocat herbas,
ubi per graciles[13] levis Ilisos[14],
[ubi Maeander super in aequales,]
labitur agros piger et steriles
amne maligno[15] radit[16] harenas ;
vos, qua Marathon[17] tramite[18] laevo
saltus[19] aperit, qua comitatae
gregibus parvis nocturna petunt
pabula[20] fetae[21] ; vos qua tepidis
subditus[22] austris[23] frigora mollit
durus Acharneus[24].
Alius[25] rupem dulcis Hymetti,
parvas alius calcet[26] Aphidnas[27].
Pars illa diu[28] vacat immunis[29]
qua curvati litora ponti[30]
Sunion[31] urget. Si quem[32] tangit
gloria silvae, vocat hunc Phlye[33] :
hic versatur[34], metus agricolis[35],
vulnere multo jam notus aper.

At vos laxas canibus tacitis[36]
mittite[37] habenas, teneant acres
lora[38] Molossos[39] et pugnaces
tendant Cretes fortia[40] trito
vincula collo.
At Spartanos (genus est audax
avidumque ferae) nodo cautus
propiore liga[41] : veniet tempus,
cum[42] latratu cava saxa sonent ;
nunc dimissi[43] nare[44] sagaci
captent auras lustraque[45] presso
quaerant rostro[46], dum lux dubia[47] est,
dum signa[48] pedum roscida[49] tellus[50]
impressa tenet. Alius raras
cervice gravi portare plagas[51],
alius teretes[52] properet[53] laqueos[54],
picta rubenti linea pinna[55]
vano cludat terrore feras.
Tibi[56] vibretur missile telum[57],
tu grave dextra laevaque[58] simul
robur[59] lato dirige ferro,
tu praecipites[60] clamore feras
subsessor[61] ages ; tu jam victor
curvo solves viscera cultro.

NOTES

1. **Cecropii, orum, m pl :** descendants de Cécrops, *premier roi d'Athènes.*
2. **loca :** *COD de* lustrate *avec attraction de l'antécédent dans la relative.*
3. **Parnes, ethis, m :** Parnès, *montagne au nord de l'Attique.*
4. **subjicior** + datif : *ici* être au pied de.
5. **jaceo, es, ere, cui, citurus :** *ici* s'étendre.
6. **quae :** *accusatif neutre.*
7. **Thriasiis vallibus :** *ablatif de lieu sans préposition* ; vallée de Thria, *au nord d'Éleusis.*
8. **Riphaeus, a, um :** des monts Riphées ; *ces monts sont situés en Scythie et symbolisent l'extrême nord.*
9. **nemus, oris, n :** la forêt, le bois.
10. **alnus, i, f :** l'aune.
11. **rorifer, fera, ferum :** qui répand la rosée.
12. **mulceo, es, ere, mulsi, mulsum :** caresser.
13. **gracilis, e :** maigre, chétif.
14. **Ilisos, i, m :** *rivière d'Athènes, qui prend sa source sur l'Hymette.*
15. **malignus, a, um :** *ici* chiche, étroit, petit.
16. **rado, is, ere, rasi, rasum :** toucher en passant, effleurer.
17. **Marathon, onis, f :** Marathon, *plaine au nord-est d'Athènes.*
18. **trames, itis, m :** le chemin de traverse, le sentier.
19. **saltus, us, m :** les bois, les pâturages boisés.
20. **pabulum, i, n :** le pâturage.

21. feta, ae, f : la brebis mère ; **fetus, a, um :** fécond, qui a mis bas.
22. subditus, a, um : exposé.
23. auster, tri, m : l'Auster, *vent du midi.*
24. Acharneus, i, m : *adjectif substantivé qui désigne les collines du bourg d'Acharne (en Attique).*
25. alius (et v. 24, 43, 44) **:** *sens collectif.*
26. calco, as, are, avi, atum : fouler, marcher sur.
27. Aphidnae, arum, f pl : *bourg de l'Attique.*
28. diu : depuis longtemps.
29. immunis, e : libre de toute charge, de tout impôt ; *attribut du sujet.*
30. pontus, i, m : la mer.
31. Sunion, ii, n : cap Sounion, *à la pointe de l'Attique.*
32. quem : *pronom indéfini* (= aliquem).
33. Phlye (nominatif) **:** Phlyées, *bourg de l'Attique.*
34. versor, aris, ari, atus sum : *ici* séjourner, se trouver.
35. agricolis : *datif complément de* metus.
36. canis tacita : le limier.
37. mitto, is, ere, misi, missum : laisser aller, relâcher.
38. lorum, i, n : la courroie, la rêne.
39. Molossi, Cretes (v. 34), **Spartani** (v. 36) **(canes) :** Molosses, Crétois et Spartiates, *races de chiens destinées à la chasse, pour la poursuite et l'attaque.*
40. fortis, e : solide.
41. liga : *impératif singulier à valeur collective.*
42. tempus cum + indicatif **:** le moment où.
43. dimissi : *apposé aux* canes *des vers précédents.*
44. naris, is, f : le nez, le flair.
45. lustrum, i, n : la tanière.
46. rostrum, i, n : la gueule.
47. dubius, a, um : indécis, hésitant.
48. signum, i, n : *ici* la trace.
49. roscidus, a, um : couvert de rosée.
50. tellus, uris, f : la terre.
51. rara plaga, ae, f : le filet à larges mailles.
52. teres, etis : bien fait.
53. propero, as, are, avi, atum + infinitif **:** se hâter de.
54. laqueus, i, m : le lacet, le filet.
55. vers 46 : *construire* linea picta rubenti pluma ; un cordeau coloré de plumes rouges ; *il s'agit d'un épouvantail qui servait à rabattre le gibier vers les filets.*
56. tibi : *datif complément d'agent de* vibretur *(non classique)* ; tibi, tu (v. 49, 51, 52) *désignent à chaque fois des personnes différentes.*
57. missile telum : le trait, le javelot.
58. dextra laevaque : *sous-entendu* manu.
59. robur, oris, n : le chêne ; la lance en chêne.
60. praecipites : *apposé à* feras, *avec une idée de but.*
61. subsessor, oris, m : celui qui se tient en embuscade.

Traduction des vers 1 à 8

❑❑❑❑❑❑❑

1. Traduction de Jean Yeuwain (1591) (modernisée)

Allez, enceignez-moi ces forêts ombrageuses.
Questez par-ci par-là, sur les cimes rameuses
Des monts Cécropiens ; et entre maint rocher,
Dont le pied ferme-dur sait les flots écacher,
Au val Thryasiën, de la vite rivière,
Qui le choque d'une onde écumeusement fière.
Sur ces tertres bossus les uns aillent montant,
Qu'une neige glacée enfarine en tous temps.

❑❑❑❑❑❑❑

2. Traduction de François-Régis Chaumartin (© Les Belles Lettres, 1996)

Allez, placez-vous tout autour des forêts ombreuses et des sommets de la montagne cécropienne ! D'un pas alerte, parcourez en tous sens les terrains qui s'étendent au pied du Parnès rocheux, ceux que dans la vallée de Thrie un cours d'eau fouette de son onde vive ; escaladez les collines, toujours blanchies d'une neige riphéenne !

❑❑❑❑❑❑❑ **3. Traduction de Florence Dupont (© Actes Sud, 2012)**

La-bas !
Allez dans la nuit encercler les forêts !
Enfants de Cécrops, vite dispersez-vous !
Quadrillez les pentes caillouteuses du Parnesse !
Quadrillez la vallée de Thrie
La vallée aux torrents coupés de rapides
Montez à l'assaut des neiges éternelles !

Entraînement au BAC

1 **Langue.** Relevez et analysez les compléments de lieu des vers 1 à 20.

2 **Traduction.** Relevez les différences entre les trois traductions des vers 1 à 8.

3 **Analyse**

a. Identifiez sur la carte les différents lieux mentionnés par Hippolyte dans les vers 1 à 28, ainsi que leurs caractéristiques. Qu'est-ce qui vous surprend ?

b. En vous appuyant sur le texte des vers 29 à 53, dites de quelle occupation il est question et comment elle se déroule.

c. Quel rôle Hippolyte se donne-t-il dans ce passage ?

d. Lisez le début du prologue de *Médée* et celui d'*Œdipe*. Vous pouvez également étendre vos recherches à d'autres tragédies de Sénèque. Quelles différences voyez-vous ?

e. Quel peut-être l'intérêt de ce prologue ?

4 **Version.** Traduisez les vers 31 à 38.

Prologue de *Médée*

MÉDÉE : Dieux du mariage, toi Lucine, gardienne du lit nuptial, toi de qui Typhis apprit à conduire le merveilleux navire, futur dompteur des mers, toi cruel dominateur de la mer profonde, toi Titan qui répartis pour la terre la clarté du jour, toi triple Hécate offrant aux cérémonies secrètes une lumière complice ; vous, dieux au nom desquels Jason m'a prêté serment, vous que Médée invoque à meilleur droit, ténèbres de la nuit éternelle, royaumes opposés à ceux d'en-haut, mânes impies, souverain du sombre royaume, souveraine ravie mais plus loyalement traitée, je lance vers vous une prière, d'une voix qui n'appelle pas le bonheur. À présent, à présent soyez-là, déesses qui vengez le crime, les cheveux en désordre, hérissés de serpents, cramponnant vos mains sanglantes à un sinistre brandon, soyez-là, aussi horribles que vous fûtes jadis pour assister à mes noces : donnez la mort à la nouvelle épouse, la mort au beau-père et à la souche royale. Moi, j'ai un mal, plus grave, à souhaiter à mon époux : qu'il vive, qu'il erre parmi les villes inconnues, en proie au dénuement,

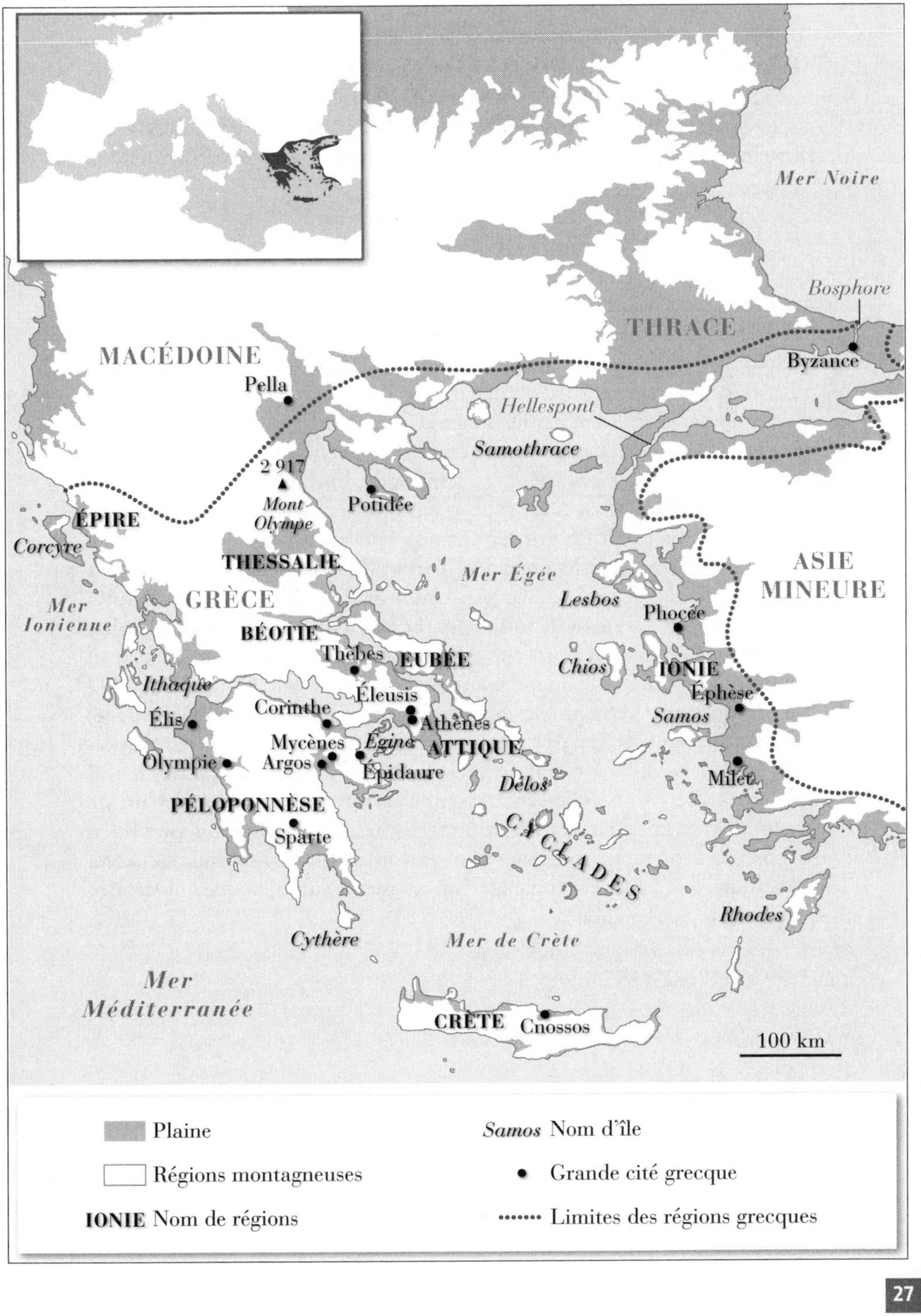
Mer Noire
Bosphore
THRACE
Byzance
MACÉDOINE
Pella
Hellespont
Samothrace
2 917
Mont Olympe
Potidée
ÉPIRE
Corcyre
THESSALIE
Mer Égée
ASIE MINEURE
Mer Ionienne
GRÈCE
Lesbos
Phocée
BÉOTIE
Thèbes
EUBÉE
Chios
IONIE
Ithaque
Éleusis
Éphèse
Corinthe
Élis
Athènes
Samos
Mycènes
Égine
ATTIQUE
Olympie
Argos
Épidaure
Milet
Délos
PÉLOPONNÈSE
Sparte
CYCLADES
Rhodes
Cythère
Mer de Crète
Mer Méditerranée
CRÈTE
Cnossos
100 km
Plaine
Régions montagneuses
IONIE Nom de régions
Samos Nom d'île
Grande cité grecque
Limites des régions grecques

à l'exil, à l'effroi, à la haine, sans foyer sûr, qu'il me réclame de tous ses vœux comme épouse, qu'il recherche un seuil étranger en hôte déjà connu et, le pire des souhaits que je puisse former, qu'il engendre des enfants semblables à leur père et semblables à leur mère. – Ma vengeance est déjà enfantée : j'ai enfanté.

Sénèque (4 avant J.-C.-65 après J.-C.), *Médée*, vers 1 à 25,
traduction du latin par F.-R. Chaumartin, © Les Belles Lettres (1996).

Prologue d'*Œdipe*

Œdipe : Une clarté douteuse a dissipé les ténèbres. Le soleil élève tristement son disque pâle et voilé de sombres nuages pour contempler le deuil de notre ville désolée par un fléau dévorant, et le jour va découvrir à nos yeux les ravages de la nuit. Est-il un roi qui se trouve heureux sur le trône ? Ô trompeuse idole, que de misères tu caches sous une riante image ! Comme les hautes montagnes sont toujours en butte à la fureur des vents ; comme les rochers qui s'avancent sur la plaine liquide, ne cessent pas, même en temps de calme, d'être battus des flots ; ainsi le rang suprême des rois les expose davantage aux coups de la Fortune. Oh ! que j'avais bien fait de fuir les états de Polybe mon père ! J'étais exilé, mais tranquille ; errant, mais exempt d'alarmes. Le ciel et les dieux me sont témoins que je ne cherchais pas le trône. Une affreuse prédiction me poursuit : je crains de devenir l'assassin de mon père. Le laurier prophétique de Delphes me menace de ce crime et d'un autre plus grand encore. Cependant peut-il en être un plus abominable que le meurtre d'un père ? Infortuné que je suis ! j'ai honte de rappeler cette prédiction. Apollon m'annonce un hymen infâme, une couche incestueuse, et des torches impies qui doivent éclairer l'union d'un fils avec sa mère ! C'est cette crainte qui m'a chassé de ma patrie. Je n'ai point quitté le lieu de ma naissance comme un banni ; mais, me défiant de moi-même, ô nature ! j'ai sauvegardé tes saintes lois. Lorsqu'on tremble à l'idée d'un crime qu'on ne croit pas même possible, on doit le redouter encore. Tout m'effraie, et je n'ose compter sur moi-même. Il faut bien que la Destinée me prépare quelque malheur…

Sénèque (4 avant J.-C.-65 après J.-C.), *Œdipe*, vers 1 à 29,
traduction du latin par Cabaret-Dupaty (1863).

Vers 54 à 84 ➤ traduction p. 148

Dans la seconde partie du prologue, Hippolyte adresse ses prières à la déesse qu'il honore, Diane, qui est aussi la protectrice des chasseurs à Rome.

Ades en[1] comiti, diva virago,
cujus regno pars terrarum
secreta[2] vacat[3], cujus certis
petitur[4] telis fera quae gelidum
potat Araxen[5] et quae stanti
ludit in Histro[6]. Tua Gaetulos[7]
dextra[8] leones, tua Cretaeas[9]
sequitur cervas ; nunc veloces
figit[10] dammas leviore manu.
Tibi dant variae pectora tigres[11],
tibi villosi[12] terga bisontes
latisque feri cornibus uri[13].
Quicquid solis pascitur arvis[14],
sive illud Arabs divite silva[15]
sive illud inops novit Garamans[16]
sive ferocis juga Pyrenes[17]
sive Hyrcani[18] celant saltus,
vacuisque vagus[19] Sarmata[20] campis[21],
arcus metuit[22], Diana, tuos.
Tua si gratus[23] numina[24] cultor
tulit in saltus, retia[25] vinctas
tenuere[26] feras ; nulli laqueum
rupere pedes : fertur plaustro
praeda gementi[27] ; tum rostra canes
sanguine multo rubicunda gerunt[28]
repetitque casas rustica longo
turba triumpho[29].

En, diva, fave : signum arguti[30]
misere[31] canes. – Vocor in silvas.
Hac, hac pergam qua[32] via longum
compensat iter.

NOTES

1. **en :** eh bien, allons.
2. **secretus, a, um :** retiré, à l'écart (des hommes).
3. **vacat regno :** *littéralement* est libre pour ton règne, *c'est-à-dire* est soumise à ton seul règne.
4. **peto, is, ere, ivi, itum :** atteindre.
5. **Araxen** (accusatif) **:** *l'Arax est un fleuve d'Arménie qui se jette dans la mer Caspienne ; il est le symbole de l'extrémité orientale du monde.*
6. **Hister, Histri, m :** Ister (Danube) ; **stanti :** immobile, *car gelé.*
7. **Gaetulus, a, um :** de Gétulie, *contrée au nord-ouest de l'Afrique.*
8. **dextra :** *sous-entendu* manus.
9. **Cressaeus, a, um :** de Crète.
10. **figit :** le sujet est toujours dextra ; manu *a le sens de* coup.
11. **variae tigres :** les tigres tachetés.
12. **villosus, a, um :** velu.
13. **urus, i, m :** l'auroch, *taureau sauvage.*
14. **solis arvis :** *ablatif de lieu sans préposition* ; **solus, a, um :** désert.
15. **divite silva :** *ablatif de qualité.*
16. **Garamans, antis, m :** Garamante, *pays situé au sud-est de la Gétulie.*
17. **Pyrene, es, f :** Pyréné, *jeune fille qui aurait été violée par Hercule et qui se serait ensuite enfuie dans les montagnes, où elle se serait fait dévorer par des lions.*
18. **Hyrcanus, a, um :** d'Hyrcanie, *région montagneuse et boisée au sud-est de la mer Caspienne.*
19. **vagus, a, um :** errant.
20. **Sarmata, ae, m :** Sarmate ; *désigne le peuple établi au nord du Caucase.*
21. **vacuis campis :** *ablatif de lieu sans préposition.*
22. **metuit :** *le sujet est* quicquid (*ensuite repris par* illud, v. 67 et 69).
23. **gratus :** *sous-entendu* tibi.
24. **tua numina :** *littéralement* ta volonté divine, *d'où* ta bénédiction.
25. **rete, is, n :** le filet.
26. **tenuere = tenuerunt :** *parfait d'habitude.*
27. **plaustro gementi :** *ablatif de lieu sans préposition.*
28. **gerunt = habent.**
29. **triumphus, i, m :** le cortège triomphal.
30. **argutus, a, um :** *a à la fois le sens de* joyeux et qui s'exprime clairement.
31. **misere = miserunt.**
32. **hac... qua... :** par là... où...

2. L'entrée en scène de Phèdre

Vers 85 à 128 ➤ traduction p. 148-149

Après le prologue d'Hippolyte, la tragédie commence avec l'entrée en scène de Phèdre et de sa nourrice. Phèdre se plaint de Thésée qui la délaisse et reconnaît qu'elle souffre d'un mal encore plus grand.

Phaedra

O magna vasti Creta dominatrix freti[1],
cujus per omne litus innumerae rates[2]
tenuere pontum[3], quicquid[4] Assyria[5] tenus[6]
tellure Nereus[7] pervium[8] rostris secat,
cur me in penates obsidem[9] invisos[10] datam
hostique nuptam[11] degere[12] aetatem in malis
lacrimisque cogis ? Profugus[13] en[14] conjunx abest
praestatque[15] nuptae quam solet Theseus fidem.
Fortis per altas invii[16] retro[17] lacus[18]
vadit tenebras miles audacis[19] proci[20],
solio[21] ut revulsam[22] regis inferni abstrahat[23] ;
pergit[24] furoris socius, haud illum timor
pudorque tenuit : – stupra[25] et illicitos toros[26]
Acheronte in imo[27] quaerit Hippolyti pater.
Sed major alius incubat[28] maestae dolor.
Non me quies nocturna, non altus[29] sopor
solvere[30] curis : alitur[31] et crescit malum
et ardet intus[32] qualis Aetnaeo[33] vapor
exundat[34] antro. Palladis[35] telae[36] vacant[37]
et inter ipsas pensa[38] labuntur[39] manus ;
non colere donis templa votivis[40] libet[41],
non inter aras, Atthidum[42] mixtam choris,
jactare tacitis[43] conscias[44] sacris[45] faces[46],
nec adire[47] castis[48] precibus aut ritu pio
adjudicatae[49] praesidem[50] terrae deam :
juvat[51] excitatas consequi cursu feras

et rigida molli gaesa[52] jaculari[53] manu.
Quo tendis[54], anime ? Quid furens saltus[55] amas ?
Fatale miserae[56] matris agnosco[57] malum :
peccare noster novit in silvis amor.
Genetrix, tui me miseret : infando[58] malo
correpta[59] pecoris efferum[60] saevi ducem
audax amasti ; torvus[61], impatiens[62] jugi
adulter ille, ductor indomiti[63] gregis, –
sed amabat aliquid. Quis meas miserae deus
aut quis juvare Daedalus flammas queat[64] ?
Non si ille remeet[65], arte Mopsopia[66] potens
qui nostra caeca[67] monstra conclusit[68] domo,
promittet ullam casibus nostris opem.
Stirpem[69] perosa[70] Solis invisi Venus
per[71] nos catenas vindicat Martis sui
suasque, probris omne Phoebeum genus
onerat nefandis[72] : nulla Minois[73] levi
defuncta[74] amore est, jungitur semper nefas[75].

NOTES

1. **fretum, i, n :** la mer.
2. **ratis, is, f :** le bateau ; *à relier au pronom relatif* cujus.
3. **pontus, i, m :** la mer.
4. **quicquid :** *développe* pontum.
5. **Assyria, ae, f :** Assyrie, *province d'Asie. Désigne ici la Syrie.*
6. **tenus :** *préposition qui suit son régime. Avec l'ablatif* : jusque, jusqu'à.
7. **Nereus, ei, m :** Nérée, *dieu de la mer.*
8. **pervium, ii, n :** le passage.
9. **obses, idis, m/f :** l'otage.
10. **invisus, a, um :** odieux, détesté.
11. **nubo, is, ere, nupsi, nuptum alicui :** *ici* unir à quelqu'un par le mariage.
12. **dego, is, ere, –, – aetatem :** passer sa vie.
13. **profugus, a, um :** fugitif.
14. **en :** *interjection* ; voici que, voilà que.
15. **praesto, as, are, stiti, statum :** montrer, faire preuve de.
16. **invius, a, um :** impraticable, impénétrable.
17. **retro :** *adverbe* ; en arrière.
18. **lacus, us, m :** le lac.
19. **audax, acis :** audacieux, téméraire.
20. **procus, i, m :** l'amant.
21. **solium, ii, n :** le trône.
22. **revello, is, ere, velli, vulsum :** arracher. *Il s'agit de Proserpine que Thésée et Pirithoüs avaient résolu d'enlever à Pluton.*
23. **abstraho, is, ere, traxi, tractum :** tirer, entraîner.
24. **pergo, is, ere, perrexi, perrectum :** continuer d'aller.
25. **stuprum, i, n :** le déshonneur, l'opprobre.
26. **torus, i, m :** la couche, le lit.
27. **imus, a, um :** le plus bas, le bas de, le fond de.
28. **incubo, as, are, ui (avi), itum (atum)** + datif **:** être couché sur, couvrir.
29. **altus, a, um :** profond.
30. **solvo, is, ere, solvi, solutum aliquem aliqua re :** délivrer quelqu'un de quelque chose.
31. **alo, is, ere, alui, altum ou alitum :** nourrir ; *le passif peut avoir un sens réfléchi* : se nourrir.
32. **intus :** *adverbe* ; dedans, à l'intérieur.
33. **Aetnaeus, a, um :** de l'Etna.
34. **exundo, as, are, avi, atum :** être rejeté, déborder.
35. **Pallas, adis, f :** Pallas *ou* Minerve.

36. **tela, ae, f :** la toile.
37. **vaco, as, are, avi, atum :** être inoccupé, oisif.
38. **pensum, i, n :** le poids de laine que l'esclave devait filer par jour ; la laine.
39. **labor, laberis, bi, lapsus sum :** glisser, tomber.
40. **votivus, a, um :** votif, accompagné d'un vœu.
41. **libet, ere, buit, libitum est :** il plaît, il fait plaisir.
42. **Atthis, idis, f :** Athénienne.
43. **tacitus, a, um :** dont on ne parle pas, secret.
44. **conscius, a, um :** confident, qui partage la connaissance de.
45. **sacrum, i, n :** l'acte religieux, le rite.
46. **fax, facis, f :** la torche.
47. **adeo, is, ire, ii, itum aliquem :** aborder quelqu'un.
48. **castus, a, um :** pur, pieux, religieux.
49. **adjudico, as, are, avi, atum aliquid (alicui) :** adjuger quelque chose (à quelqu'un).
50. **praeses, idis, m/f :** celui ou celle qui préside.
51. **juvat** + infinitif **:** *impersonnel* ; il (me) plaît de/que.
52. **gaesa, orum, n pl :** les javelots de fer.
53. **jaculor, aris, ari, atus sum :** lancer.
54. **tendo, is, ere, tetendi, tentum :** se diriger.
55. **saltus, us, m :** la région de bois et de pacages.
56. **miseret me alicujus :** j'ai pitié de quelqu'un.
57. **agnosco, is, ere, novi, nitum :** reconnaître.
58. **infandus, a, um :** dont on ne doit pas parler, abominable.
59. **corripio, is, ere, ripui, reptum :** saisir complètement.
60. **efferus, a, um :** farouche, sauvage.
61. **torvus, a, um :** qui regarde de travers, *d'où* menaçant.
62. **impatiens, tis** + génitif **:** qui ne peut supporter.
63. **indomitus, a, um :** indompté, insoumis.
64. **queo, is, ire, ivi, itum :** pouvoir.
65. **remeo, as, are, avi, atum :** retourner.
66. **Mopsopius, a, um :** d'Attique.
67. **caeca :** *se rapporte à* domo.
68. **concludo, is, ere, clusi, clusum :** enfermer.
69. **stirps, irpis, f :** la souche, la racine.
70. **perosus, a, um :** qui déteste, qui abhorre.
71. **per** + accusatif **:** *traduit ici le moyen.*
72. **nefandus, a, um :** abominable.
73. **Minois, idis, f :** fille de Minos.
74. **defungor, eris, fungi, functus sum** + ablatif **:** exécuter, accomplir.
75. **nefas,** neutre indéclinable **:** ce qui est impie, sacrilège.

Traduction des vers 115 à 119

❑❑❑❑❑❑❑

1. Traduction de Jean Yeuwain (1591) (modernisée)

Las ! mère, j'ai pitié de ton mal : tu aimais
(Éprise d'une ardeur nullement décelable,)
D'un farouche troupeau le Guide inaccointable.
Cet adultère-là impatient du joug,
Bien qu'il fût indomptable, et revêche, à tout coup
D'ire ardent ; toutefois il aimait quelque chose.

❑❑❑❑❑❑❑

2. Traduction d'Eugène Greslou (1834)

Ô ma mère, combien tu me parais digne de pitié ! Tourmentée d'un mal funeste, tu n'as pas rougi d'aimer le chef indompté d'un troupeau sauvage. Cet objet d'un amour adultère avait le regard terrible ; il était impatient du joug, plus furieux que le reste du troupeau ; mais au moins il aimait quelque chose.

❑❑❑❑❑❑❑ **3. Traduction de Florence Dupont (© Actes Sud, 2012)**

Ma mère, ma pauvre mère
Ton affreuse maladie ! Rien ne t'arrêtait
Tu as séduit le chef d'un troupeau sauvage
Il était furieux et brutal
Il vivait sans frein et guidait une horde sans loi
Un taureau fut ton amant de passage
Mais au moins lui
Il savait faire l'amour

Entraînement au BAC

1 Langue. Analysez les modes et les temps des verbes des vers 119 à 123.

2 Traduction. Comparez les différentes traductions et indiquez celle qui vous semble la plus proche du latin. Justifiez votre réponse.

3 Analyse

a. Quels sont les reproches que Phèdre formule à l'encontre de Thésée ? De quelle façon présente-t-elle son époux ?

b. À quel moment ses plaintes changent-elles de thème ? Quel mot vient marquer ce changement ?

c. Quel motif de l'amour Phèdre développe-t-elle des vers 100 à 111 ?

d. Comment parvient-elle à expliquer l'origine de son amour monstrueux ?

e. Relevez les points communs et les différences entres les deux monologues de Phèdre. Qu'ajoute Robert Garnier au texte de Sénèque ?

4 Version. Traduisez les vers 99 à 111.

Dans sa pièce Hippolyte, *Robert Garnier propose lui aussi ce monologue de Phèdre.*

Ô Reine de la mer, Crète mère des Dieux,
Qui as reçu naissant le grand moteur des cieux,
Ô la plus orgueilleuse et plus noble des îles,
Qui as le front orné de cent fameuses villes :
Demeure de Saturne, où les rivages torts,
Remparés de rochers, s'ouvrent en mille ports,
En mille braves ports qui caressés de l'onde,
Reçoivent des vaisseaux de toutes parts du monde :
Pourquoi mon cher séjour, mon cher séjour pourquoi
M'as-tu de toi bannie en éternel émoi ?
Las ! pourquoi, ma patrie, as-tu voulu, cruelle,
Me faire choisir des mains d'un amant infidèle ?

D'un époux déloyal ? qui parjurant sa foi
Adultère sans cesse, et ne fait cas de moi ?
Me laisse désolée, hélas hélas ! me laisse
Sur ce bord étranger languissant de tristesse ?
[...]
Ô Phèdre ! ô pauvre Phèdre ! hé qu'à la mauvaise heure
Tu as abandonné ta natale demeure !
Qu'il t'eût bien mieux valu, pauvre Princesse, alors
Que tu te mis sur mer, périr de mille morts.
Qu'il t'eût bien mieux valu tomber dessous les ondes,
Et remplir l'estomac des Phoques vagabondes,
Lors qu'à ton grand malheur une indiscrète amour
Te fit passer la mer sans espoir de retour.
Qu'il t'eût bien mieux valu, délaissée au rivage,
Comme fut Ariane en une île sauvage,
Ariane ta sœur, errer seule en danger
Des lions Naxeans, qui t'eussent pu manger,
Plutôt qu'adolorée et de vivre assouvie,
Traîner si longuement ton ennuyeuse vie :
Plutôt plutôt que vivre en un éternel deuil,
Ne faisant jour et nuit qu'abayer au cercueil.
Voila mon beau Thésée qui, suivant sa coutume
D'être instable en amours, d'un nouveau feu s'allume.
Voilà qu'il m'abandonne, après que le cruel
M'a fait abandonner mon séjour naturel :
Apres qu'il m'a ravie aux yeux de mon bon père :
Et aux embrassements de ma dolente mère,
Fugitive, bannie, et qu'il a contenté
Son ardeur, des plaisirs de ma virginité,
Il va, de Pirithoos compagnon détestable,
Enlever de Pluton l'épouse vénérable.
La terre leur est vile : ils vont chercher là bas,
Sur les rivages noirs, leurs amoureux ébats.
L'enfer qui n'est qu'horreur, qui n'est que toute rage,
Qu'encombre et que tourment, ne dompte leur courage.
Mais soient tant qu'ils voudront aux infernaux palus,
Ce n'est pas la douleur qui me gêne le plus :
Un plus âpre tourment rampe dans mes moelles,
Qui les va remplissant de passions cruelles.

Le repos de la nuit n'allège mes travaux,
Le somme Lethean n'amortit point mes maux,
Ma douleur se nourrit et croît toujours plus forte.
Je brûle, misérable, et le feu que je porte
Enclos en mes poumons, soit de jour ou de nuit,
De soir ou de matin, de plus en plus me cuit.
J'ai l'estomac plus chaud que n'est la chaude braise,
Dont les Cyclopes nus font rougir leur fournaise,
Quand au creux Etnean, à puissance de coups,
Ils forgent, renfrognés, de Jupin le courroux.
Hé bons Dieux ! que ferai-je ? aurai-je toujours pleine
La poitrine et le cœur d'une si dure peine ?
Souffrirai-je toujours ? ô malheureux Amour !
Que maudite soit l'heure et maudit soit le jour
Que je te fus sujette ! ô quatre fois maudite
La flèche que tu pris dans les yeux d'Hippolyte :
D'Hippolyte que j'aime, et non pas seulement
Que j'aime, mais de qui j'enrage follement.

Robert Garnier (1544-1590), *Hippolyte*, vers 380 à 396 et 415 à 466, orthographe modernisée (1573).

3. La voix de la raison

Vers 129 à 177 ➤ traduction p. 149-150

La nourrice tente de raisonner Phèdre afin de la détourner de sa funeste passion.

NUTRIX

Thesea conjunx, clara progenies Jovis,
nefanda[1] casto pectore[2] exturba ocius,
extingue flammas neve te dirae spei
praebe obsequentem[3] : quisquis in primo[4] obstitit
pepulitque amorem, tutus ac victor fuit ;
qui blandiendo[5] dulce nutrivit malum,
sero recusat[6] ferre quod subiit[7] jugum.
Nec me fugit[8], quam durus et veri[9] insolens
ad recta flecti regius nolit tumor ;
quemcumque dederit[10] exitum casus feram :
fortem facit vicina[11] libertas[12] senem.
Honesta primum[13] est velle nec labi via[14],
pudor est secundus nosse peccandi modum.
Quo, misera, pergis[15] ? Quid domum infamem aggravas[16]
superasque matrem ? Majus est monstro[17] nefas :
nam monstra fato, moribus scelera imputes[18].
Si, quod maritus supera non cernit[19] loca,
tutum esse facinus credis et vacuum[20] metu,
erras ; teneri crede[21] Lethaeo[22] abditum
Thesea[23] profundo et ferre perpetuam Styga[24] :
quid[25] ille[26], lato maria qui regno premit[27]
populisque reddit jura[28] centenis[29], pater ?
latere[30] tantum facinus occultum[31] sinet ?
Sagax[32] parentum est cura[33]. Credamus[34] tamen
astu[35] doloque tegere[36] nos tantum nefas :
quid[37] ille[38] rebus lumen infundens[39] suum,
matris parens ? Quid ille[40] qui mundum quatit[41]

vibrans[42] corusca[43] fulmen Aetnaeum[44] manu,
sator[45] deorum ? Credis hoc posse effici[46],
inter videntes omnia ut lateas avos[47] ?
Sed ut[48] secundus[49] numinum abscondat favor
coitus[50] nefandos utque contingat[51] stupro
negata magnis sceleribus semper[52] fides[53],
quid[54] poena praesens, conscius mentis pavor[55]
animusque culpa plenus et semet timens ?
Scelus aliqua tutum, nulla securum[56] tulit.
Compesce[57] amoris impii flammas, precor,
nefasque quod non ulla[58] tellus barbara
commisit umquam, non vagi[59] campis[60] Getae[61]
nec inhospitalis Taurus aut sparsus[62] Scythes ;
expelle[63] facinus mente castifica[64] horridum
memorque[65] matris metue concubitus[66] novos.
Miscere thalamos[67] patris et gnati apparas[68]
uteroque[69] prolem capere[70] confusam[71] impio ?
Perge[72] et nefandis verte[73] naturam ignibus[74]. –
Cur monstra cessant[75] ? Aula cur fratris vacat[76] ?
Prodigia totiens[77] orbis insueta[78] audiet[79],
natura totiens legibus cedet[80] suis,
quotiens amabit Cressa[81] ?

NOTES

1. **nefandus, a, um :** impie, abominable, criminel.
2. **casto pectore :** *ablatif d'origine sans préposition.*
3. **obsequor, eris, i, secutus sum** + datif **:** céder à, obéir à.
4. **in primo :** dès le début.
5. **blandior, iris, iri, itus sum :** flatter, cajoler, caresser.
6. **recuso, as, are, avi, atum :** décliner, refuser, protester contre.
7. **subeo, is, ire, ii, itum :** se mettre sous, supporter.
8. **non me fugit** (+ proposition infinitive) **:** il ne m'échappe pas que.
9. **veri :** *complément de* insolens ; **durus et veri insolens :** *apposés à* tumor, *avec valeur causale.*
10. **dederit < mihi > :** *futur antérieur.*
11. **vicinus, a, um :** proche.
12. **libertas, tatis, f :** la libération.
13. **primum :** *sujet de* est.
14. **honesta via :** *nominatif.*
15. **pergo, is, ere, perrexi, perrectum :** se diriger vers, aller.
16. **aggravo, as, are, avi, atum :** rendre plus lourd, accabler.
17. **monstrum :** *désigne ce qui est contraire aux lois de la Nature.*
18. **imputo, as, are, avi, atum :** mettre au compte de.
19. **cerno, is, ere, crevi, cretum :** voir, distinguer.
20. **vacuus, a, um** + ablatif **:** exempt de.
21. **crede :** *impératif à valeur de supposition.*
22. **Lethaeus, a, um :** du Léthé, des Enfers ; *ici ablatif de lieu sans préposition.*
23. **Thesea :** *accusatif grec.*
24. **Styx, ygis, f :** le Styx, *fleuve des Enfers.*
25. **quid :** *indique que la phrase dont le sujet est* ille pater *et le verbe* sinet (v. 149-151) *est interrogative.*

26. ille pater : *il s'agit de Minos, le roi de la Crète aux Cent Villes.*
27. premo, is, ere, pressi, pressum : écraser.
28. reddere jura : dicter des lois.
29. centeni, ae, a : cent ; *distributif employé à la place de l'ordinal.*
30. lateo, es, ere, ui, – : se cacher.
31. occultum : *attribut de l'objet.*
32. sagax, acis : vigilant, perspicace.
33. cura, ae, f : *ici* la tutelle ; *en effet, selon le droit ancien, les femmes veuves retombaient sous la tutelle de leur père.*
34. credamus : *subjonctif de supposition.*
35. astus, us, m : la ruse, l'astuce, la fourberie.
36. tegere = tegere posse.
37. quid : *même valeur qu'au vers 149.*
38. ille : *garde une valeur pronominale.*
39. infundo, is, ere, fudi, fusum : répandre.
40. ille : cf. *note du vers 154.*
41. quatio, is, ere, –, quassum : secouer, agiter, ébranler.
42. vibro, as, are, avi, atum : brandir, lancer, darder.
43. coruscus, a, um : brillant, étincelant.
44. Aetnaeus, a, um : de l'Etna, *volcan où étaient forgés les foudres de Jupiter.*
45. sator, oris, m : le créateur, le père.
46. effici ut + subjonctif **:** se produire que.
47. avus, i, m : l'aïeul.
48. ut + subjonctif **:** *supposition* ; admettons que.
49. secundus, a, um : favorable.
50. coitus, us, m : l'union, l'accouplement.
51. contingo, is, ere, tigi, tactum + datif **:** échoir, tomber en partage.
52. semper : *porte sur* negata.
53. fides, ei, f : *désigne ici l'assurance de ne pas être découverte.*
54. quid : *même valeur que vers 149 et 154.*
55. conscius mentis pavor : *équivaut pour le sens à* consciae mentis pavor ; **conscia mens :** esprit conscient de sa faute, esprit coupable.
56. securus, a, um : sans tourment ; tutum *et* securum *portent grammaticalement sur* scelus, *mais, pour le sens, sur* aliqua.
57. compesco, is, ere, cui, – : retenir, réprimer.
58. non ulla : *la formule est plus insistante que* nulla.
59. vagus, a, um : errant.
60. campis : *ablatif de lieu sans préposition.*
61. Getae, Taurus, Scythes : *désignent trois peuples barbares (Gètes, Taures et Scythes) sans autre loi que la loi de la nature.*
62. sparsus, a, um : nomade.
63. expello, is, ere, puli, pulsum : chasser.
64. castificus, a, um : chaste, pur.
65. memor + génitif **:** qui se souvient de.
66. concubitus, us, m : l'union, l'accouplement.
67. thalamus, i, m : la chambre, le lit nuptial.
68. apparo, as, are, avi, atum + infinitif **:** se préparer à.
69. uterus, i, m : le ventre, le sein.
70. capere = concipere : concevoir.
71. confusus, a, um : mélangé, hybride.
72. pergo, is, ere, perrexi, perrectum : persister, continuer.
73. verto, is, ere, verti, versum : tourner, bouleverser, renverser.
74. ignis, is, m : le feu (de l'amour).
75. cesso, as, are, avi, atum : tarder à venir.
76. vaco, as, are, avi, atum : être vide.
77. totiens… quotiens : toutes les fois que.
78. insuetus, a, um : inaccoutumé, nouveau.
79. audio, is, ire, ivi, itum : entendre dire, apprendre.
80. cedo, is, ere, cessi, cessum + datif **:** renoncer à.
81. Cressa, ae, f : Crétoise.

Vers le commentaire

1 Relevez le vocabulaire du crime, de la faute et du mal. Retrouvez dans le passage en quoi consiste le crime.

2 Pourquoi le vers 129 à lui seul pourrait suffire à détourner Phèdre de sa passion ?

3 Comment la nourrice entend-elle persuader Phèdre dans les vers 129 à 144 ?

4 Comment l'argumentation fonctionne-t-elle dans les vers 145 à 164 ? Puis dans les vers 165 à 177 ?

5 À l'aide de vos réponses, mettez en lumière le mouvement général du texte.

4. L'Amour est un dieu tout-puissant

Vers 177 à 203 ➤ traduction p. 150

À Phèdre qui déplore l'impuissance de la raison face à l'Amour, la nourrice répond qu'il est en réalité la fiction d'un esprit déréglé.

PHAEDRA

Quae memoras[1] scio
vera esse, nutrix ; sed furor cogit sequi
pejora[2]. Vadit animus in praeceps[3] sciens
remeatque[4] frustra[5] sana consilia appetens[6].
Sic, cum gravatam[7] navita[8] adversa[9] ratem[10]
propellit[11] unda, cedit in vanum labor[12]
et victa prono[13] puppis[14] aufertur vado[15].
Quid ratio possit ? Vicit ac regnat furor
potensque[16] tota mente dominatur[17] deus.
Hic volucer[18] omni pollet[19] in terra potens
laesumque[20] flammis torret[21] indomitis[22] Jovem ;
Gradivus[23] istas belliger[24] sensit[25] faces[26],
opifex[27] trisulci[28] fulminis sensit deus,
et qui furentis[29] semper Aetnaeis[30] jugis
versat[31] caminos[32] igne tam parvo[33] calet[34] ;
ipsumque Phoebum[35], tela qui nervo[36] regit[37],
figit[38] sagitta certior[39] missa puer
volitatque caelo pariter et terris gravis[40].

NUTRIX

Deum[41] esse amorem turpis[42] et vitio favens[43]
finxit[44] libido[45], quoque[46] liberior foret[47]
titulum[48] furori numinis falsi[49] addidit.
Natum per omnis[50] scilicet[51] terras vagum
Erycina[52] mittit, ille per caelum volans
proterva[53] tenera tela molitur[54] manu
regnumque[55] tantum minimus e superis[56] habet[57] ?
Vana ista demens animus ascivit[58] sibi
Venerisque numen[59] finxit atque arcus[60] dei.

NOTES

1. quae memoras : *sujet de* esse.
2. pejor, pejus : *comparatif de* malus, a, um.
3. praeceps, cipitis, n : l'abîme.
4. remeo, as, are, avi, atum : revenir.
5. frustra (adverbe) **:** en vain ; *porte sur* appetens.
6. appeto, is, ere, i(v)i, itum : rechercher.
7. gravo, as, are, avi, atum : alourdir, charger.
8. navita, ae, m : le matelot.
9. adversus, a, um : contraire, qui va dans le sens inverse ; **adversa unda :** *ablatif de lieu sans préposition.*
10. ratis, is, f : l'embarcation.
11. propello, is, ere, puli, pulsum : pousser, faire avancer.
12. cedit in vanum labor : sa peine s'avère inutile.
13. pronus, a, um : rapide, violent.
14. puppis, is, f : la poupe d'un navire ; *par métonymie* le navire.
15. vadum, i, n : la rivière, le courant.
16. potens, entis : puissant.
17. dominor, aris, ari, atus sum + ablatif **:** dominer, régner sur, être le maître de.
18. volucer, cris, cre : qui vole, ailé.
19. polleo, es, ere, –, – : être très puissant.
20. laedo, is, ere, laesi, laesum : blesser ; **laesum :** *bien rendre la valeur d'antériorité.*
21. torreo, es, ere, torvi, tostum : brûler.
22. indomitus, a, um : indomptable.
23. Gradivus, i, m : Gradivus, *un des noms de Mars.*
24. belliger, era, erum : guerrier.
25. sentio, is, ere, sensi, sensum : ressentir, éprouver, faire l'expérience de.
26. fax, facis, f : le flambeau, la torche (nuptiale).
27. opifex, ficis, m : l'artisan.
28. trisulcus, a, um : qui a trois pointes.
29. furentis = furentes ; furo, is, ere, –, – : être en furie, fou.
30. Aetnaeus, a, um : de l'Etna.
31. verso, as, are, avi, atum : remuer ; *ici* attiser.
32. caminus, i, m : le fourneau.
33. parvus, a, um : petit, ténu.
34. caleo, es, ere, calui, caliturus : être brûlé.
35. Phoebus, i, m : Apollon.
36. nervus, i, m : la corde d'un arc, l'arc.
37. rego, is, ere, rexi, rectum : diriger.
38. figo, is, ere, fixi, fictum : planter, transpercer.
39. certior : *le comparant est Apollon.*
40. gravis, e : grave, pénible, importun.
41. deum : *attribut du sujet.*
42. turpis, e : honteux.
43. faveo, es, ere, favi, fautum + datif **:** favoriser, être favorable.
44. fingo, is, ere, finxi, fictum : façonner, imaginer.
45. libido, inis, f : la passion amoureuse, le désir déréglé, la fantaisie.
46. quoque = et quo : quo *introduit une subordonnée finale quand un comparatif figure dans cette subordonnée.*
47. foret = esset : *forme archaïque de subjonctif que l'on rencontre plutôt dans les propositions orientées vers l'avenir.*
48. titulus, i, m : le titre, le prétexte.
49. numinis falsi : *génitif de définition (ex. :* urbs Romae = la ville de Rome*)* ; falsi *porte pour le sens sur* titulum.
50. omnis = omnes.
51. scilicet (adverbe) **:** évidemment, bien sûr ; *souligne l'ironie de la question.*
52. Erycina, ae, f : Vénus Érycine ; *d'Éryx, mont de Sicile où Vénus avait un temple.*
53. protervus, a, um : violent, audacieux.
54. molior, iris, iri, molitus sum : manier, enfoncer.
55. regnum, i, n : la souveraineté, l'autorité toute-puissante.
56. superis : *sous-entendu* deis.
57. habet, mittit (v. 199) **et molitur** (v. 200) **:** *ont une valeur modale.*
58. ascisco, is, ere, ivi, itum (sibi) : prendre pour soi, adopter.
59. numen, inis, n : la volonté divine.
60. arcus, us, m : l'arc.

Vers le commentaire

1 Relevez, dans les vers 177 à 194, le vocabulaire de la puissance. À qui se rapporte-t-il ?

2 De quel dieu est-il question dans les vers 185 à 194 ? À quoi le reconnaissez-vous ?

3 Étudiez, dans les vers 177 à 194, comment se manifeste le conflit qui agite Phèdre.

4 Quels arguments Phèdre invoque-t-elle à l'appui de son impuissance ?

5 Quelle perception de l'amour la nourrice oppose-t-elle à Phèdre ?

6 Selon vous, à quel vers prononcé par Phèdre l'argumentation de la nourrice répond-elle ?

7 Retrouvez les éléments communs à la description de l'Amour faite dans *Phèdre* et à celle faite par Properce.

Properce justifie la représentation iconographique traditionnelle de l'amour.

Texte latin

Quicumque ille fuit, puerum qui pinxit Amorem,
nonne putas miras hunc habuisse manus ?
Is primum vidit sine sensu vivere amantes,
et levibus curis magna perire bona.
Idem non frustra ventosas addidit alas,
fecit et humano corde volare deum :
scilicet alterna quoniam jactamur in unda,
nostraque non ullis permanet aura locis.
Et merito hamatis manus est armata sagittis,
et pharetra ex umero Cnosia utroque jacet :
ante ferit quoniam tuti quam cernimus hostem,
nec quisquam ex illo vulnere sanus abit.

Traduction

Celui, quel qu'il fût, qui peignit l'Amour comme un enfant, ne penses-tu pas qu'il eut de merveilleuses mains ? Il vit d'abord que les amants vivent sans bon sens et que pour de légers émois, de grands biens périssent. Ce n'est pas en vain non plus qu'il ajouta des ailes de vent et fit qu'un dieu vole dans le cœur humain, puisqu'évidemment nous sommes ballottés dans les vagues d'un côté et de l'autre et que le souffle qui nous pousse ne se pose en aucun lieu. Et c'est justement que sa main est armée de flèches crochues et qu'un carquois de Gnosse est posé sur ses épaules : car il frappe avant que, nous sentant en sécurité, nous ne distinguions l'ennemi, et personne ne réchappe en bonne santé de cette blessure.

Properce (47-vers 16-15 avant J.-C.), *Élégies,* II, 12, vers 1 à 12,
traduction du latin par S. Viarre, © Les Belles Lettres (2005).

Vers 204 à 216 ➤ traduction p. 150-151

La nourrice termine son discours pour expliquer à Phèdre pourquoi elle a conçu une passion aussi folle.

Quisquis secundis[1] rebus exultat nimis
fluitque[2] luxu, semper insolita[3] appetit[4].
Tunc illa magnae dira fortunae comes[5]
subit[6] libido : non placent suetae[7] dapes[8],
non tecta[9] sani moris[10] aut ullus cibus.
Cur in penates rarius tenues[11] subit
haec delicatas eligens[12] pestis[13] domos ?
Cur sancta parvis habitat in tectis Venus[14]
mediumque sanos vulgus affectus tenet
et se coercent modica[15] ? Contra divites
regnoque fulti[16] plura quam fas est petunt ?
Quod non potest vult posse qui nimium potest.
Quid deceat[17] alto praeditam[18] solio vides :

NOTES

1. **secundus, a, um :** propice, favorable.
2. **fluo, is, ere, fluxi, fluctum :** couler, glisser.
3. **insolitus, a, um :** inaccoutumé.
4. **appeto, is, ere, ivi, itum :** chercher à obtenir.
5. **illa dira comes :** *est en apposition à* libido.
6. **subeo, is, ire, ii, itum :** aller sous, s'insinuer.
7. **suesco, is, ere, suevi, suetum :** s'habituer, s'accoutumer.
8. **dapes, um, f pl :** le banquet, les mets.
9. **tectum, i, n :** la maison.
10. **sani moris :** *génitif de qualité* ; sans ostentation.
11. **tenuis, e :** modeste.
12. **eligo, is, ere, legi, lectum :** choisir.
13. **pestis, is, f :** le fléau.
14. **Venus, eris, f :** l'amour.
15. **modica :** *traduire par* les gens de condition modeste.
16. **fulcio, is, ire, fulsi, fultum :** soutenir.
17. **decet :** *se construit avec un sujet nom de chose et un complément nom de personne à l'accusatif* ; il convient.
18. **praeditus, a, um :** gratifié de, doté de.

5. « Même s'il fuit à travers les mers je le suivrai ! »

Vers 217 à 245 ➤ traduction p. 151-152

Dans cet échange de répliques, la nourrice tente toujours de raisonner Phèdre qui ne veut pas renoncer à son projet.

NUTRIX
metue ac verere[1] sceptra remeantis[2] viri.

PHAEDRA
Amoris in me maximum[3] regnum puto
reditusque[4] nullos metuo : non umquam amplius[5]
convexa tetigit[6] supera[7] qui mersus[8] semel[9]
adiit[10] silentem nocte perpetua domum.

NUTRIX
Ne crede[11] Diti[12], clauserit[13] regnum licet[14]
canisque diras Stygius[15] observet fores[16] :
solus negatas invenit[17] Theseus vias.

PHAEDRA
Veniam[18] ille amori forsitan[19] nostro dabit.

NUTRIX
Immitis[20] etiam conjugi castae fuit :
experta[21] saevam barbara Antiope[22] manum.
Sed posse flecti[23] conjugem iratum puta[24] :
quis hujus[25] animum flectet intractabilem[26] ?
Exosus[27] omne feminae nomen fugit,
immitis annos caelibi[28] vitae dicat[29],
conubia[30] vitat : genus Amazonium[31] scias.

PHAEDRA
Hunc[32] in nivosi collis[33] haerentem[34] jugis
et aspera agili saxa calcantem[35] pede
sequi per alta nemora[36], per montes placet[37].
Resistet ille seque[38] mulcendum[39] dabit

castosque ritus[40] Venere non casta exuet[41] !

Nutrix

Tibi ponet[42] odium, cujus[43] odio forsitan
persequitur omnes[44] ? Precibus haud[45] vinci potest.

Phaedra

Ferus est ? Amore didicimus[46] vinci feros.

Nutrix

Fugiet.

Phaedra

Per ipsa maria si fugiat, sequar.

Nutrix

Patris memento[47].

Phaedra

Meminimus matris simul[48].

Nutrix

Genus omne profugit.

Phaedra

Paelicis[49] careo[50] metu.

Nutrix

Aderit maritus.

Phaedra

Nempe[51] Pirithoi[52] comes?

Nutrix

Aderitque genitor[53].

Phaedra

Mitis Ariadnae[54] pater.

NOTES

1. **metue** et **verere :** *impératifs présents (actif et déponent).*
2. **remeo, as, are, avi, atum :** revenir.
3. **maximum :** *sous-entendu* esse.
4. **reditus, us, m :** le retour.
5. **amplius :** de nouveau.
6. **tango, is, ere, tetigi, tactum :** toucher.
7. **convexa supera** (neutre pluriel) **:** la voûte d'en-haut.
8. **mergo, is, ere, mersi, mersum :** pénétrer dans, s'enfoncer.
9. **semel** (adverbe) **:** une seule fois.
10. **adeo, is, ire, i(v)i, itum :** aller vers, aborder.
11. **credo, is, ere, credidi, creditum** + datif **:** faire confiance à.
12. **Dis, Ditis, m :** Dis, Pluton.
13. **claudo, is, ere, clausi, clausum :** fermer.
14. **licet** + subjonctif **:** *conjonction de concession* ; même si.
15. **Stygius, a, um :** du Styx.
16. **fores, ium, f pl :** la porte.
17. **invenit :** *présent d'habitude* ; sait trouver, trouve toujours.
18. **venia, ae, f :** le pardon.
19. **forsitan** (adverbe) **:** peut-être.
20. **immitis, e :** pas doux, rude, cruel.
21. **experta :** *sous-entendu* est ; **experior, iris, iri, pertus sum :** faire l'expérience de, éprouver.
22. **Antiope, es, f :** Antiope, *Amazone mère d'Hippolyte.*
23. **flecto, is, ere, flexi, flexum :** plier, fléchir.
24. **puta :** *impératif à valeur de supposition.*
25. **hujus :** *désigne Hippolyte.*
26. **intractabilis, e :** intraitable, indomptable.
27. **exosus, a, um :** qui déteste.
28. **caelebs, ibis, m :** le célibataire.
29. **dico, as, are, avi, atum :** dédier, consacrer.
30. **conubium, ii, n :** l'union, le rapport sexuel.
31. **Amazones, ium, f pl :** les Amazones.
32. **hunc :** *COD de* sequi.
33. **collis, is, m :** la colline.
34. **haereo, es, ere, haesi, haesum :** être attaché.
35. **calco, as, are, avi, atum :** fouler, marcher sur.
36. **nemus, oris, n :** la forêt, le bois.
37. **placet :** *sous-entendu* mihi.
38. **seque = et se.**
39. **mulcendum :** *adjectif verbal marquant l'intention ou la finalité* ; **dare pueros educandos :** donner des enfants à élever ; **mulceo, es, ere, mulsi, mulsum :** caresser, charmer.
40. **ritus, us, m :** la coutume, la manière d'être.
41. **exuo, is, ere, ui, utum :** échanger quelque chose (*accusatif*) contre autre chose (*ablatif*).
42. **ponet = deponet.**
43. **cujus :** *a pour antécédent* tibi, *avec le sens plus général de* tout le sexe féminin.
44. **omnes :** *sous-entendu* feminas.
45. **haud** (adverbe) **:** *négation.*
46. **disco, is, ere, didici, discitum :** apprendre ; *au parfait* : savoir.
47. **memento :** *impératif futur* de memini.
48. **simul** (adverbe) **:** en même temps, aussi.
49. **paelex, icis, f :** la maîtresse, la rivale.
50. **careo, es, ere, carui, cariturus** + ablatif **:** manquer de, ne pas avoir.
51. **nempe** (adverbe) **:** n'est-ce pas ?
52. **Pirithous, i, m :** Pirithoüs, *ami que Thésée accompagna dans les Enfers pour enlever Proserpine.*
53. **genitor :** *il s'agit de Minos.*
54. **Ariadna, e, f :** Ariane, *sœur de Phèdre.*

Vers le commentaire

1 Quels sont les deux arguments majeurs développés par la nourrice pour détourner Phèdre de son amour ?

2 Faites des recherches pour identifier tous les personnages mentionnés dans ce passage, ainsi que les épisodes mythologiques auxquels il est fait allusion.

3 Quel portrait est fait d'Hippolyte dans les vers 225 à 241 (Fugiet) ? La nourrice et Phèdre ont-elles exactement la même vision du personnage ? Argumentez.

4 Observez attentivement comment se déroule l'échange entre Phèdre et la nourrice à partir du vers 241 (formes des vers, mais aussi lexique, place des mots, etc.).

5 Certains éditeurs proposent, pour le vers 240, la disposition suivante :

NUTRIX : Ferus est.
PHAEDRA : Amore didicimus vinci feros.

Comment pourriez-vous défendre cette interprétation ?

6 En vous appuyant sur votre lecture de l'ensemble de ce passage, faites un bilan à ce stade de l'échange et dites si les positions des personnages ont changé. Quel vers montre que l'on pouvait s'attendre à cette issue ?

7 Repérer les similitudes de ce texte et de l'extrait de *Médée* (personnages, construction de l'échange, enjeux, etc.) et déduisez-en les caractéristiques de ces scènes typiques de duel.

Texte latin

MEDEA : Fortuna fortes metuit, ignavos premit.
NUTRIX : Tunc est probanda, si locum virtus habet.
MEDEA : Numquam potest non esse virtuti locus.
NUTRIX : Spes nulla rebus monstrat adflictis viam.
MEDEA : Qui nil potest sperare, desperet nihil.
NUTRIX : Abiere Colchi, conjugis nulla est fides
nihilque superest opibus e tantis tibi.
MEDEA : Medea superest, hic mare et terras vides
ferrumque et ignes et deos et fulmina.
NUTRIX : Rex est timendus.
MEDEA : Rex meus fuerat pater.
NUTRIX : Non metuis arma ?
MEDEA : Sint licet terra edita.
NUTRIX : Moriere.
MEDEA : Cupio.
NUTRIX : Profuge.
MEDEA : Paenituit fugae.
NUTRIX : Medea…
MEDEA : Fiam
NUTRIX : Mater es.
MEDEA : Cui sim vides.
NUTRIX : Profugere dubitas ?
MEDEA : Fugiam, at ulciscar prius.
NUTRIX : Vindex sequetur.
MEDEA : Forsam inveniam moras.

Traduction

MÉDÉE : La Fortune craint les vaillants, elle écrase les mous.
LA NOURRICE : La vaillance ne doit se prouver qu'au moment où s'en offre l'occasion.
MÉDÉE : Jamais l'occasion ne peut manquer à la vaillance.
LA NOURRICE : Aucun espoir n'offre de voie à ta détresse.
MÉDÉE : Quand on ne peut rien espérer, il ne faut désespérer de rien.
LA NOURRICE : La Colchide s'en est allée, ton époux ignore la parole donnée et d'une si grande puissance rien ne subsiste pour toi.
MÉDÉE : Médée subsiste : en elle tu vois la mer, la terre, le fer, le feu, les dieux, la foudre.
LA NOURRICE : Le roi est redoutable.
MÉDÉE : Mon père était roi.
LA NOURRICE : Tu ne crains pas ses armées ?
MÉDÉE : Non, même si elles avaient surgi de la terre.
LA NOURRICE : Tu mourras.
MÉDÉE : Je le désire.
LA NOURRICE : Prends la fuite.
MÉDÉE : J'ai regretté d'avoir fui.
LA NOURRICE : Médée…
MÉDÉE : Je la deviendrai.
LA NOURRICE : Tu es mère.
MÉDÉE : Pour qui je le suis, tu le vois.
LA NOURRICE : Tu hésites à prendre la fuite ?
MÉDÉE : Je fuirai, mais je me vengerai d'abord.
LA NOURRICE : Un vengeur te suivra.
MÉDÉE : Peut-être trouverai-je des obstacles à lui opposer.

Sénèque (4 avant J.-C.-65 après J.-C.), *Médée*, vers 162 à 173,
traduction du latin par F.-R. Chaumartin, © Les Belles Lettres (1996).

6. Retournement de situation

Vers 246 à 273 ➤ traduction p. 152-153

La nourrice a essayé par tous les moyens de persuader Phèdre de renoncer à cet amour. Celle-ci prend alors la décision de mourir, ce qui pousse la nourrice à prendre une nouvelle décision.

NUTRIX

Per has senectae splendidas supplex comas
fessumque[1] curis pectus et cara ubera[2]
precor, furorem siste[3] teque ipsa adjuva :
pars sanitatis[4] velle sanari[5] fuit[6].

PHAEDRA

Non omnis animo cessit ingenuo[7] pudor.
Paremus[8], altrix[9]. Qui regi non vult amor
vincatur. Haud te, fama, maculari[10] sinam.
Haec sola ratio[11] est, unicum effugium[12] mali :
virum sequamur, morte praevertam[13] nefas.

NUTRIX

Moderare[14], alumna, mentis effrenae[15] impetus,
animos coerce[16]. Dignam ob hoc vita reor[17]
quod esse temet[18] autumas[19] dignam nece[20].

PHAEDRA

Decreta[21] mors est : quaeritur fati genus.
Laqueone[22] vitam finiam[23] an ferro incubem ?
An missa praeceps[24] arce Palladia cadam ?
Proin[25] castitatis vindicem[26] armemus manum.

NUTRIX

Sic te senectus nostra praecipiti sinat
perire leto[27] ? Siste furibundum[28] impetum :
haud quisquam ad vitam facile revocari potest.

Phaedra

Prohibere nulla ratio periturum[29] potest,
ubi qui[30] mori constituit et debet mori.

Nutrix

Solamen[31] annis unicum fessis, era[32],
si tam protervus[33] incubat[34] menti furor,
contemne famam : – fama vix vero favet[35],
pejus merenti[36] melior et pejor bono.
Temptemus[37] animum tristem et intractabilem.
Meus iste labor est aggredi[38] juvenem ferum
mentemque saevam flectere immitis viri.

NOTES

1. **fessus, a, um :** fatigué.
2. **uber, eris, n :** la mamelle.
3. **sisto, is, ere, steti, statum :** arrêter.
4. **sanitas, atis, f :** la santé.
5. **sano, as, are, avi, atum :** guérir.
6. **fuit :** *parfait gnomique ; se traduit par un présent (vérité générale).*
7. **ingenuus, a, um :** noble, digne d'un homme bien né.
8. **pareo, es, ere, ui, itum :** obéir.
9. **altrix, icis, f :** celle qui nourrit, la nourrice.
10. **maculo, as, are, avi, atum :** souiller.
11. **ratio, onis, f :** *ici* le moyen.
12. **effugium, ii, n :** le moyen de fuir, d'échapper.
13. **praeverto, is, ere, verti, versum :** prévenir, devancer.
14. **moderor, aris, ari, atus sum :** modérer ; *impératif présent 2e personne.*
15. **effrenus, a, um :** qui n'a pas de frein.
16. **coerceo, es, ere, cui, citum :** contenir.
17. **reor, reris, reri, ratus sum :** penser *(avec un attribut à l'accusatif).*
18. **temet :** *renforcement de* te.
19. **autumo, as, are, avi, atum :** affirmer.
20. **nex, necis, f :** la mort violente.
21. **decerno, is, ere, crevi, cretum :** décider.
22. **laqueus, i, m :** le lacet, la corde.
23. **finiam, incubem et cadam :** *subjonctifs de délibération.*
24. **praeceps, cipitis :** la tête la première.
25. **proin :** ainsi donc.
26. **vindex, icis :** protecteur.
27. **praecipiti leto :** d'une mort brutale.
28. **furibundus, a, um :** délirant, égaré.
29. **periturum :** *participe futur substantivé ;* un être disposé à mourir.
30. **qui :** *indéfini, mais on peut le traduire par* celui-ci.
31. **solamen, inis, n :** la consolation.
32. **era, ae, f :** la maîtresse.
33. **protervus, a, um :** violent, véhément.
34. **incubo, as, are, avi, atum** + datif **:** être étendu sur.
35. **faveo, es, ere, favi, fautum alicui :** être favorable à, s'intéresser à.
36. **male merere :** se comporter mal (pejus *est le comparatif de* male).
37. **tempto, as, are, avi, atum :** tâcher de gagner quelqu'un.
38. **aggredior, deris, di, gressus sum :** aborder, attaquer.

Vers le commentaire

1 Dans les vers 246 à 249, de quelle façon la nourrice tente-t-elle de fléchir Phèdre ? Pourquoi en arrive-t-elle à ce moyen ?

2 Quelle décision Phèdre prend-elle alors ? De quelle manière justifie-t-elle son choix ?

3 Relevez le champ lexical de la mort.

4 Comment cette omniprésence du vocabulaire de la mort influence-t-elle la nourrice ?

Vers 274 à 329 ➤ traduction p. 153-154

Le chœur occupe l'intervalle entre les actes I et II.
Il célèbre ici la puissance d'Éros en choisissant des exemples tirés de la mythologie.

Chorus

Diva non miti generata ponto[1],
quam vocat matrem geminus[2] Cupido,
impotens[3] flammis simul et sagittis,
iste lascivus puer et renidens
tela quam certo moderatur[4] arcu !
Labitur totas furor in medullas,
igne furtivo populante[5] venas.
Non habet latam data plaga frontem,
sed vorat tectas penitus[6] medullas.
Nulla pax isti puero : per orbem
spargit effusas[7] agilis sagittas ;
quaeque nascentem videt ora[8] solem,
quaeque ad Hesperias[9] jacet ora metas[10],
si qua ferventi subjecta Cancro[11] est,
si qua Parrhasiae[12] glacialis ursae
semper errantes patitur colonos[13],
novit hos aestus[14]. Juvenum[15] feroces
concitat flammas senibusque fessis
rursus extinctos revocat calores,
virginum ignoto ferit igne pectus
et jubet caelo Superos[16] relicto
vultibus falsis habitare terras :
Thessali Phoebus pecoris magister
egit armentum[17] positoque plectro[18]
impari tauros calamo[19] vocavit.
Induit formas quotiens minores
ipse qui caelum nebulasque fecit :
candidas ales[20] modo[21] movit alas,

dulcior vocem[22] moriente cycno[23] ;
fronte nunc torva[24] petulans[25] juvencus[26]
virginum stravit[27] sua terga ludo
perque fraternos nova[28] regna fluctus
ungula lentos[29] imitante remos
pectore adverso domuit profundum,
pro sua vector[30] timidus[31] rapina[32].
Arsit obscuri dea clara[33] mundi
nocte deserta nitidosque fratri
tradidit currus aliter regendos[34] :
ille nocturnas agitare bigas[35]
discit et gyro[36] breviore flecti[37],
nec suum tempus tenuere noctes
et dies tardo remeavit ortu,
dum tremunt axes graviore curru.
Natus Alcmena[38] posuit pharetras[39]
et minax vasti spolium[40] leonis[41],
passus aptari digitis smaragdos[42]
et dari legem rudibus capillis ;
crura distincto[43] religavit auro,
luteo[44] plantas cohibente socco ;
et manu clavam[45] modo qua gerebat,
fila[46] deduxit properante fuso[47] :
vidit[48] Persis[49] ditique ferax[50]
Lydia[51] regno rejecta feri
terga[52] leonis umerisque quibus
sederat alti regia caeli[53]
tenuem Tyrio stamine[54] pallam[55].

NOTES

1. **non miti ponto generata :** *selon la légende, Vénus serait née des testicules coupés de son père Ouranos, jetés dans la mer.*
2. **geminus, a, um :** double ; *fait sans doute référence à la double nature de l'amour, à la fois doux et dangereux.*
3. **impotens, entis :** qui ne sait user raisonnablement de quelque chose ; + ablatif (potiri *se construit avec un ablatif).*
4. **moderor, aris, ari, atus sum :** diriger, conduire.
5. **populo, as, are, avi, atum :** ravager.
6. **penitus** (adverbe) **:** profondément.
7. **effundo, is, ere, fudi, fusum :** disperser au vent.
8. **ora, ae, f :** la région, la contrée.
9. **Hesperius, a, um :** de l'Hespérie, occidental.
10. **meta, ae, f :** la borne.
11. **Cancer, cri, m :** le Cancer, le sud.
12. **Parrhasius, a, um :** de Parrhasie, d'Arcadie. *L'« ourse arcadienne » désigne Callisto qui avait été transformée en ourse et devint constellation. L'expression est au génitif, complément de* qua (ora).
13. **colonus, i, m :** l'habitant.
14. **aestus, us, m :** la grande chaleur, l'ardeur.
15. **jubere :** *se construit avec une proposition infinitive.*
16. **Superi, orum, m pl :** les dieux d'en haut.
17. **armentum, i, n :** le troupeau.
18. **plectrum, i, n :** le plectre, petite baguette d'ivoire pour toucher les cordes de la lyre.
19. **calamus, i, m :** le roseau, la flûte. Impari calamo *désigne la flûte de Pan qui est l'instrument du berger. Cet épisode fait référence aux amours d'Apollon et d'Admète, roi de Phères en Thessalie, que mentionne Callimaque dans son hymne à Apollon.*
20. **ales, alitis, m :** l'oiseau.
21. **modo... nunc :** tantôt... tantôt (v. 301-303).
22. **vocem :** *accusatif de relation, qui est une imitation du grec. Il complète le comparatif* dulcior : plus doux en ce qui concerne la voix.
23. **cycnus, i, m :** le cygne. *Il s'agit des amours de Zeus et Léda.*
24. **torvus, a, um :** farouche.
25. **petulans, antis :** impudent, toujours prêt à attaquer.
26. **juvencus, i, m :** le jeune taureau. *Il s'agit des amours de Zeus et Europe.*
27. **sterno, is, ere, stravi, stratum :** aplanir.
28. **novus, a, um :** *ici* inhabituel.
29. **lentus, a, um :** souple, flexible.
30. **vector, oris, m :** celui qui traîne, qui transporte.
31. **timidus, a, um :** craintif, qui tremble.
32. **rapina, ae, f :** *désigne ici non l'action de voler mais l'objet dérobé.*
33. **clara dea :** *il s'agit de Diane, déesse de la Lune, assimilée à Séléné.*
34. **aliter regendos :** qui doivent être conduits d'une autre manière.
35. **bigae, arum, f pl :** le char à deux chevaux.
36. **gyrus, i, m :** le cercle que l'on fait faire au cheval.
37. **flecto, is, ere, flexi, flexum :** tourner, faire tourner.
38. **Alcmena, ae, f :** Alcmène, mère d'Hercule ; *à l'ablatif complément de* natus. *Ici sont évoquées les amours d'Hercule et d'Omphale, reine de Lydie. Hercule se soumit à la reine et ils échangèrent leurs rôles : « Tandis qu'Omphale, couverte de la peau du lion de Némée, tenait la massue, Héraclès, habillé en femme, vêtu d'une robe de pourpre, travaillait à des ouvrages de laine, et souffrait qu'Omphale lui donnât quelquefois de petits soufflets avec sa pantoufle », raconte Lucien de Samosate.*
39. **pharetra, ae, f :** le carquois.
40. **spolium, ii, n :** la dépouille.
41. **vasti leoni :** *désigne le lion de Némée.*
42. **smaragdus, i, m :** l'émeraude.
43. **distinctus, a, um :** orné, embelli.
44. **luteus, a, um :** jaune tirant sur le rouge.
45. **clava, ae, f :** la massue.
46. **filum, i, n :** le fil.
47. **fusus, i, m :** le fuseau.
48. vers 325-329 **:** *tétrapodies anapestiques.*
49. **Persis, idis, f :** la Perse.
50. **ferax, acis :** fertile.
51. **Lydia, ae, f :** la Lydie.
52. **tergum, i, n :** *ici* la peau d'un animal.
53. **alti regia caeli :** le palais qui est le ciel élevé ; *génitif de définition. Allusion à l'épisode pendant lequel Hercule remplaça Atlas.*
54. **stamen, inis, n :** le fil.
55. **palla, ae, f :** le manteau de femme, le châle.

7. La toute-puissance de l'amour

Vers 330 à 359 ➤ traduction p. 154

Le chœur vient d'évoquer la puissance de l'amour en racontant divers épisodes mythologiques. C'est maintenant son effet sur la nature qu'il évoque.

Sacer[1] est ignis (credite laesis[2])
nimiumque potens. Qua[3] terra salo[4]
cingitur alto quaque per ipsum
candida[5] mundum[6] sidera currunt,
haec regna tenet puer immitis,
spicula[7] cujus sentit in imis
caerulus[8] undis grex Nereidum[9]
flammamque nequit[10] relevare[11] mari.
Ignes sentit genus aligerum[12] ;
Venere instinctus[13] suscipit[14] audax
grege pro[15] toto bella juvencus ;
si conjugio[16] timuere[17] suo,
poscunt timidi proelia cervi[18]
et mugitu[19] dant concepti
signa furoris. Tunc virgatas[20]
India tigres[21] decolor[22] horret ;
tunc vulnificos[23] acuit[24] dentes
aper[25] et toto est spumeus[26] ore,
Poeni[27] quatiunt[28] colla[29] leones
cum movit Amor ; tum silva gemit
murmure[30] saevo. Amat insani
belua[31] ponti Lucaeque boves[32] :
vindicat omnes sibi natura ;
nihil immune[33] est, odiumque perit
cum jussit Amor, veteres cedunt

ignibus irae. – Quid plura canam ?
vincit saevas cura novercas[34].
Altrix, profare[35] quid feras, quonam in loco est
regina ? Saevis ecquis[36] est flammis modus ?

NOTES

1. **sacer, cra, crum :** envoyé par les dieux, surnaturel, maudit.
2. **laedo, is, ere, laesi, laesum :** blesser.
3. **qua** (adverbe) **:** là où.
4. **salum, i, n :** l'océan, *qui entoure la terre.*
5. **candidus, a, um :** blanc lumineux.
6. **mundus, i, m :** le ciel.
7. **spiculum, i, n :** la flèche.
8. **caerulus, a, um :** bleu azur.
9. **Nereis, idis, f :** une Néréide.
10. **nequeo, is, ire, ivi, itum :** ne pas pouvoir.
11. **relevo, as, are, avi, atum :** alléger.
12. **aliger, era, erum :** qui a des ailes.
13. **instingo, is, ere, stinxi, stinctum :** pousser, exciter.
14. **suscipio, is, ere, cepi, ceptum :** entreprendre.
15. **pro** + ablatif **:** pour ; *ici* grege pro toto : « pour s'assurer la royauté sur le troupeau entier » (*P. Grimal*).
16. **conjugium, ii, n :** *ici* l'époux, l'épouse.
17. **timeo, es, ere, ui, – alicui :** craindre pour quelqu'un.
18. **cervus, i, m :** le cerf.
19. **mugitus, us, m :** le mugissement ; *ici* le brame.
20. **virgatus, a, um :** rayé.
21. **tigris, is, f :** le tigre.
22. **decolor, oris** (adjectif) **:** *ici* basané.
23. **vulnificus, a, um :** qui blesse, qui tue.
24. **acuo, is, ere, acui, acutum :** aiguiser.
25. **aper, apri, m :** le sanglier.
26. **spumeus, a, um :** écumant.
27. **Poenus, a, um :** punique.
28. **quatio, is, ere, –, quassum :** agiter.
29. **collum, i, n :** le cou ; *ici* la crinière.
30. **murmur, uris, n :** *ici* le rugissement du lion.
31. **belua, ae, f :** la bête.
32. **Luca bos, Lucae bovis m/f :** l'éléphant, *nommé improprement bœuf de Lucanie par les Romains.*
33. **immunis, e :** libre, exempt de.
34. **noverca, ae, f :** la belle-mère, la marâtre.
35. **profor, aris, ari, atus sum :** exposer ; *impératif présent 2e personne.*
36. **ecquis, ecquid :** *pronom interrogatif, ici employé comme adjectif interrogatif* : est-ce que quelque ?

Vers le commentaire

1 Quels sont les éléments touchés par l'amour ?

2 Montrez que ce passage du chœur est une mise en garde adressée aux hommes.

3 Comment fait-il écho au passage qui le précède et à celui qui le suit ?

4 En quoi annonce-t-il la suite de l'histoire ?

5 La puissance du furor érotique est un lieu commun de la poésie latine. Montrez que les intentions de Lucrèce, Virgile et Sénèque ne sont néanmoins pas les mêmes.

Dans le De rerum Natura, *Lucrèce évoque la puissance de l'amour : il s'agit pour le philosophe de condamner cette passion qui empêche l'homme d'accéder à l'ataraxie.*

Mais à quoi bon tout cela ? De la source même du plaisir on ne sait quelle amertume jaillit qui verse l'angoisse à l'amant jusque dans les fleurs. Tantôt c'est la conscience qui inspire le remords d'une oisiveté traînée dans la débauche ; tantôt c'est un mot équivoque laissé par la maîtresse à la minute du départ et qui s'enfonce dans un cœur comme un feu qui le consumera ; tantôt encore c'est le jeu des regards qui fait soupçonner un rival ou bien c'est sur le visage aimé une trace de sourire. Encore est-ce là le triste spectacle d'un amour heureux ; mais les maux d'un amour malheureux et sans espoir apparaîtraient aux yeux fermés ; ils sont innombrables. La sagesse est donc de se tenir sur ses gardes, comme je l'ai enseigné, pour échapper au piège. Car éviter les filets de l'amour est plus aisé que d'en sortir une fois pris : les nœuds puissants de Vénus tiennent bien leur proie. Et cependant, même prisonnier de ce piège et embarrassé dans ses liens, on peut encore échapper au malheur si l'on ne se perd soi-même en s'aveuglant sur les défauts moraux et physiques de celle que l'on désire et que l'on veut. La passion trop souvent ferme les yeux aux hommes et ils attribuent à la femme aimée des mérites qu'elle n'a pas. En est-il assez de contrefaites et de laides, dont on les voit faire leurs délices et dont ils ont le culte ! Les jeunes gens se raillent les uns les autres et se donnent mutuellement le conseil d'apaiser Vénus pour qu'elle les délivre d'une passion honteuse et affligeante : ils ne se voient pas eux-mêmes, les malheureux, victimes souvent d'une plus grande misère.

Lucrèce (Ier siècle avant J.-C.), *De rerum Natura*, IV, vers 1133 à 1159,
traduction du latin par H. Clouard, © Garnier (1939).

Dans les Géorgiques, *Virgile attribue la même puissance sur la nature à l'amour.*

Oui, toute la race sur terre et des hommes et des bêtes, ainsi que la race marine, les troupeaux, les oiseaux peints de mille couleurs, se ruent à ces furies et à ce feu : l'amour est le même pour tous. Jamais en nulle autre saison la lionne oubliant ses petits n'erra plus cruelle dans les plaines ; jamais les ours informes ne semèrent autant le carnage et la mort à travers les forêts ; alors le sanglier est féroce, la tigresse plus mauvaise que jamais. Malheur hélas ! à qui s'égare alors dans les champs solitaires de la Libye !

Ne vois-tu pas comme les chevaux frémissent de tout leur corps, si l'air leur a seulement apporté des effluves bien connus ? Et ni les freins des hommes, ni les fouets cruels, ni les rochers, ni les ravins, ni la barrière des fleuves ne les arrêtent, même quand ces fleuves roulent des quartiers de montagnes dans leurs ondes. Lui-même, le porc Sabellique se rue, aiguise ses défenses, gratte du pied la terre, frotte ses côtes contre un arbre et endurcit tour à tour ses épaules aux blessures. Que n'ose point un jeune homme, lorsque le dur amour fait circuler dans ses os son feu puissant ? À travers la tempête déchaînée, tard dans la nuit aveugle, il fend les flots à la nage ; au-dessus de lui tonne la porte immense du ciel, et les vagues qui se brisent sur les écueils le rappellent en arrière ; mais ni le malheur de ses parents ni celui de la jeune fille qui mourra après lui d'un cruel trépas ne peuvent le faire renoncer à son entreprise. Que dire des lynx tachetés de Bacchus, et de la race violente des loups, et des chiens ? Que dire des cerfs qui, malgré leur timidité, se livrent des combats ? Mais c'est surtout la fureur des cavales qui est insigne, et c'est Vénus elle-même qui leur donna cette fureur, au temps où les Potniades déchirèrent de leurs mâchoires les membres de Glaucus. Elles, l'amour les entraîne au-delà du Gargare et au-delà de l'Ascagne sonore ; elles franchissent les montagnes, passent à la nage les fleuves, et dès que la flamme s'est allumée dans leurs moelles avides (au printemps surtout, car c'est au printemps que la chaleur est rendue aux os), elles se dressent aux sommets des rochers, la bouche tournée vers le Zéphyr, et s'imprègnent de ces brises légères, et souvent, sans aucun accouplement, fécondées par le vent, ô merveille !, elles s'enfuient de toute part à travers les rochers et les pics et les profondes vallées, non point dans ta direction, ô Eurus, ni vers le lever du soleil, mais vers Borée et vers le Caurus, ou encore du côté où naît l'Auster si noir, qui attriste le ciel de sa pluie froide.

Virgile (70-19 avant J.-C.), *Géorgiques*, III, vers 242 à 279,
traduction du latin par M. Rat, © Garnier (1932).

8. Les ravages de l'amour

Vers 360 à 386 ➤ traduction p. 154

La nourrice expose au chœur, qui vient de l'interroger, les malheurs de Phèdre : elle n'est plus que l'ombre d'elle-même, en proie à un mal qui ne peut s'adoucir.

NUTRIX

Spes nulla tantum posse leniri[1] malum
finisque flammis nullus insanis erit.
Torretur[2] aestu tacito et inclusus[3] quoque,
quamvis tegatur, proditur[4] vultu furor ;
erumpit[5] oculis ignis et lassae genae[6]
lucem recusant ; nil idem[7] dubiae[8] placet
artusque varie[9] jactat[10] incertus[11] dolor.
Nunc ut soluto labitur moriens[12] gradu[13]
et vix labante[14] sustinet collo caput,
nunc se quieti reddit et, somni immemor[15],
noctem querelis ducit ; attolli[16] jubet
iterumque poni[17] corpus et solvi comas
rursusque fingi ; semper impatiens[18] sui
mutatur habitus[19]. Nulla jam Cereris[20] subit
cura aut salutis ; vadit incerto pede,
jam viribus defecta[21] : non idem vigor,
non ora tinguens[22] nitida[23] purpureus[24] rubor[25] ;
populatur[26] artus[27] cura, jam gressus[28] tremunt
tenerque nitidi corporis cecidit decor[29].
Et qui ferebant signa Phoebeae[30] facis[31]
oculi nihil gentile[32] nec patrium[33] micant[34].
Lacrimae cadunt per ora et assiduo[35] genae
rore[36] irrigantur, qualiter Tauri[37] jugis
tepido[38] madescunt[39] imbre[40] percussae[41] nives.
Sed en[42], patescunt regiae[43] fastigia[44] :
reclinis[45] ipsa sedis[46] auratae toro[47]
solitos amictus[48] mente non sana abnuit.

NOTES

1. **lenio, is, ire, ivi, itum :** adoucir.
2. **torreo, es, ere, ui, tostum :** brûler, consumer.
3. **includo, is, ere, clusi, clusum :** enfermer.
4. **prodo, is, ere, didi, ditum :** produire, faire jour.
5. **erumpo, is, ere, rupi, ruptum :** s'élancer hors de.
6. **genae, arum, f pl :** *ici* les paupières.
7. **idem :** en outre.
8. **dubius, a, um :** irrésolu.
9. **varie** (adverbe) **:** d'une manière variée.
10. **jacto, as, are, avi, atum :** agiter.
11. **incertus, a, um :** *ici* « que l'on ne peut localiser » (*P. Grimal*).
12. **ut moriens = sicut moriens.**
13. **solutus gradus :** un pas sans force.
14. **labor, beris, bi, lapsus sum :** glisser, trébucher, vaciller.
15. **immemor, oris** + génitif **:** oublieux de.
16. **attollo, is, ere, –, – :** lever, soulever.
17. **pono, is, ere, posui, positum :** *ici* mettre au lit.
18. **impatiens, entis** + génitif **:** qui ne peut supporter.
19. **sui habitus :** *complément de* impatiens.
20. **Ceres, eris, f :** *ici* le pain, la nourriture.
21. **deficio, is, ere, feci, fectum :** abandonner.
22. **tinguo, is, ere, tinxi, tinctum :** imprégner.
23. **nitidus, a, um :** brillant, luisant.
24. **purpureus, a, um :** de pourpre.
25. **rubor, oris, m :** la rougeur.
26. **populor, aris, ari, atus sum :** ravager.
27. **artus, us, m :** le membre.
28. **gressus, us, m :** le pas.
29. **decor, oris, m :** la grâce, le charme.
30. **Phoebeus, a, um :** de Phébus, d'Apollon.
31. **fax, facis, f :** le flambeau.
32. **gentilis, e :** qui appartient à une famille.
33. **patrius, a, um :** transmis de père en fils.
34. **mico, as, are, micui, – :** scintiller, étinceler.
35. **assiduus, a, um :** ininterrompu.
36. **ros, roris, m :** la rosée.
37. **Taurus, i, m :** le Taurus, *montagne de Lycie.*
38. **tepidus, a, um :** tiède.
39. **madesco, is, ere, madui, – :** s'amollir.
40. **imber, imbris, m :** la pluie.
41. **percurro, is, ere, (cu)curri, cursum :** parcourir.
42. **en :** voilà.
43. **regia, ae, f :** le palais.
44. **fastigium, ii, n :** le niveau supérieur.
45. **reclinis, e :** couché.
46. **sedes, is, f :** *ici* le lit de repos.
47. **torus, i, m :** *ici* le coussin.
48. **amictus, us, m :** le vêtement.

Vers le commentaire

1 Quels sont les mots qui définissent l'amour dans ce passage ?

2 Relevez tous les termes négatifs (négations, préfixes) de ce texte. Comment pouvez-vous interpréter ce relevé ?

3 Comment la nourrice parvient-elle à montrer les ravages du furor amoureux chez la reine ? Dressez la liste des effets de cet amour chez Phèdre.

4 Quelles sont les caractéristiques de la souffrance amoureuse mises en évidence dans les textes d'Euripide et de Virgile ? Quelles sont celles que vous retrouvez chez Sénèque ?

*Dans l'*Hippolyte *d'Euripide, la même folie s'empare de Phèdre et les mêmes souffrances sont décrites.*

La nourrice : Ô souffrances des mortels ! cruelles maladies ! (*À Phèdre.*) Que dois-je faire ou ne pas faire pour toi ? Voici cette lumière brillante, voici ce grand air que tu demandais : ta couche de douleur est maintenant hors du palais, puisque venir en ces lieux était ton vœu continuel. Mais bientôt tu auras hâte de retourner dans ton appartement, car tu changes sans cesse, et rien ne peut te réjouir. Ce que tu as te déplaît, et ce que tu n'as pas te paraît préférable.

La maladie vaut mieux que l'art de guérir : la première est une chose toute simple, mais l'autre réunit l'inquiétude de l'esprit et la fatigue des mains. Toute la vie des hommes est remplie de douleurs ; il n'est point de relâche à leurs souffrances. Mais s'il est un autre bien plus précieux que la vie, un obscur nuage le couvre et le dérobe à nos regards. Nous nous montrons éperdument épris de cette lumière qui brille sur la terre, par inexpérience d'une autre vie et par ignorance de ce qui se passe aux enfers, et nous nous laissons abuser par de vaines fables.

PHÈDRE : Soulevez mon corps, redressez ma tête languissante. Chères amies, mes membres affaiblis sont prêts à se dissoudre. Esclaves fidèles, soutenez mes mains défaillantes. Que ce vain ornement pèse à ma tête ! Détache-le ; laisse flotter mes cheveux sur mes épaules.

Euripide (vers 480-406 avant J.-C.), *Hippolyte*, vers 176 à 202,
traduction du grec par M. Artaud (1842).

*Dans l'*Énéide, *Virgile raconte la passion que Didon nourrit pour Énée. C'est Vénus qui a demandé à Cupidon d'inspirer cet amour à la reine.*

Mais la reine depuis longtemps blessée d'un mal inguérissable nourrit sa plaie du sang de ses veines et se consume d'un feu caché. Sans cesse la valeur, sans cesse la noble ascendance du héros se représentent à son esprit ; traits du visage, paroles restent gravées dans son cœur et le mal dont elle souffre refuse à ses membres l'apaisement, le repos.

Le lendemain, l'Aurore illuminait les terres du flambeau de Phébus, avait, à peine, au ciel dissipé l'ombre humide que, l'esprit égaré, elle s'adresse ainsi à sa sœur, son autre âme : « Anna ma sœur, quelles visions nocturnes m'inquiètent et m'effraient ! Quel est ce nouvel hôte entré dans nos demeures ! Quelle assurance sur son front ; quelle force en son cœur et dans ses armes ! Oui, je le crois, et sans me tromper, il est bien de la race des dieux. La peur découvre les âmes sans noblesse. Lui, hélas ! quels destins l'ont éprouvé ! Quelles guerres il nous contait, épuisées jusqu'au terme ! si je ne retrouvais en moi, gravé dans mon âme, aussi ferme que jamais, le refus de m'unir à un homme dans les liens du mariage, après cette déception d'un premier amour que la mort m'a ravi, si je n'avais pris en horreur l'hymen et ses flambeaux, il est le seul peut-être pour qui j'ai pu avoir une faiblesse. Anna, oui, je l'avouerai, après le trépas du malheureux Sychée, mon époux, mes pénates éclaboussés par le crime d'un frère, celui-là seul a touché mon cœur, ému mon âme ébranlée ; je reconnais les signes d'une ardeur oubliée...

Celui qui le premier m'a jointe à lui emporta mes amours ; qu'il les tienne avec lui et les garde en sa tombe.

Virgile (70-19 avant J.-C.), *Énéide*, IV, vers 1 à 23 et 28-29,
traduction du latin par J. Perret, © Les Belles Lettres (1995).

Vers 387 à 434 ➤ **traduction p. 155**

Phèdre apparaît au premier étage du palais. Elle donne des ordres à ses esclaves dans une scène de délire où elle s'imagine en amazone ou en chasseresse. La nourrice adresse ensuite une prière à Diane Hécate, déesse de la chasse mais aussi puissante magicienne.

PHAEDRA

Removete, famulae[1], purpura[2] atque auro inlitas[3]
vestes, procul sit muricis[4] Tyrii[5] rubor,
quae fila ramis[6] ultimi Seres[7] legunt :
brevis expeditos[8] zona[9] constringat sinus[10],
cervix monili[11] vacua[12], nec niveus lapis
deducat[13] auris[14], Indici donum maris ;
odore crinis sparsus Assyrio vacet.
Sic temere[15] jactae colla perfundant[16] comae
umerosque summos, cursibus motae citis[17]
ventos sequantur. Laeva se pharetrae[18] dabit,
hastile[19] vibret[20] dextra Thessalicum manus.
Talis severi mater Hippolyti fuit ;
qualis relictis frigidi Ponti[21] plagis[22]
egit catervas[23] Atticum pulsans[24] solum
Tanaitis[25] aut Maeotis[26] et nodo comas
coegit emisitque, lunata[27] latus
protecta pelta[28], talis in silvas ferar[29].

CHORUS

Sepone[30] questus[31] : non levat[32] miseros dolor ;
agreste placa[33] virginis numen deae.

NUTRIX

Regina nemorum[34], sola quae montes colis
et una solis montibus coleris dea,
converte tristes ominum[35] in melius minas[36].
O magna silvas inter et lucos[37] dea
clarumque caeli sidus[38] et noctis decus[39],
cujus relucet[40] mundus alterna vice,

Hecate[41] triformis[42], en ades[43] coeptis favens[44].
Animum rigentem[45] tristis Hippolyti doma[46] :
det facilis[47] aures ; mitiga[48] pectus ferum :
amare discat, mutuos ignes ferat.
Innecte[49] mentem : torvus[50], aversus[51], ferox
in jura Veneris redeat. Huc[52] vires tuas
intende : sic te lucidi[53] vultus ferant
et nube rupta cornibus[54] puris eas,
sic te regentem frena[55] nocturni aetheris
detrahere numquam Thessali[56] cantus[57] queant
nullusque de[58] te gloriam pastor ferat.
Ades invocata, jam fave votis, dea :
ipsum intuor[59] solemne[60] venerantem sacrum
nullo latus comitante. – Quid dubitas ? Dedit
tempus locumque casus : utendum[61] artibus.
Trepidamus ? Haud est facile mandatum[62] scelus
audere ; verum justa[63] qui reges timet,
deponat, omne pellat ex animo decus :
malus est minister regii imperii pudor[64].

HIPPOLYTUS
Quid huc[65] seniles[66] fessa moliris[67] gradus,
o fida nutrix, turbidam[68] frontem gerens
et maesta vultu[69] ? Sospes[70] est certe parens
sospesque Phaedra stirpis[71] et geminae jugum ?

NOTES

1. **famula, ae, f :** la servante.
2. **purpura, ae, f :** la pourpre.
3. **illino, is, ere, levi, litum :** enduire, appliquer.
4. **murex, icis, m :** le murex, *coquillage dont on tirait la pourpre*.
5. **Tyrius, a, um :** de Tyr.
6. **ramus, i, m :** la branche ; *ablatif de lieu*.
7. **Seres, um, m pl :** les Sères, *peuple d'Asie centrale*.
8. **expeditus, a, um :** aisé, facile ; *la ceinture rendra les mouvements plus faciles en relevant la tunique*.
9. **zona, ae, f :** la ceinture.
10. **sinus, us, m :** *ici* le vêtement.
11. **monile, is, n :** le collier.
12. **vacuus, a, um** + ablatif **:** vide de (*sous-entendu* sit).
13. **deduco, is, ere, duxi, ductum :** étendre, étirer.
14. **auris, is, f :** l'oreille ; auris = aures.
15. **temere :** au hasard.
16. **perfundo, is, ere, fudi, fusum :** répandre sur.
17. **citus, a, um :** rapide.
18. **pharetra, ae, f :** le carquois.
19. **hastile, is, n :** le javelot.
20. **vibro, as, are, avi, atum :** agiter, brandir ; *le futur* (dabit) *et le subjonctif* (vibret) *se font concurrence et peuvent être employés l'un pour l'autre*.
21. **Pontus, i, m :** le Pont.

22. **plaga, ae, f :** la région.
23. **caterva, ae, f :** la troupe.
24. **pulso, as, are, avi, atum :** heurter, frapper.
25. **Tanaitis, idis, f :** habitante des bords du Tanaïs (*fleuve qui sépare l'Europe de l'Asie, le Don*), Amazone.
26. **Maeotis, idis, f :** habitante du Palus-Méotide (*mer d'Azov*).
27. **luno, as, are, avi, atum :** courber en forme de croissant.
28. **pelta, ae, f :** la pelte, *petit bouclier en forme de croissant, primitivement en cuir, porté par les Thraces et les Amazones.*
29. **fero, fers, ferre, tuli, latum :** *au passif,* se mettre en mouvement.
30. **sepono, is, ere, posui, positum :** réserver, mettre de côté.
31. **questus, us, m :** la plainte.
32. **levo, as, are, avi, atum :** soulager.
33. **placo, as, are, avi, atum :** calmer, apaiser.
34. **nemus, oris, n :** le bois.
35. **omen, inis, n :** le présage.
36. **mina, ae, f :** la menace.
37. **lucus, i, m :** le bois sacré.
38. **sidus, eris, n :** l'astre.
39. **decus, oris, n :** l'ornement, la parure.
40. **reluceo, es, ere, luxi, – :** briller en retour, renvoyer de la lumière.
41. **Hecate, es, f :** Hécate, *divinité confondue avec Diane.*
42. **triformis, e :** triple ; *Hécate est à la fois Diane, la Lune et elle-même.*
43. **ades :** *impératif de* adsum.
44. **faveo, es, ere, favi, fautum** + datif **:** être favorable à.
45. **rigeo, es, ere, –, – :** être raidi par le froid.
46. **domo, as, are, domui, mitum :** dompter.
47. **facilis, e :** disposé volontiers à faire quelque chose ; *ici, sans doute au nominatif.*
48. **mitigo, as, are, avi, atum :** amollir.
49. **innecto, is, ire, nexui, nectum :** enlacer, lier.
50. **torvus, a, um :** farouche.
51. **aversus, a, um :** hostile.
52. **huc** (adverbe) **= ad hoc.**
53. **lucidus, a, um :** brillant, éclatant.
54. **cornibus puris :** *ablatif de moyen, complément de* nube rupta.
55. **frena, orum, n pl :** l'attelage.
56. **Thessalus, a, um :** de Thessalie.
57. **cantus, us, m :** le chant.
58. **de** + ablatif **:** *indique l'origine* ; à partir de.
59. **intuor = intueor, eris, eri, itus sum :** regarder attentivement.
60. **solemnis, e :** qui revient régulièrement, habituel.
61. **utor, eris, i, usus sum** + ablatif **:** se servir de.
62. **mando, as, are, avi, atum :** confier à quelqu'un la tâche de.
63. **justa, orum, n pl :** les choses légitimes.
64. **pudor, oris, m :** *ici* le sens moral.
65. **huc** (adverbe) **:** ici (*à l'autel de Diane*).
66. **senilis, e :** de vieillard.
67. **molior, iris, iri, itus sum :** mettre en mouvement.
68. **turbidus, a, um :** troublé, agité.
69. **vultu :** *ablatif de point de vue.*
70. **sospes, itis :** sauvé, hors de danger.
71. **stirps, stirpis, f :** la progéniture ; stirpis geminae *est un génitif de définition de* jugum ; *on peut traduire par* « couple d'une double descendance » (*P. Grimal*). *Il s'agit de Démophon et Acamas.*

9. « Que ton cœur bondisse de joie ! »

Vers 435 à 482 ➤ traduction p. 156

Voyant qu'elle ne peut détourner Phèdre de la passion qu'elle éprouve pour lui, la nourrice tente de convertir l'inflexible Hippolyte aux plaisirs de l'amour.

Nutrix

Metus remitte. Prospero regnum in statu est
domusque florens sorte felici[1] viget[2].
Sed tu beatis mitior rebus[3] veni[4] :
namque anxiam me cura sollicitat[5] tui[6],
quod te ipse poenis[7] gravibus infestus[8] domas[9].
Quem[10] fata cogunt[11], ille cum venia[12] est miser ;
at, si quis[13] ultro[14] se malis offert volens
seque ipse torquet[15], perdere est dignus[16] bona
quis[17] nescit uti. Potius annorum[18] memor[19]
mentem relaxa[20] ; noctibus festis[21] facem[22]
attolle[23] ; curas Bacchus exoneret[24] graves.
Aetate[25] fruere[26] ; mobili[27] cursu[28] fugit.
Nunc facile pectus[29], grata[30] nunc juveni[31] Venus :
exultet[32] animus. Cur toro[33] viduo[34] jaces ?
Tristem juventam[35] solve[36] ; nunc cursus rape[37],
effunde[38] habenas, optimos vitae dies
effluere[39] prohibe. Propria[40] descripsit[41] deus
officia[42] et aevum[43] per suos duxit gradus[44] :
Laetitia juvenem[45], frons decet[46] tristis senem.
Quid[47] te coerces[48] et necas[49] rectam[50] indolem[51] ?
Seges[52] illa[53] magnum fenus[54] agricolae dabit
quaecumque[55] laetis tenera[56] luxuriat[57] satis[58],
arborque celso vertice[59] evincet[60] nemus
quam non[61] maligna caedit[62] aut resecat[63] manus :
ingenia[64] melius recta se in laudes[65] ferunt,
si nobilem animum vegeta[66] libertas alit.

Truculentus[67] et silvester[68] ac vitae inscius[69]
tristem juventam Venere deserta[70] coles[71] ?
Hoc[72] esse munus[73] credis indictum[74] viris,
ut[75] dura tolerent[76], cursibus[77] domitent equos
et saeva bella Marte sanguineo[78] gerant[79] ?
Providit[80] ille maximus mundi parens,
cum tam rapaces[81] cerneret[82] Fati manus,
ut damna[83] semper subole[84] repararet[85] nova.
Excedat[86] agedum[87] rebus humanis Venus,
quae supplet[88] ac restituit exhaustum[89] genus :
orbis jacebit[90] squalido[91] turpis[92] situ,
vacuum sine ullis[93] classibus[94] stabit mare,
alesque[95] caelo derit[96] et silvis fera,
solis[97] et aer pervius[98] ventis erit.
Quam varia leti[99] genera mortalem trahunt
carpuntque[100] turbam : pontus et ferrum et doli[101] !
Sed fata credas[102] desse : sic atram[103] Styga[104]
jam petimus ultro. Caelibem[105] vitam probet[106]
sterilis[107] juventus : hoc[108] erit, quidquid[109] vides,
unius[110] aevi[111] turba et in semet[112] ruet[113].
Proinde[114] vitae sequere naturam ducem[115] :
urbem frequenta, civium coetum[116] cole[117].

NOTES

1. **felix sors :** le sort favorable, la félicité.
2. **vigeo, es, ere, gui, – :** avoir de la force, de la puissance.
3. **beatae res :** la prospérité ; beatis rebus *(datif) est complément de* mitior.
4. **venio, is, ire, veni, ventum :** *a ici le même sens que* esse.
5. **sollicito, as, are, avi, atum :** inquiéter, remuer, provoquer.
6. **tui :** *génitif objectif complément de* cura ; le souci que j'ai de toi.
7. **poenae, arum, f pl :** *ici* la souffrance.
8. **infestus, a, um :** ennemi, hostile.
9. **domo, as, are, domui, domitum :** dompter.
10. **quem :** *a pour antécédent* ille.
11. **cogo, is, ere, coegi, coactum :** forcer, contraindre.
12. **venia, ae, f :** l'excuse, la permission.
13. **si quis = si aliquis.**
14. **ultro** (adverbe) **:** de soi-même.
15. **torqueo, es, ere, torsi, tortum :** mettre à l'épreuve, tourmenter.
16. **dignus, a, um** + infinitif **:** digne de, qui mérite.
17. **quis = quibus.**
18. **annorum :** *désigne l'âge d'Hippolyte.*
19. **memor, oris** + génitif **:** qui se souvient de.
20. **relaxo, as, are, avi, atum :** desserrer, relâcher.
21. **festus, a, um :** de fête, joyeux.
22. **fax, facis, f :** la torche, le flambeau.
23. **attollo, is, ere, –, – :** soulever, dresser.
24. **exonero, as, are, avi, atum :** décharger, enlever le poids.
25. **aetas, tatis, f :** l'âge ; *ici* le jeune âge.
26. **fruere :** *impératif de* fruor.
27. **mobilis, e :** rapide.
28. **cursus, us, m :** la course.

29. **pectus, oris, n :** le cœur.
30. **gratus, a, um :** agréable, bien accueilli ; **facile, grata :** *sous-entendu* est.
31. **juveni :** *complément de* gratus.
32. **exulto, as, are, avi, atum :** sauter, bondir (*ici* de joie).
33. **torus, i, m :** le lit, la couche.
34. **viduus, a, um :** vide.
35. **juventa, ae, f :** la jeunesse.
36. **solvo, is, ere, solvi, solutum :** dénouer, relâcher.
37. **rapio, is, ere, rapui, raptum :** saisir, prendre vivement.
38. **effundo, is, ere, fudi, fusum :** *ici* laisser aller, lâcher.
39. **effluo, is, ere, fluxi, – :** couler, s'échapper.
40. **proprius, a, um :** propre, particulier à ; *ici* propre à chaque âge.
41. **describo, is, ere, scripsi, scriptum :** déterminer.
42. **officium, ii, n :** la tâche, le devoir.
43. **aevum, i, n :** le temps que dure la vie, la vie.
44. **per suos gradus :** tout au long de ses étapes.
45. **juvenis, e :** jeune.
46. **decet, decere, decuit :** convenir, être séant.
47. **quid :** pourquoi ?
48. **coerceo, es, ere, cui, citum :** réprimer, brider.
49. **neco, as, are, avi, atum :** détruire, éteindre, corrompre.
50. **rectus, a, um :** droit, qui porte au bien.
51. **indoles, is, m :** le caractère, le naturel.
52. **seges, etis, f :** le champ.
53. **illa :** *annonce* quaecumque.
54. **fenus, oris, n :** le produit, le gain.
55. **quicumque, quaecumque, quodcumque :** quel que soit celui / celle qui.
56. **tenera :** encore tendre, encore vert.
57. **luxurio, as, are, avi, atum :** être luxuriant, surabondant.
58. **satis :** *participe parfait passif (substantivé) de* sero, is, ere, sevi, satum : planter, semer.
59. **vertex, icis, m :** la cime, la crête.
60. **evinco, is, ere, vici, victum :** vaincre, triompher de.
61. **non :** *porte sur* caedit *et* resecat.
62. **caedo, is, ere, cecidi, caesum :** abattre.
63. **reseco, as, are, secui, sectum :** tailler, couper.
64. **ingenium, ii, n :** *ici* le naturel.
65. **laus, laudis, f :** la louange ; *ici, désigne les actions qui permettent d'obtenir des louanges.*
66. **vegetus, a, um :** vif, dispos.
67. **truculentus, a, um :** farouche, bourru.
68. **silvester (silvestris), tris :** des bois.
69. **inscius, a, um** + génitif **:** qui ignore.
70. **desero, is, ere, serui, sertum :** déserter, abandonner, négliger.
71. **colo, is, ere, colui, cultum :** cultiver, pratiquer.
72. **hoc :** *annonce* ut (v. 464).
73. **munus, eris, n :** la charge, la fonction.
74. **indico, is, ere, dixi, dictum :** prescrire.
75. **ut :** *valeur finale.*
76. **tolero, as, are, avi, atum :** supporter, endurer.
77. **cursibus :** en les faisant souvent courir.
78. **Marte sanguineo :** *ablatif de la circonstance concomitante* ; sous la houlette de Mars sanguinaire.
79. **bellum gero, is, ere, gessi, gestum :** faire la guerre.
80. **provideo, es, ere, vidi, visum ut** + subjonctif **:** veiller à ce que.
81. **rapax, acis :** qui s'empare de, rapace.
82. **cerno, is, ere, crevi, cretum :** voir, comprendre.
83. **damnum, i, n :** la perte.
84. **suboles, is, f :** les descendants, la postérité
85. **reparo, as, are, avi, atum :** réparer, renouveler.
86. **excedat :** *subjonctif de supposition.*
87. **agedum** (adverbe) **:** eh bien donc !
88. **suppleo, es, ere, plevi, pletum :** compléter, remplacer.
89. **exhaurio, is, ere, hausi, haustum :** épuiser, ruiner.
90. **jaceo, es, ere, cui, citurus :** être à terre, gisant.
91. **squalidus, a, um :** âpre, sale.
92. **turpis, e :** laid, vilain.
93. **ullus, a, um = nullus**, *quand il y a déjà une négation* (*ici* sine).
94. **classis, is, f :** la flotte.
95. **ales, itis, m/f :** l'oiseau.
96. **derit = deerit ; desum** + ablatif **:** manquer à, déserter.
97. vers 474 : *construire* et aer erit pervius solis ventis.
98. **pervius, a, um :** ouvert, traversé.
99. **letum, i, n :** la mort.
100. **carpo, is, ere, carpsi, carptum :** cueillir, emporter.
101. **dolus, i, m :** la ruse, le piège.
102. **credas :** *subjonctif de supposition.*
103. **ater, atra, atrum :** noir, sombre.
104. **Styx, Stygis, f :** le Styx, *fleuve des Enfers.*
105. **caelebs, ibis :** célibataire.
106. **probo, as, are, avi, atum :** approuver.
107. **sterilis, e :** stérile.
108. **hoc :** *est développé par* turba.
109. **quisquis, quicquid :** qui que ce soit qui / que, quoi que ce soit qui / que.
110. **unius :** *génitif de* unus.
111. **aevum, i, n :** *ici* la génération.
112. **semet :** *renforcement de* se.
113. **ruo, is, ere, rui, rutum :** s'effondrer, s'écrouler ; *le sujet est* turba.
114. **proinde :** donc, c'est pourquoi.
115. **ducem :** *attribut de* naturam.
116. **coetus, us, m :** la rencontre, l'assemblée.
117. **colo, is, ere, colui, cultum :** cultiver, pratiquer.

Traduction des vers 440 à 443

❑❑❑❑❑❑❑ **1. Traduction d'Eugène Greslou (1834)**

Quand on souffre par nécessité, on n'est pas digne de blâme. Mais aller au-devant de la peine, devenir son propre bourreau, c'est mériter de perdre des biens dont on ne sait pas faire usage.

❑❑❑❑❑❑❑ **2. Traduction de François-Régis Chaumartin (© Les Belles Lettres, 1996)**

Celui que les destins accablent a des excuses pour se lamenter, mais si l'on s'offre spontanément, volontairement aux malheurs, si l'on se torture soi-même, on mérite de perdre des biens dont on ne sait pas user.

❑❑❑❑❑❑❑ **3. Traduction de Florence Dupont (© Actes Sud, 2012)**

Bien sûr si le sort t'y contraignait
Il n'y aurait pas de honte
Mais chercher volontairement la souffrance
Se torturer soi-même !
Tu mériterais de perdre tous ces biens dont tu ne sais pas jouir

Entraînement au BAC

1 Langue. Relevez, analysez et classez tous les pronoms des vers 437 à 443 (nescit uti).

2 Traduction. Comparez ces trois traductions (vous porterez une attention particulière à la manière dont sont rendus les pronoms).

3 Analyse

a. Relevez les modes des verbes des vers 443 à 451 ; qu'expriment-ils ?
b. Relevez tous les mots du champ lexical dominant des vers 455 à 460 ? À quel domaine appartiennent-ils ? En élargissant à l'ensemble de ce texte, montrez en quoi les arguments de la nourrice sont de nature à convaincre Hippolyte.
c. En vous appuyant sur le texte, montrez comment fonctionne l'argumentation dans les vers 461 à 482.
d. Quelle réalité et quelle finalité le terme de Venus du vers 447 recouvre-t-il dans le contexte des vers 444 à 451 ? Répondez à la même question avec le Venus du vers 469 dans le contexte des vers 466 à 480. Que remarquez-vous ?
e. À quel courant philosophique le vers 481 vous fait-il penser ? et le vers 482 ? Commentez.
f. Faites une synthèse de tous les moyens utilisés par la nourrice pour convaincre Hippolyte. Que pensez-vous de cet argumentaire ?

4 Version. Traduisez les vers 451 à 460.

Vers 483 à 525 ➤ traduction p. 157

À la nourrice qui lui vante les mérites et même la nécessité des plaisirs, Hippolyte argumente pour défendre le mode de vie qu'il s'est choisi.

HIPPOLYTUS

Non alia magis est libera et vitio carens[1]
ritusque[2] melius vita quae[3] priscos colat,
quam quae[4] relictis moenibus[5] silvas amat.
Non illum avarae mentis[6] inflammat furor
qui se dicavit[7] montium insontem[8] jugis[9],
non aura[10] populi et vulgus infidum[11] bonis[12],
non pestilens[13] invidia, non fragilis favor[14],
non[15] ille[16] regno servit[17] aut[18] regno imminens[19]
vanos honores sequitur aut fluxas[20] opes[21],
spei metusque liber, haud[22] illum niger
edaxque[23] livor[24] dente degeneri[25] petit ;
nec scelera populos inter atque urbes[26] sita[27]
novit[28] nec omnes conscius[29] strepitus[30] pavet[31]
aut verba[32] fingit[33] ; mille[34] non quaerit tegi[35]
dives[36] columnis nec trabes[37] multo insolens[38]
sufficit[39] auro ; non cruor[40] largus pias
inundat aras, fruge[41] nec sparsi sacra
centena[42] nivei[43] colla summittunt[44] boves.
Sed rure vacuo potitur[45] et aperto[46] aethere[47]
innocuus[48] errat. Callidas[49] tantum[50] feris
struxisse[51] fraudes[52] novit et fessus[53] gravi
labore niveo corpus Iliso[54] fovet[55] ;
nunc[56] ille ripam celeris Alphei[57] legit[58],
nunc nemoris alti[59] densa metatur[60] loca,
ubi Lerna[61] puro gelida perlucet[62] vado,
sedesque[63] mutat : hinc[64] aves querulae[65] fremunt[66]
ramique[67] ventis lene[68] percussi[69] tremunt[70]
• • • • • • *(lacuna)* • • • • • • •

veteresque fagi[71]. Juvat[72] aut amnis vagi
pressisse[73] ripas, caespite[74] aut nudo leves[75]
duxisse[76] somnos, sive[77] fons[78] largus citas[79]
defundit[80] undas, sive per flores[81] novos
fugiente dulcis murmurat rivo[82] sonus.
Excussa[83] silvis[84] poma compescunt[85] famem[86]
et fraga[87] parvis vulsa[88] dumetis[89] cibos[90]
faciles ministrant[91]. Regios luxus[92] procul[93]
est impetus[94] fugisse : sollicito[95] bibunt
auro superbi[96] ; quam juvat nuda manu
captasse[97] fontem : certior somnus premit[98]
secura[99] duro membra versantem[100] toro[101].
Non in recessu[102] furta[103] et obscuro improbus[104]
quaerit cubili[105] seque multiplici timens
domo[106] recondit[107] : aethera[108] ac lucem petit
et teste[109] caelo vivit.

NOTES

1. **carens, entis** + ablatif **:** qui manque de, exempt.
2. **ritus, us, m :** l'usage, la coutume.
3. **– que :** *coordonne* carens *et la relative introduite par* quae.
4. **quae :** celle qui ; *a pour antécédent* vita.
5. **moenia, ium, n pl :** les murailles, les remparts.
6. **avarae mentis :** *complément du nom* furor.
7. **dico, as, are, avi, atum (se) :** se consacrer à.
8. **insons, sontis :** innocent, non coupable ; *apposé à* se.
9. **jugum, i, n :** *ici* la crête, le sommet.
10. **aura** (**ae, f**) **populi :** la faveur du peuple.
11. **infidus, a, um** + datif **:** déloyal.
12. **bonis :** *adjectif substantivé au masculin.*
13. **pestilens, entis :** malsain, funeste.
14. **favor, oris, m :** la faveur, la popularité.
15. **non :** *porte à la fois sur* servit *et sur* sequitur.
16. **ille :** *reprend* illum (*v. 486*).
17. **servio, is, ire, ivi, itum** + datif **:** servir, être l'esclave de.
18. **aut :** *dans une phrase négative, a le sens de* et.
19. **immineo, es, ere, –, –** + datif **:** *ici* convoiter.
20. **fluxus, a, um :** éphémère.
21. **opes, opum, f pl :** la richesse, la puissance.
22. **haud** (adverbe) **:** *négation.*
23. **edax, acis :** qui ronge, vorace.
24. **livor, oris, m :** l'envie, la jalousie.
25. **degener, eris :** dégénéré, vil.
26. *comprendre* : inter populos atque urbes.
27. **situs, a, um :** situé.
28. **nosco, is, ere, novi, notum :** apprendre ; *au parfait* : savoir.
29. **conscius, a, um :** en s'en rendant complice.
30. **strepitus, us, m :** le vacarme, le tumulte.
31. **paveo, es, ere, pavi, – :** craindre, redouter.
32. **verba :** *ici* les mensonges.
33. **fingo, is, ere, finxi, fictum :** façonner, inventer.
34. **mille** (indéclinable) **:** mille.
35. **tego, is, ere, texi, tectum :** protéger, abriter.
36. **dives, itis :** riche.
37. **trabs, trabis, f :** la poutre (d'une maison).
38. **insolens, entis :** sans mesure, excessif.
39. **sufficio, is, ere, feci, fectum :** *ici* imprégner, colorer.
40. **cruor, oris, m :** le sang ; **cruor largus :** sang largement répandu.
41. **frux, frugis, f :** le grain, la céréale ; **sparsi fruge sacra :** *désigne le rituel qui consistait à verser des grains de blé sacré sur le front de l'animal avant le sacrifice.*
42. **centeni, ae, a :** par centaines ; *pour le sens, porte sur* boves.

43. niveus, a, um : couleur de neige.
44. summitto, is, ere, misi, missum : soumettre, baisser ; *désigne l'action de baisser le cou pour se soumettre au sacrifice.*
45. potior, iris, iri, itus sum + ablatif : *ici* avoir à sa disposition.
46. apertus, a, um : ouvert, libre.
47. aether, eris, m : le ciel.
48. innocuus, a, um : innocent, inoffensif.
49. callidus, a, um : rusé.
50. tantum (adverbial) **:** seulement ; *porte sur* feris.
51. struo, is, ere, struxi, structum : établir, dresser ; *le parfait n'a pas une valeur temporelle mais aspectuelle (action achevée).*
52. fraus, fraudis, f : la tromperie, le piège.
53. fessus, a, um : fatigué.
54. Ilisos, i, m : l'Ilisos (*rivière*).
55. foveo, es, ere, fovi, fotum : *ici* purifier.
56. nunc… nunc… : tantôt… tantôt…
57. Alpheus, i, m : Alphée, *fleuve qui passe à Olympie ; ce vers désigne les grands jeux olympiques.*
58. lego, is, ere, legi, lectum : *ici* effleurer, longer.
59. altus, a, um : élevé ; *donc ici* dont les arbres sont élevés.
60. metor, aris, ari, atus sum : *ici* parcourir.
61. Lerna, ae, f : Lerne ; *la mention de cette région de marais située près de Corinthe fait allusion aux jeux isthmiques.*
62. perluceo, es, ere, luxi, – : être transparent, limpide.
63. sedes, is, f : le séjour, la résidence.
64. hinc : *ne pas le traduire ; la signification est délicate dans la mesure où un autre* hinc, *ou un* illinc *devait figurer dans la lacune du texte.*
65. querulus, a, um : plaintif, qui fait entendre une plainte.
66. fremo, is, ere, fremui, fremitum : frémir.
67. ramus, i, m : la branche, le rameau.
68. lene (adverbe) **:** doucement.
69. precutio, is, ere, cussi, cussum : frapper, battre.
70. tremo, is, ere, tremui, – : trembler, être agité.
71. fagus, i, f : le hêtre.
72. juvat : *sous-entendu* illum ; **juvo, as, are, avi, atum** + accusatif : faire plaisir, plaire à.
73. premo, is, ere, pressi, pressum : enfoncer ; *ici* fouler ; *le parfait a sa valeur aspectuelle d'accompli et non temporelle de passé.*
74. caespes, pitis, m : la motte de gazon, le gazon ; **caespite nudo :** *ablatif de lieu sans préposition.*
75. levis, e : léger, doux.
76. duco, is, ere, duxi, ductum somnos = dormire.
77. sive… sive… : soit que… soit que…
78. fons, fontis, m : la source.
79. citus, a, um : rapide, vif.
80. defundo, is, ere, fudi, fusum : faire couler, répandre.
81. flos, foris, m : la fleur.
82. rivus, i, m : le ruisseau, le cours d'eau.
83. excutio, is, ere, cussi, cussum : faire tomber en secouant.
84. silvae, arum, f pl : les arbres.
85. compesco, is, ere, cui, – : arrêter, retenir.
86. famis, is, f : la faim.
87. fraga, orum, n pl : les baies.
88. vello, is, ere, vulsi, vulsum : arracher.
89. dumetum, i, n : le roncier, le buisson.
90. cibus, i, m : la nourriture.
91. ministro, as, are, avi, atum : procurer, fournir.
92. luxus, us, m : le luxe.
93. procul : au loin.
94. impetus est : < sa > tendance est de.
95. sollicitus, a, um : inquiet ; qui cause de l'inquiétude, des soucis.
96. superbus, a, um : orgueilleux, fier, imposant.
97. captasse = captavisse ; capto, as, are, avi, atum : saisir, prendre.
98. premo, is, ere, pressi, pressum : presser, écraser.
99. securus, a, um : tranquille, sans soucis ; **secura membra :** *accusatif de relation* ; quant à…
100. versor, aris, ari, atus sum : se trouver.
101. duro toro : *ablatif de lieu sans préposition.*
102. recessus, us, m : la retraite, la cachette.
103. furtum, i, n : le vol, le larcin, la rapine.
104. improbus, a, um : malhonnête.
105. cubile, is, n : la couche, la demeure.
106. multiplici domo : maison aux nombreux recoins.
107. recondo, is, ere, didi, ditum : retirer à l'écart, cacher.
108. aether, eris, m : l'air.
109. testis, is, m : le témoin ; **teste caelo :** *ablatif absolu.*

10. L'âge d'or

Vers 525 à 579 ➤ traduction p. 158-159

La nourrice tente de convaincre Hippolyte qu'il doit vivre parmi les hommes. Le jeune homme répond par un long monologue sur l'âge d'or, qui est un topos littéraire. Son discours se conclut néanmoins, de façon moins traditionnelle, sur une accusation des femmes.

HIPPOLYTUS

Hoc equidem reor[1]
vixisse ritu prima quos mixtos[2] diis
profudit[3] aetas. Nullus his[4] auri fuit
caecus cupido, nullus in campo sacer
divisit agros arbiter[5] populis lapis ;
nondum secabant credulae[6] pontum rates :
sua quisque norat[7] maria ; non vasto aggere[8]
crebraque[9] turre[10] cinxerant[11] urbes latus ;
non arma saeva miles aptabat[12] manu[13]
nec torta[14] clausas fregerat[15] saxo gravi
ballista[16] portas, jussa nec dominum pati
juncto ferebat[17] terra servitium[18] bove :
sed arva[19] per se feta[20] poscentes nihil
pavere[21] gentes, silva nativas opes
et opaca[22] dederant antra nativas domos.
Rupere[23] foedus[24] impius lucri[25] furor
et ira praeceps quaeque succensas[26] agit
libido mentes ; venit imperii sitis[27]
cruenta[28], factus praeda majori minor :
pro jure vires esse[29]. Tum primum manu
bellare nuda saxaque et ramos[30] rudes[31]
vertere in arma : non erat gracili levis
armata ferro cornus[32] aut longo latus
mucrone[33] cingens ensis[34] aut crista[35] procul[36]

galeae[37] comantes : tela faciebat dolor[38].
Invenit artes bellicus Mavors[39] novas
et mille formas mortis. Hinc terras cruor[40]
infecit omnis[41] fusus[42] et rubuit[43] mare.
Tum scelera dempto[44] fine per cunctas domos
iere, nullum caruit exemplo nefas :
a fratre frater, dextera gnati[45] parens
cecidit, maritus conjugis ferro jacet
perimuntque fetus[46] impiae matres suos ;
taceo novercas[47]. Mitius nil est feris.
Sed dux malorum femina : haec scelerum artifex
obsedit animos, hujus incesti[48] stupris[49]
fumant[50] tot urbes, bella tot gentes gerunt
et versa ab imo regna[51] tot populos premunt.
Sileantur aliae : sola conjunx Aegei
Medea[52] reddet feminas, dirum genus.

NUTRIX

Cur omnium fit culpa paucarum scelus ?

HIPPOLYTUS

Detestor[53] omnis[54], horreo[55], fugio, execror[56].
Sit ratio, sit natura, sit dirus furor :
odisse placuit. Ignibus junges[57] aquas
et amica ratibus ante promittet vada[58]
incerta[59] Syrtis[60], ante ab extremo sinu
Hesperia[61] Tethys[62] lucidum attollet diem
et ora dammis[63] blanda praebebunt lupi,
quam victus animum feminae mitem geram.

NUTRIX

Saepe obstinatis induit[64] frenos[65] Amor
et odia mutat. Regna[66] materna aspice :
illae feroces sentiunt Veneris jugum ;
testaris[67] istud unicus gentis puer[68].

HIPPOLYTUS

Solamen[69] unum matris amissae fero,
odisse quod jam feminas omnis[70] licet.

NOTES

1. **reor, reris, reri, ratus sum :** penser.
2. **misceo, es, ere, miscui, mixtum :** mêler, mélanger.
3. **profundo, is, ere, fudi, fusum :** répandre, verser.
4. **his :** *datif de possession.*
5. **arbiter, tri, m :** le témoin, le juge.
6. **credulus, a, um :** prompt à croire quelque chose, confiant.
7. **norat = noverat.**
8. **agger, aggeris, m :** le rempart.
9. **creber, bra, brum :** nombreux, qui revient souvent.
10. **turris, is, f :** la tour.
11. **cingo, is, ere, cinxi, cinctum :** ceindre.
12. **arma apto, as, are, avi, atum :** s'armer.
13. **saeva manu :** *ablatif de manière.*
14. **tortus, a, um :** tordu ; *ici* bandé.
15. **frango, is, ere, fregi, fractum :** rompre.
16. **ballista, ae, f :** la baliste, *machine qui servait à lancer des pierres.*
17. **fero, fers, ferre, tuli, latum :** *ici* supporter, endurer.
18. **servitium, ii, n :** la servitude.
19. **arvum, i, n :** le champ.
20. **fetus, a, um :** fécond.
21. **pasco, is, ere, pavi, pastum :** nourrir.
22. **opacus, a, um :** obscur.
23. **rumpo, is, ere, rupi, ruptum :** briser.
24. **foedus, eris, n :** le traité.
25. **lucrum, i, n :** le gain, le profit.
26. **succendo, is, ere, cendi, censum :** embraser.
27. **sitis, is, f :** la soif.
28. **cruentus, a, um :** sanglant.
29. **esse, bellare, vertere :** *infinitifs de narration.*
30. **ramus, i, m :** la branche.
31. **rudis, e :** brut, qui n'est pas travaillé.
32. **cornus, i, f :** le cornouiller, *qui servait à faire des bois de lance.*
33. **mucro, onis, m :** la pointe.
34. **ensis, is, m :** l'épée.
35. **crista, ae, f :** la crête, l'aigrette.
36. **procul** (adverbe) **:** *ici* qui se voit de loin.
37. **galea, ae, f :** le casque.
38. **dolor, oris, m :** *ici* le ressentiment.
39. **Mavors, tis, m :** Mars.
40. **cruor, oris, m :** le sang.
41. **omnis = omnes.**
42. **fundo, is, ere, fudi, fusum :** verser, répandre.
43. **rubesco, is, ere, bui, – :** rougir.
44. **demo, is, ere, dempsi, demptum :** enlever, ôter.
45. **gnatus, i, m :** le fils.
46. **fetus, us, m :** l'enfantement.
47. **noverca, ae, f :** la belle-mère, la marâtre.
48. **incestum, i, n :** la souillure, l'adultère.
49. **stuprum, i, n :** la violence, l'action de déshonorer.
50. **fumo, as, are, avi, atum :** fumer.
51. **regnum, i, n :** le royaume, la royauté.
52. **Medea :** *après avoir tué les enfants de Jason, menacée par les Corinthiens, Médée s'enfuit et trouve refuge auprès d'Égée, le roi d'Athènes. Elle lui promet un fils ; il l'épouse. Ils ont un fils Médos. Lorsque Thésée revient, Médée tente de l'empoisonner.*
53. **detestor, aris, ari, atus sum :** exécrer, avoir en horreur.
54. **omnis = omnes.**
55. **horreo, es, ere, ui, – :** se hérisser.
56. **execror, aris, ari, atus sum :** maudire.
57. **jungo, is, ere, junxi, junctum :** unir, joindre.
58. **vadum, i, n :** le bas-fond (*avec* amica, *à l'accusatif neutre pluriel*).
59. **incertus, a, um :** sur quoi on n'a pas de certitude.
60. **Syrtis, is, f :** la Syrte, *bas-fond sur la côte nord de l'Afrique, entre Cyrène et Carthage.*
61. **Hesperia, ae, f :** l'Hespérie (*ablatif*).
62. **Tethys, yos, f :** Téthys, *femme de l'Océan, la mère des fleuves.*
63. **damma, ae (dama), m :** le daim.
64. **induo, is, ere, dui, dutum :** mettre sur quelqu'un.
65. **freni, orum, m pl :** le frein, le mors.
66. **regna materna :** le royaume maternel, *c'est-à-dire le royaume des Amazones.*
67. **testor, aris, ari, atus sum :** attester quelque chose.
68. **unicus puer :** *Hippolyte est le seul enfant mâle de la race des Amazones, puisque celles-ci tuaient tous les garçons à la naissance.*
69. **solamen, inis, n :** la consolation.
70. **omnis = omnes.**

Traduction des vers 553 à 558

❑❑❑❑❑❑❑ **1. Traduction de Jean-Marie-Louis Coupé (1795)**

Les crimes sans mesure se répandirent dans toutes les maisons. Bientôt tous les forfaits eurent des modèles. Le frère expira par le frère, le père par le fils, l'époux par l'épouse. Les mères dénaturées poignardèrent leurs enfants… Je ne parle point des marâtres. Auprès de tous ces crimes, les bêtes féroces ont de l'humanité.

❑❑❑❑❑❑❑ **2. Traduction de Charles Nisard (1855)**

Alors ce fut un débordement. Plus de famille exempte de crime ; plus de forfait qui n'eût son type. Le frère est égorgé par le frère, le père par son fils, le mari par sa femme. Des mères dénaturées poignardèrent leurs enfants. Je ne parle pas des marâtres : auprès de leurs fureurs les monstres des bois sont doux.

❑❑❑❑❑❑❑ **3. Traduction de Florence Dupont (© Actes Sud, 2012)**

Le meurtre progressait
Passa toutes les bornes et entra dans les familles
On eut bientôt épuisé la liste des parricides
Un frère tua son frère
Un fils son père, un autre sa mère
Une femme son mari
Une mère ses enfants
Je passe sur les belles-mères, elles ont la férocité des fauves

Entraînement au BAC

1 **Langue.** Relevez les trois comparatifs du texte. Rappelez la formation des comparatifs et des superlatifs, en particulier celle des irréguliers.

2 **Traduction.** Comparez les différentes traductions, en étudiant particulièrement le vers 558.

3 **Analyse**
a. Quels sont les aspects traditionnels de l'âge d'or dans le discours d'Hippolyte (appuyez-vous sur les textes complémentaires pour répondre à la question) ?
b. Faites le plan du discours d'Hippolyte. Quelle progression suit-il ?
c. De quelle philosophie pourrait-on rapprocher les propos d'Hippolyte ?
d. En quoi la fin de ce passage annonce-t-il la suite de la tragédie ?

4 **Version.** Traduisez depuis Hoc equidem reor (v. 525) jusqu'à urbes latus (v. 532).

Un topos littéraire : l'âge d'or

Le thème de l'âge d'or est un motif récurrent de la poésie élégiaque à l'époque d'Auguste.

Qu'on vivait heureux sous le règne de Saturne, avant le temps où de longues routes se sont ouvertes sur la terre ! Le pin n'avait pas encore bravé les ondes azurées ni présenté aux vents le gonflement de la voile déployée ; errant à la poursuite du gain en des terres inconnues, un nautonier n'avait pas encore chargé son vaisseau de marchandises étrangères. Ce temps-là n'a pas vu le taureau vigoureux subir le joug, le cheval mordre le frein de sa mâchoire domptée ; les maisons n'avaient point de porte, on n'enfonçait pas de pierre dans les champs pour marquer exactement les limites des propriétés. D'eux-mêmes les chênes donnaient du miel, et spontanément les brebis venaient offrir le lait de leurs mamelles aux hommes qui n'avaient pas de souci. Il n'y avait pas d'armée, pas de colère, pas de guerres, et l'art inhumain du forgeron cruel n'avait pas façonné l'épée. Aujourd'hui, sous la domination de Jupiter, ce sont des meurtres et des blessures toujours, aujourd'hui c'est la mer, aujourd'hui mille voies s'ouvrent brusquement qui conduisent à la mort.

Tibulle (vers 54-19 avant J.-C.), *Élégies*, III, vers 35 à 50,
traduction du latin par M. Ponchont, © Les Belles Lettres (1926).

D'abord luit l'âge d'or, qui sans loi ni police
De lui-même honora la foi et la justice.
Peine et peur ignorées, nulle menace inscrite
Sur les tables d'airain, ni foules suppliantes
Tremblant d'un jugement. Tout allait sans contrainte.
Le pin restait intact sur la montagne. En mer
Nul ne s'aventurait pour découvrir les mondes
Ni n'explorait de rive hors la rive prochaine.
Aucun fossé profond n'entourait les cités,
Point de trompe d'airain, point de cor recourbé
Ni casque ni épée, sans besoin de soldat
Les paisibles nations vivaient un doux loisir.
Franche d'impôt la terre, inviolée, sans blessure
D'hoyau ni de charrue, donnait tout d'elle-même.
On vivait de cueillette offerte librement,
Du fruit de l'arbousier, de fraises des montagnes,
De cornouille, de mûre environnée de ronce
Et du gland qui tombait d'un chêne aux vastes branches.
Un printemps éternel d'un paisible zéphyr

Caressait de tiédeur des fleurs nées sans semis,
Puis sans labour le sol se couvrait de moissons
Et le champ non soigné croulait de blonds épis.
De nectar et de lait coulaient alors les fleuves
Et l'yeuse aux verts rameaux distillait le miel fauve.

Ovide (43 avant J.-C-17 après J.-C.), *Métamorphoses*, I, vers 89 à 112, traduction du latin par O. Sers, © Les Belles Lettres (2009).

Avant Jupiter, point de colon qui domptât les guérets ; il n'était même pas permis de borner ou de partager les champs par une bordure : les récoltes étaient mises en commun, et la terre produisait tout d'elle-même, librement, sans contrainte. C'est lui qui donna leur pernicieux virus aux noirs serpents, qui commanda aux loups de vivre de rapines, à la mer de se soulever ; qui fit tomber le miel des feuilles, cacha le feu et arrêta les ruisseaux de vin qui couraient çà et là : son but était, en exerçant le besoin, de créer peu à peu les différents arts, de faire chercher dans les sillons l'herbe du blé et jaillir du sein du caillou le feu qu'il recèle. Alors, pour la première fois, les fleuves sentirent les troncs creusés des aunes ; alors le nocher dénombra et nomma les étoiles : les Pléiades, les Hyades et la claire Arctos, fille de Lycaon. Alors on imagina de prendre aux lacs les bêtes sauvages, de tromper les oiseaux avec de la glu et d'entourer d'une meute les profondeurs des bois. L'un fouette déjà de l'épervier le large fleuve, dont il gagne les eaux hautes ; l'autre traîne sur la mer ses chaluts humides. Alors on connaît le durcissement du fer et la lame de la scie aiguë (car les premiers hommes fendaient le bois avec des coins) ; alors vinrent les différents arts.

Virgile (70-19 avant J.-C.), *Géorgiques*, I, vers 125 à 145, traduction du latin par M. Rat, © Garnier (1932).

Vers 580 à 591 ➤ traduction p. 159

La nourrice ne parvient pas à faire entendre raison à Hippolyte, tout à sa haine des femmes. Phèdre entre alors en scène, complètement bouleversée.

NUTRIX

Ut dura cautes[1] undique intractabilis[2]
resistit undis et lacessentes[3] aquas
longe remittit, verba sic spernit mea.
Sed Phaedra praeceps[4] graditur, impatiens morae.
Quo se dabit fortuna ? Quo vergit[5] furor ?
Terrae repente corpus exanimum accidit[6]
et ora morti similis obduxit[7] color.
Attolle vultus, dimove[8] vocis moras :
tuus en, alumna, temet Hippolytus tenet.

PHAEDRA

Quis me dolori reddit atque aestus graves
reponit animo ? Quam bene excideram[9] mihi !

HIPPOLYTUS

Cur dulce munus redditae lucis fugis ?

NOTES

1. **cautes, is, f :** la roche.
2. **intractabilis, e :** intraitable, indomptable.
3. **lacesso, is, ere, ivi, itum :** harceler, provoquer.
4. **praeceps, cipitis :** précipité, emporté violemment.
5. **vergo, is, ere, – , – :** s'étendre.
6. **accido, is, ere, cidi, – + datif :** tomber vers.
7. **obduco, is, ere, duxi, ductum :** recouvrir, voiler.
8. **dimoveo, es, ere, movi, motum :** écarter, éloigner.
9. **excido, is, ere, cidi, cisum :** retrancher.

11. La rencontre entre Phèdre et Hippolyte

Vers 592 à 633 ➤ traduction p. 159-160

Hippolyte vient de dire à la nourrice qu'il déteste toutes les femmes. C'est à ce moment-là que Phèdre revient sur la scène et s'évanouit. Elle se réveille, soutenue par Hippolyte. Le texte commence par un monologue de Phèdre en aparté. À partir du vers 599, elle s'adresse à Hippolyte.

Phaedra

Aude, anime, tempta[1], perage[2] mandatum[3] tuum.
Intrepida[4] constent[5] verba : qui timide[6] rogat
docet negare. Magna pars sceleris mei
olim peracta est ; serus[7] est nobis pudor[8] :
amavimus nefanda. Si coepta exsequor[9],
forsan jugali[10] crimen abscondam[11] face[12] :
honesta quaedam scelera successus[13] facit ;
en, incipe, anime ! Commodes[14] paulum, precor,
secretas aures[15]. Si quis est[16], abeat comes.

Hippolytus

En locus ab omni liber[17] arbitrio[18] vacat[19].

Phaedra

Sed ora[20] coeptis transitum[21] verbis negant ;
vis magna vocem mittit et major tenet.
Vos testor[22] omnis[23], caelites[24], hoc quod volo
me nolle[25].

Hippolytus

Animusne cupiens aliquid effari[26] nequit ?

Phaedra

Curae leves[27] loquuntur, ingentes stupent[28].

Hippolytus

Committe[29] curas auribus, mater, meis.

Phaedra

Matris superbum est nomen et nimium potens :

nostros humilius[30] nomen affectus[31] decet[32] ;
me vel sororem, Hippolyte, vel famulam[33] voca,
famulamque potius : omne servitium[34] feram.
Non me per altas ire si jubeas nives[35],
pigeat[36] gelatis ingredi Pindi[37] jugis[38],
non, si per ignes ire et infesta[39] agmina,
cuncter[40] paratis ensibus pectus dare.
Mandata recipe sceptra, me famulam accipe :
te imperia regere, me decet jussa exequi[41] ;
muliebre[42] non est regna tutari urbium[43] :
tu qui juventae flore primaevo[44] viges[45],
cives paterno fortis[46] imperio rege[47],
sinu[48] receptam supplicem ac servam tege[49].
Miserere[50] viduae.

HIPPOLYTUS

Summus hoc omen[51] deus
avertat. Aderit sospes actutum[52] parens.

PHAEDRA

Regni tenacis[53] dominus et tacitae Stygis[54]
nullam relictos fecit ad superos[55] viam :
thalami remittet ille raptorem sui ?
Nisi forte amori placidus[56] et Pluton sedet[57].

HIPPOLYTUS

Illum quidem aequi caelites reducem[58] dabunt
sed dum tenebit vota in incerto deus,
pietate caros debita fratres colam,
et te[59] merebor[60] esse ne viduam putes
ac tibi parentis ipse supplebo locum.

NOTES

1. **tempto, as are, avi, atum :** essayer.
2. **perago, is, ere, egi, actum :** accomplir, achever.
3. **mandatum, i, n :** le mandat, la mission.
4. **intrepidus, a, um :** courageux, intrépide.
5. **consto, as, are, stiti, staturus :** se tenir d'aplomb, se maintenir.
6. **timide** (adverbe) **:** avec crainte, timidement.
7. **serus, a, um :** trop tardif.
8. **pudor, oris, m :** le sentiment de pudeur, la retenue.
9. **ex(s)equor, eris, i, cutus sum :** suivre jusqu'au bout, poursuivre.
10. **jugalis, e :** conjugal, nuptial.
11. **abscondo, is, ere, didi, ditum :** dérober à la vue, dissimuler.
12. **fax, facis, f :** la torche.

13. successus, us, m : le succès, la réussite.
14. commodo, as, are, avi, atum : disposer, appliquer ; *le subjonctif entre en concurrence avec l'impératif pour indiquer une nuance de conseil.*
15. secreta auris : l'oreille qui reçoit les confidences.
16. si quis est : *il semble pourtant qu'Hippolyte soit seul sur la scène. Peut-être est-il accompagné d'une escorte de suivants qui ne prennent pas la parole.*
17. liber, era, erum ab + ablatif **:** libre de.
18. arbitrium, ii, n : le jugement, l'arbitrage ; *ici* le témoin.
19. vaco, as, are, avi, atum : être vide.
20. os, oris, n : *ici* la bouche ; *pluriel poétique.*
21. transitus, us, m : le passage.
22. testor, aris, ari, atus sum aliquem + proposition infinitive **:** prendre quelqu'un à témoin du fait que.
23. omnis = omnes.
24. caelites, um, m pl : les habitants du ciel, les dieux.
25. me nolle : *vers incomplet.* Me *est le sujet de l'infinitif* nolle *dont le COD* est hoc quod volo.
26. effaris, atur, ari, atus sum (la première personne n'est pas attestée) **:** dire.
27. levis, e : léger.
28. stupeo, es, ere, stupui, – : demeurer immobile, stupide.
29. committo, is, ere, misi, missum : confier quelque chose à quelqu'un.
30. humilis, e : humble.
31. affectus, us, m : la disposition de l'âme, le sentiment.
32. decet, decere, decuit : convenir ; *avec un sujet nom de chose et un complément à l'accusatif.*
33. famula, ae, f : la servante, l'esclave.
34. servitium, i, n : la servitude, la condition d'esclave.
35. nix, nivis, f : la neige.
36. piget, ere, piguit ou pigitum est : être mécontent ; *avec accusatif de la personne* (me) *et ici, infinitif sujet* (ingredi).
37. Pindos (-us), i, m : le Pinde, *montagne de Thessalie, consacrée à Apollon et aux Muses.*
38. jugum, i, n : la crête, le sommet d'une montagne.
39. infestus, a, um : ennemi, hostile.
40. cunctor, aris, ari, atus sum : tarder, hésiter.
41. ex(s)equor, eris, i, cutus sum : suivre jusqu'au bout.
42. muliebris, e : de femme.
43. regna urbium : le pouvoir royal sur les cités.
44. primaevus, a, um : qui est du premier âge.
45. vigeo, es, ere, ui, – : avoir de la force.
46. fortis, e : solide, vigoureux.
47. rego, is, ere, rexi, rectum : mener, diriger.
48. sinus, us, m : le sein, la poitrine.
49. tego, is, ere, texi, tectum : protéger.
50. misereor, eris, eri, ritus sum + génitif **:** avoir pitié de.
51. omen, inis, n : le signe, le présage.
52. actutum (adverbe) **:** sur-le-champ.
53. tenax, acis : qui tient fortement.
54. Styx, ygis, f : le Styx, fleuve des Enfers.
55. superi, orum, m pl : *ici* les hommes, ceux d'en haut.
56. placidus, a, um : doux.
57. sedet : *ici équivalent de* est ; *Pluton est représenté comme un juge siégeant à son tribunal.*
58. redux, ducis : qui revient.
59. te : *sujet de l'infinitive dépendant de* putes.
60. mereor, eris, eri, itus sum ut / ne + subjonctif **:** mériter que / que ne pas.

Traduction des vers 592 à 599

❑❑❑❑❑❑❑

1. Traduction de Jean-Marie-Louis Coupé (1795)

Malheureuse Phèdre ! Reprends l'espérance avec tes forces, et traite toi-même la grande affaire de ta vie. Donne à tes paroles de la confiance et de l'ordre. Toujours une prière timide engage au refus. J'ai consommé la plus grande partie de mon crime, et la pudeur serait déplacée maintenant. Il le faut avouer, mon amour est monstrueux. Mais si j'ai le bonheur de plaire, le flambeau de l'hymen épurera cette passion, et mon crime heureux cessera d'être crime... Le voilà, commençons.

❑❑❑❑❑❑❑ **2. Traduction de Charles Nisard (1855)**

Allons, courage ! Plaidons nous-mêmes notre cause avec assurance. Une prière timide appelle un refus. J'ai déjà consommé en grande partie mon crime ; il n'est plus temps de rougir. Mon amour est criminel ; mais s'il est partagé, un nœud légitime peut couvrir ma faute. Il est des attentats que le succès justifie. Il faut rompre le silence.

❑❑❑❑❑❑❑ **3. Traduction de Florence Dupont (© Actes Sud, 2012)**

Oser lui dire, il faut oser
Aller jusqu'au bout
Parler d'une voix ferme
Une requête timide est facile à repousser

Il est trop tard pour la morale
J'aime dans le crime et l'abjection
Mais si je réussis
Ma faute pâlira aux flambeaux de nos justes noces
On a vu souvent le succès transformer les criminels en notables
Oser, il faut oser

Entraînement au BAC

1 **Langue.** Relevez les moyens d'exprimer l'ordre dans cet extrait. Rappelez la formation de l'impératif ainsi que les moyens d'exprimer l'ordre et la défense en latin.

2 **Traduction.** Comparez les trois traductions en étudiant les choix des traducteurs : quels ajouts ont-ils faits ? Qu'ont-ils au contraire retranché ?

3 **Analyse**

a. Quels sont les différents mouvements de ce passage ? Mettez en évidence, notamment, la façon dont Hippolyte nomme Phèdre.

b. Essayez d'imaginer la mise en scène de ce passage en vous appuyant sur les différentes postures que prend Phèdre.

c. Comment Phèdre parvient-elle à se donner du courage pour révéler son amour ?

4 **Version.** Traduisez les vers 609 à 616.

12. L'aveu

Vers 634 à 671 ➤ traduction p. 160-161

Encouragée à parler par Hippolyte, Phèdre s'apprête à lui révéler son amour insensé. Elle revoit en lui le visage de Thésée jeune homme.

PHAEDRA

O spes amantum credula[1], o fallax Amor !
Satisne dixi ? Precibus admotis[2] agam[3].
Miserere[4], tacitae mentis exaudi preces. –
Libet loqui pigetque.

HIPPOLYTUS

Quodnam istud malum est ?

PHAEDRA

Quod in novercam[5] cadere[6] vix credas[7] malum.

HIPPOLYTUS

Ambigua[8] voce verba perplexa jacis :
effare[9] aperte[10].

PHAEDRA

Pectus insanum vapor[11]
amorque torret[12]. Intimis[13] furit[14] ferus[15]
penitus[16] medullis[17] atque per venas meat[18]
visceribus ignis mersus[19] et venis latens[20]
ut agilis altas flamma percurrit trabes[21].

HIPPOLYTUS

Amore nempe[22] Thesei casto furis ?

PHAEDRA

Hippolyte, sic est : Thesei vultus amo
illos priores quos tulit quondam puer,
cum[23] prima puras barba signaret[24] genas
monstrique caecam Gnosii[25] vidit domum[26]
et longa curva fila collegit via[27].

Quis[28] tum ille fulsit ! Presserant vittae[29] comam
et ora flavus tenera tinguebat pudor[30] ;
inerant lacertis[31] mollibus[32] fortes tori[33] ;
tuaeve Phoebes[34] vultus aut Phoebi mei,
tuusque potius – talis, en talis fuit
cum placuit hosti[35], sic tulit celsum caput :
in te magis refulget[36] incomptus[37] decor ;
et genitor in te totus et torvae tamen
pars aliqua matris miscet ex aequo decus :
in ore Graio[38] Scythicus[39] apparet rigor.
Si cum parente Creticum intrasses[40] fretum[41],
tibi fila potius nostra nevisset[42] soror.
Te, te, soror, quacumque siderei poli
in parte fulges, invoco ad causam parem :
domus sorores una corripuit duas,
te genitor, at me gnatus. En supplex jacet
adlapsa[43] genibus regiae proles domus.
Respersa[44] nulla labe[45] et intacta, innocens
tibi mutor uni. Certa descendi ad preces :
finem hic dolori faciet aut vitae dies.
Miserere amantis.

NOTES

1. **credulus, a, um :** crédule.
2. **admoveo, es, ere, movi, motum :** approcher, appliquer.
3. **ago, is, ere, egi, actum :** obtenir un résultat, mener une affaire.
4. **misereor, eris, eri, ritus sum :** avoir pitié.
5. **noverca, ae, f :** la marâtre, la belle-mère.
6. **cado, is, ere, cecidi, casum in aliquem :** convenir à quelqu'un.
7. **credas :** *la deuxième personne du singulier du subjonctif présent se traduit par* on.
8. **ambigua :** *qualifie* verba ; **perplexa :** *qualifie* voce.
9. **effaris, atur, ari, atus sum :** parler (*impératif présent 2e personne du singulier*).
10. **aperte** (adverbe) **:** ouvertement.
11. **vapor, oris, m :** le feu de l'amour.
12. **torreo, es, ere, ui, tostum :** brûler.
13. **intimus, a, um :** le fond de, intime.
14. **furio, is, ire, –, – :** être en délire.
15. **ferus, a, um :** sauvage ; *qualifie* ignis.
16. **penitus** (adverbe) **:** profondément.
17. **medulla, ae, f :** la moelle, les entrailles.
18. **meo, as, are, avi, atum :** passer, circuler.
19. **mergo, is, ere, mersi, mersum :** cacher, rendre invisible ; + ablatif : plonger dans.
20. **lateo, es, ere, ui, – :** être caché (*avec ablatif sans* in).
21. **trabs, trabis, f :** la poutre.
22. **nempe :** c'est un fait, n'est-ce pas, que ?
23. **cum :** *peut être suivi du subjonctif puis de l'indicatif ; le subjonctif semble alors caractériser la circonstance jugée la plus importante.*
24. **signo, as, are, avi, atum :** marquer, caractériser.
25. **monstri Gnosii :** le monstre de Cnossos, le Minotaure.
26. **caecam domum :** la demeure aveugle, sans fenêtre, le labyrinthe.
27. **longa :** *qualifie* fila ; **curva :** *qualifie* via.
28. **quis = qualis.**

29. **vitta, ae, f :** la bandelette ; *Thésée venait en Crète pour être livré, avec d'autres Athéniens, comme victime au Minotaure. Il porte donc les bandelettes du sacrifice.*
30. **flavus pudor :** le rouge de la pudeur ; flavus *désigne la couleur doré voire rougeâtre en poésie.*
31. **lacertus, i, m :** le bras.
32. **mollis, e :** délicat.
33. **torus, i, m :** *ici* le renflement, le muscle.
34. **Phoebe, es, f :** Phoebé, *sœur de Phébus, c'est-à-dire Diane ; génitif grec.*
35. **hosti :** *la légende dit que Minos tomba amoureux de Thésée (« Quant à Minos, il faut savoir qu'il mit fin à sa querelle avec les Athéniens, à la suite du meurtre de son fils, parce qu'il aimait tendrement Thésée. Il lui donna la main de sa fille Phèdre », Athénée de Naucratis, XIII, 77).*
36. **refulgeo, es, ere, fulsi, – :** resplendir.
37. **incomptus, a, um :** sans apprêt.
38. **Graius, a, um :** grec.
39. **Scythicus, a, um :** de Scythie.
40. **intrasses = intravisses.**
41. **fretum, i, n :** la mer.
42. **neo, es, ere, nevi, netum :** filer.
43. **adlabor, eris, i, lapsus sum genibus :** se laisser tomber à genoux.
44. **respergo, is, ere, spersi, spersum :** éclabousser.
45. **labes, is, f :** la tache, la souillure.

Traduction des vers 646 à 650

❑ ❑ ❑ ❑ ❑ ❑ ❑

1. Traduction de Jean-Marie-Louis Coupé (1795)

Oui, Hippolyte, j'aime ces traits qui embellissaient sa première jeunesse ; je l'aime avec toutes ces grâces sous lesquelles il vint briller dans notre Crète pour combattre le monstre, lorsqu'il tenait à la main les fils qui devaient guider ses pas dans l'insidieux labyrinthe.

❑ ❑ ❑ ❑ ❑ ❑ ❑

2. Traduction de Charles Nisard (1855)

Oui, Hippolyte, je brûle pour Thésée ; j'aime sa beauté, cette beauté dont brillait sa première jeunesse, lorsqu'un léger duvet couvrait à peine ses joues ; lorsqu'il osa porter ses pas dans le labyrinthe du monstre de la Crète, et qu'à l'aide d'un fil il en sortit vainqueur.

❑ ❑ ❑ ❑ ❑ ❑ ❑

3. Traduction de François-Régis Chaumartin (© Les Belles Lettres, 1996)

Hippolyte, c'est bien cela : ce qui enflamme mon amour c'est ce visage de Thésée jeune, celui qu'il offrait jadis adolescent, au temps où sa première barbe imprimait son dessin sur ses joues immaculées, lorsqu'il alla voir l'obscure demeure du monstre de Cnossos et tint en sa main le fil tout au long du sinueux chemin.

❑ ❑ ❑ ❑ ❑ ❑ ❑

4. Traduction de Florence Dupont (© Actes Sud, 2012)

Hippolyte
Oui, c'est vrai
C'est bien le visage de Thésée que j'aime
Ce visage qu'il avait autrefois
Adolescent
Avec ces joues lisses, à peine duveteuses
Quand il descendit dans le labyrinthe
Quand il entra dans la demeure du monstre de Cnossos
Et y retrouva son chemin en suivant le fil

Entraînement au BAC

1 **Langue.** Analysez et justifiez l'emploi des subjonctifs du texte.

2 **Traduction.** Comparez les traductions en précisant celle qui est la plus proche du mouvement du texte latin. Quelle est celle qui s'en éloigne le plus ?

3 **Analyse**

a. Montrez que Phèdre se saisit de la réplique d'Hippolyte pour faire son aveu.
b. Comment superpose-t-elle les images des deux hommes ?
c. Quel mot marque le basculement de Thésée à Hippolyte ?
d. Comment peut-on interpréter l'invocation à Ariane ? Faites une recherche sur l'histoire de la sœur de Phèdre.
e. Racine disait dans sa préface de *Phèdre* : « Voilà encore une tragédie dont le sujet est tiré d'Euripide... » Montrez qu'il existe cependant de nombreux points communs entre le texte de Sénèque et celui de Racine.

4 **Version.** Traduisez les vers 661 à 671.

Chez Racine, Phèdre, croyant Thésée mort, avoue son amour à Hippolyte.

PHÈDRE
Oui, Prince, je languis, je brûle pour Thésée.
Je l'aime, non point tel que l'ont vu les enfers,
Volage adorateur de mille objets divers,
Qui va du Dieu des morts déshonorer la couche,
Mais fidèle, mais fier, et même un peu farouche,
Charmant, jeune, traînant tous les cœurs après soi,
Tel qu'on dépeint nos Dieux, ou tel que je vous voi.
Il avait votre port, vos yeux, votre langage,
Cette noble pudeur colorait son visage,
Lorsque de notre Crète il traversa les flots,
Digne sujet des vœux des filles de Minos.
Que faisiez-vous alors ? Pourquoi sans Hippolyte
Des héros de la Grèce assembla-t-il l'élite ?
Pourquoi, trop jeune encor, ne pûtes-vous alors
Entrer dans le vaisseau qui le mit sur nos bords ?
Par vous aurait péri le monstre de la Crète,
Malgré tous les détours de sa vaste retraite.
Pour en développer l'embarras incertain,
Ma sœur du fil fatal eût armé votre main.
Mais non, dans ce dessein je l'aurais devancée ;
L'amour m'en eût d'abord inspiré la pensée.

C'est moi, Prince, c'est moi dont l'utile secours
Vous eût du Labyrinthe enseigné les détours.
Que de soins m'eût coûtés cette tête charmante !
Un fil n'eût point assez rassuré votre amante.
Compagne du péril qu'il vous fallait chercher,
Moi-même devant vous j'aurais voulu marcher ;
Et Phèdre au Labyrinthe avec vous descendue
Se serait avec vous retrouvée, ou perdue.

Jean Racine (1639-1699), *Phèdre* (1677), acte II, scène 5, vers 634-662.

Vers 671 à 697 **➤ traduction p. 161-162**

Phèdre vient d'avouer à Hippolyte son amour.
Celui-ci a une réaction très violente et son indignation le fait réagir en invoquant les dieux.

HIPPOLYTUS

Magne regnator deum[1],
tam lentus[2] audis scelera, tam lentus vides ?
Et quando saeva fulmen emittis manu,
si nunc serenum[3] est ? Omnis impulsus[4] ruat[5]
aether[6] et atris[7] nubibus condat diem,
ac versa[8] retro sidera obliquos agant
retorta[9] cursus. Tuque, sidereum[10] caput,
radiate[11] Titan, tu nefas stirpis[12] tuae
speculare[13] ? Lucem merge[14] et in tenebras fuge.
Cur dextra, divum[15] rector[16] atque hominum, vacat[17]
tua, nec trisulca[18] mundus ardescit[19] face ?
In me tona[20], me fige[21], me velox cremet[22]
transactus[23] ignis : – sum nocens, merui mori :
placui novercae. Dignus[24] en stupris[25] ego ?
Scelerique tanto visus ego solus tibi
materia facilis ? Hoc meus meruit rigor ?
O scelere vincens omne femineum genus,
o majus ausa[26] matre monstrifera[27] malum,
genetrice pejor ! Illa se tantum stupro
contaminavit et tamen tacitum diu
crimen biformi partus[28] exhibuit nota[29]
scelusque matris arguit[30] vultu truci[31]
ambiguus infans : – ille te venter tulit.
O ter quaterque prospero fato dati
quos hausit[32] et peremit[33] et leto[34] dedit
odium dolusque ! – Genitor, invideo tibi :
Colchide noverca[35] majus hoc, majus malum est.

NOTES

1. **deum = deorum.**
2. **lentus, a, um :** calme, indifférent.
3. **serenum, i, n :** le temps serein.
4. **impello, es, ere, puli, pulsum :** ébranler, mettre en mouvement.
5. **ruo, is, ere, rui, rutum :** s'élancer.
6. **aether, eris, m :** le ciel.
7. **ater, atra, atrum :** noir.
8. **verto, is, ere, ti, sum :** tourner.
9. **retorqueo, es, ere, torsi, tortum :** tourner en arrière.
10. **sidereus, a, um :** brillant, étincelant.
11. **radiatus, a, um :** muni de rayons.
12. **stirpis tuae :** *Pasiphaé, la mère de Phèdre, est la fille du Soleil.*
13. **speculor, aris, ari, atus sum :** observer, voir.
14. **mergo, is, ere, mersi, mersum :** plonger, cacher.
15. **divum = deorum.**
16. **rector, oris, m :** celui qui conduit.
17. **vaco, as, are, avi, atum :** être inoccupé, oisif.
18. **trisulcus, a, um :** qui a trois pointes, triple.
19. **ardesco, is, ere, arsi, – :** s'enflammer, prendre feu.
20. **tono, as, are, nui, – :** tonner.
21. **figo, is, ere, fixi, fixum :** transpercer.
22. **cremo, as, are, avi, atum :** brûler.
23. **transigo, is, ere, egi, actum :** faire passer à travers.
24. **dignus, a, um** + ablatif **:** digne de.
25. **stuprum, i, n :** le déshonneur, l'opprobre.
26. **vincens et ausa :** *à traduire par* toi qui + *verbe conjugué* ; **audeo, es, ere, ausus sum :** oser.
27. **monstrifer, era, erum :** qui produit des monstres.
28. **partus, us, m :** l'accouchement ; *sujet de* exhibuit.
29. **biformi nota :** *le Minotaure est à la fois homme et taureau.*
30. **arguo, is, ere, ui, utum :** montrer, prouver, dénoncer.
31. **trux, trucis :** farouche, sauvage.
32. **haurio, is, ire, hausi, haustum :** avaler, engloutir, faire disparaître, transpercer.
33. **perimo, is, ere, emi, emptum :** détruire, anéantir.
34. **letum, i, n :** la mort, la ruine, la destruction.
35. **Colchide noverca :** *il s'agit de Médée* (cf. *v. 564*) ; **Colchis, idis** (adjectif) **:** de Colchide.

13. Mise en place de la ruse

Vers 698 à 735 ➤ traduction p. 162-163

Phèdre a avoué à Hippolyte qu'elle l'aime et la réaction de ce dernier est extrêmement violente. Il veut dans un premier temps tuer Phèdre mais renonce ensuite. La nourrice assiste à la scène…

PHAEDRA

Et ipsa nostrae fata cognosco domus :
fugienda petimus ; sed mei non sum potens.
Te vel per ignes, per mare insanum sequar
rupesque et amnes[1], unda quos torrens[2] rapit ;
quacumque gressus tuleris[3] hac amens agar : –
iterum, superbe, genibus advolvor[4] tuis.

HIPPOLYTUS

Procul impudicos corpore a casto amove[5]
tactus[6] : – quid hoc est ? Etiam in amplexus[7] ruit ?
Stringatur[8] ensis[9] ; merita supplicia exigat[10].
En impudicum crine[11] contorto[12] caput
laeva reflexi[13] : justior numquam focis[14]
datus tuis est sanguis, arquitenens[15] dea.

PHAEDRA

Hippolyte, nunc me compotem[16] voti facis ;
sanas[17] furentem. Majus hoc voto meo est,
salvo ut[18] pudore[19] manibus immoriar[20] tuis.

HIPPOLYTUS

Abscede[21], vive, ne quid exores[22], et hic
contactus[23] ensis deserat[24] castum latus[25].
Quis eluet[26] me Tanais[27] aut quae barbaris
Maeotis[28] undis Pontico incumbens[29] mari ?
Non ipse toto magnus Oceano pater
tantum expiarit[30] sceleris[31]. O silvae, o ferae !

Nutrix

Deprensa[32] culpa est. Anime, quid segnis[33] stupes[34] ?
Regeramus[35] ipsi[36] crimen atque ultro[37] impiam
venerem arguamus[38] : scelere velandum[39] est scelus ;
tutissimum est inferre[40], cum timeas, gradum[41].
Ausae priores simus[42] an passae nefas,
secreta cum sit culpa, quis testis sciet ?
Adeste, Athenae ! Fida famulorum manus[43],
fer opem ! Nefandi raptor Hippolytus stupri[44]
instat[45] premitque[46], mortis intentat[47] metum,
ferro pudicam terret : – en praeceps abit
ensemque trepida liquit attonitus[48] fuga[49].
Pignus[50] tenemus sceleris. Hanc maestam[51] prius
recreate[52]. Crinis tractus[53] et lacerae[54] comae[55],
ut sunt, remaneant, facinoris tanti notae.
Perferte[56] in urbem. – Recipe jam sensus, era[57].
Quid te ipsa laceras[58], omnium aspectus fugis ?
Mens[59] impudicam facere, non casus, solet.

NOTES

1. **amnis, is, m :** le fleuve, le cours d'eau.
2. **torrens, tis :** impétueux.
3. **tuleris :** *futur antérieur.*
4. **advolvo, is, ere, volvi, volutum :** *au passif,* se jeter, se rouler.
5. **amoveo, es, ere, movi, motum :** éloigner.
6. **tactus, us, m :** l'action de toucher.
7. **amplexus, us, m :** l'action d'embrasser.
8. **stringo, is, ere, strinxi, strictum :** tirer, dégainer.
9. **ensis, is, m :** l'épée, le glaive.
10. **exigo, is, ere, egi, actum :** terminer, achever.
11. **crinis, is, m :** le cheveu, la chevelure.
12. **contorqueo, es, ere, torsi, tortum :** tourner, tordre.
13. **reflecto, is, ere, reflexi, reflexum :** retourner.
14. **focus, i, m :** le foyer, l'autel.
15. **arquitenens, tis :** porteur d'arc ; *épithète de Diane ou d'Apollon.*
16. **compos, otis voti :** dont le vœu s'est réalisé.
17. **sano, as, are, avi, atum :** guérir, réparer.
18. **ut :** *développe* hoc.
19. **salvo pudore :** *ablatif absolu.*
20. **immorior, moreris, mori, mortuus sum :** mourir.
21. **abscedo, is, ere, cessi, cessum :** s'éloigner, s'en aller.
22. **exoro, as, are, avi, atum :** essayer de fléchir, obtenir par des prières.
23. **contingo, is, ere, tigi, tactum :** toucher, atteindre.
24. **desero, is, ere, ui, desertum :** abandonner.
25. **latus, eris, n :** le côté.
26. **eluo, is, ere, ui, utum :** laver, purifier.
27. **Tanais, is ou idis, m :** le Tanaïs, *fleuve qui sépare l'Europe de l'Asie.*
28. **Maeotis, idis, f :** le Palus Méotide (*la mer d'Azov*).
29. **incumbo, is, ere, cubui, cubitum :** s'étendre sur, déboucher dans.
30. **expiarit = expiaverit ; expio, as, are, avi, atum :** purifier par des expiations, expier.
31. **tantum sceleris :** un si grand crime (une si grande quantité de crimes).
32. **deprendo, is, ere, di, sum :** prendre par surprise, saisir.
33. **segnis, e :** lent, indolent, apathique.
34. **stupeo, es, ere, stupui, – :** demeurer immobile.
35. **regero, is, ere, gessi, gestum :** reporter, porter ailleurs.
36. **ipsi :** *datif singulier.*

37. **ultro** (adverbe) **:** spontanément.
38. **arguo, is, ere, ui, utum :** mettre en avant, accuser.
39. **velo, as, are, avi, atum :** voiler.
40. **infero, fers, ferre, intuli, illatum :** attaquer.
41. **gradus, us, m :** la position.
42. **ausae simus :** *le verbe est au subjonctif car il est dans une interrogative indirecte dépendant de sciet, mais sans particule interrogative dans le premier membre de l'interrogation.*
43. **manus, us, f :** la troupe.
44. **nefandi stupri :** *génitif de qualité, se rapportant à Hippolyte.*
45. **insto, as, are, stiti, staturus :** presser, insister.
46. **premo, is, ere, pressi, pressum :** presser, accabler, écraser.
47. **intento, as, are, avi, atum :** diriger, tendre.
48. **attonitus, a, um :** frappé par le tonnerre.
49. **trepida fuga :** *ablatif.*
50. **pignus, oris, n :** le gage, la preuve.
51. **maestus, a, um :** profondément triste.
52. **recreo, as, are, avi, atum :** faire revivre, rétablir.
53. **traho, is, ere, traxi, tractum :** tirer, traîner.
54. **lacer, era, erum :** déchiré, mis en pièces.
55. **coma, ae, f :** la chevelure.
56. **perfero, fers, ferre, tuli, latum :** porter d'un point à un autre ; *il n'y a pas de COD car la nourrice est interrompue par le réveil de Phèdre.*
57. **era, ae, f :** la maîtresse.
58. **lacero, as, are, avi, atum :** mettre en morceaux, déchirer.
59. **mens, mentis, f :** *ici* l'intention.

Vers le commentaire

1 De quelle façon Phèdre met-elle en évidence le poids de la fatalité ? Relevez notamment le vocabulaire et analysez les formes verbales.

2 Comment Hippolyte exprime-t-il son mépris pour Phèdre ? Étudiez l'énonciation, les répétitions de mots et le vocabulaire.

3 Étudiez l'intervention de la nourrice : comment se donne-t-elle tout d'abord du courage pour agir ? Comment ensuite parvient-elle à renverser la faute sur Hippolyte ?

4 Comparez les deux scènes de mise en place de la ruse, chez Sénèque et chez Racine, en confrontant notamment les nourrices.

Chez Racine, après son aveu, Phèdre prend l'épée d'Hippolyte pour se donner la mort mais elle est arrêtée à temps par sa nourrice Œnone. Cette dernière part ensuite pour tenter de fléchir Hippolyte. Elle revient pour annoncer à Phèdre son échec.

Œnone
Il faut d'un vain amour étouffer la pensée,
Madame. Rappelez votre vertu passée.
Le roi, qu'on a cru mort, va paraître à vos yeux.
Thésée est arrivé. Thésée est en ces lieux.
Le peuple, pour le voir, court et se précipite.
Je sortais par votre ordre, et cherchais Hippolyte,
Lorsque jusques au ciel mille cris élancés...
Phèdre
Mon époux est vivant, Œnone, c'est assez.
J'ai fait l'indigne aveu d'un amour qui l'outrage.
Il vit. Je ne veux pas en savoir davantage.

Œnone
Quoi ?
Phèdre
Je te l'ai prédit ; mais tu n'as pas voulu.
Sur mes justes remords tes pleurs ont prévalu.
Je mourais ce matin digne d'être pleurée.
J'ai suivi tes conseils, je meurs déshonorée.
Œnone
Vous mourez ?
Phèdre
Juste ciel ! Qu'ai-je fait aujourd'hui ?
Mon époux va paraître, et son fils avec lui.
Je verrai le témoin de ma flamme adultère
Observer de quel front j'ose aborder son père,
Le cœur gros de soupirs, qu'il n'a point écoutés,
L'œil humide de pleurs, par l'ingrat rebutés.
Penses-tu que sensible à l'honneur de Thésée,
Il lui cache l'ardeur dont je suis embrasée ?
Laissera-t-il trahir et son père et son roi ?
Pourra-t-il contenir l'horreur qu'il a pour moi ?
Il se tairait en vain. Je sais mes perfidies,
Œnone, et ne suis point de ces femmes hardies,
Qui goûtant dans le crime une tranquille paix,
Ont su se faire un front qui ne rougit jamais.
Je connais mes fureurs, je les rappelle toutes.
Il me semble déjà que ces murs, que ces voûtes
Vont prendre la parole, et prêts à m'accuser
Attendent mon époux pour le désabuser.
Mourons. De tant d'horreurs qu'un trépas me délivre.
Est-ce un malheur si grand que de cesser de vivre ?
La mort aux malheureux ne cause point d'effroi.
Je ne crains que le nom que je laisse après moi.
Pour mes tristes enfants quel affreux héritage !
Le sang de Jupiter doit enfler leur courage
Mais quelque juste orgueil qu'inspire un sang si beau,
Le crime d'une mère est un pesant fardeau.
Je tremble qu'un discours hélas ! trop véritable,
Un jour ne leur reproche une mère coupable.
Je tremble qu'opprimés de ce poids odieux
L'un ni l'autre jamais n'ose lever les yeux.

ŒNONE
Il n'en faut point douter, je les plains l'un et l'autre.
Jamais crainte ne fut plus juste que la vôtre.
Mais à de tels affronts pourquoi les exposer ?
Pourquoi contre vous-même allez-vous déposer ?
C'en est fait. On dira que Phèdre, trop coupable
De son époux trahi fuit l'aspect redoutable.
Hippolyte est heureux qu'aux dépens de vos jours
Vous-même en expirant appuyez ses discours.
À votre accusateur que pourrai-je répondre ?
Je serai devant lui trop facile à confondre.
De son triomphe affreux je le verrai jouir,
Et conter votre honte à qui voudra l'ouïr.
Ah ! Que plutôt du ciel la flamme me dévore !
Mais ne me trompez point, vous est-il cher encore ?
De quel œil voyez-vous ce prince audacieux ?
PHÈDRE
Je le vois comme un monstre effroyable à mes yeux.
ŒNONE
Pourquoi donc lui céder une victoire entière ?
Vous le craignez. Osez l'accuser la première
Du crime dont il peut vous charger aujourd'hui.
Qui vous démentira ? Tout parle contre lui.
Son épée en vos mains heureusement laissée,
Votre trouble présent, votre douleur passée,
Son père par vos cris dès longtemps prévenu,
Et déjà son exil par vous-même obtenu.
PHÈDRE
Moi, que j'ose opprimer et noircir l'innocence ?
ŒNONE
Mon zèle n'a besoin que de votre silence.
Tremblante comme vous, j'en sens quelque remords.
Vous me verriez plus prompte affronter mille morts.
Mais puisque je vous perds sans ce triste remède,
Votre vie est pour moi d'un prix à qui tout cède.
Je parlerai. Thésée, aigri par mes avis
Bornera sa vengeance à l'exil de son fils.
Un père en punissant, Madame, est toujours père.
Un supplice léger suffit à sa colère.
Mais le sang innocent dût-il être versé,

Que ne demande point votre honneur menacé ?
C'est un trésor trop cher pour oser le commettre.
Quelque loi qu'il vous dicte, il faut vous y soumettre,
Madame, et pour sauver notre honneur combattu,
Il faut immoler tout, et même la vertu.
On vient, je vois Thésée.

PHÈDRE

Ah ! Je vois Hippolyte.
Dans ses yeux insolents je vois ma perte écrite !
Fais ce que tu voudras, je m'abandonne à toi.
Dans le trouble où je suis, je ne puis rien pour moi.

Jean Racine (1639-1699), *Phèdre*, acte III, scène 3.

Vers 736 à 863 **➤ traduction p. 163-165**

Cette très longue partie du chœur se divise ainsi : le chœur commente l'action (v. 736 à 740) puis célèbre la beauté d'Hippolyte (v. 741 à 760). La suite est une réflexion sur la beauté en général (v. 761 à 794) puis il y a un retour sur Hippolyte (v. 795 à 823). Le chœur annonce enfin le retour de Thésée (v. 829 à 834). Ce dernier est accueilli par la nourrice.

CHORUS

Fugit[1] insanae similis[2] procellae[3],
ocior[4] nubes glomerante[5] Coro[6],
ocior cursum rapiente[7] flamma,
stella cum ventis agitata longos
porrigit[8] ignes.
Conferat[9] tecum decus omne priscum
fama miratrix[10] senioris aevi :
pulchrior tanto tua forma lucet,
clarior quanto micat[11] orbe pleno
cum suos ignes cocuntc[12] cornu
junxit et curru properante[13] pernox[14]
exerit[15] vultus rubicunda Phoebe
nec tenent stellae faciem[16] minores ;
qualis est, primas referens tenebras,
nuntius noctis, modo[17] lotus[18] undis
Hesperus, pulsis iterum tenebris[19]
Lucifer idem.
Et tu, thyrsigera[20] Liber[21] ab India,
intonsa[22] juvenis perpetuum[23] coma,
tigres[24] pampinea[25] cuspide[26] territans[27]
ac mitra[28] cohibens[29] cornigerum[30] caput,
non vinces rigidas Hippolyti comas.
Ne vultus nimium suspicias[31] tuos :
omnis[32] per populos fabula distulit[33]
Phaedrae quem Bromio[34] praetulerit[35] soror.

Anceps[36] forma bonum mortalibus,
exigui donum breve temporis,
ut velox celeri pede laberis[37] !
Non[38] sic prata[39] novo vere[40] decentia[41]
aestatis calidae despoliat[42] vapor,
saevit[43] solstitio[44] cum medius dies
et noctes brevibus praecipitat[45] rotis[46],
languescunt[47] folio lilia pallido
et gratae capiti deficiunt[48] rosae,
ut fulgor teneris[49] qui radiat genis
momento[50] rapitur nullaque non dies[51]
formonsi[52] spolium[53] corporis abstulit.
Res est forma fugax[54] : quis sapiens bono
confidit[55] fragili ? Dum licet, utere.
Tempus te tacitum subruet[56], horaque
semper praeterita[57] deterior[58] subit[59].
Quid deserta petis ? Tutior aviis[60]
non est forma locis : te nemore[61] abdito[62],
cum Titan medium constituit[63] diem,
cingent[64] turba licens[65], Naides improbae[66],
formonsos solitae claudere fontibus,
et somnis facient insidias[67] tuis
lascivae nemorum deae,
Panas[68] quae Dryades[69] montivagos[70] petunt[71].
Aut te stellifero despiciens[72] polo
sidus[73] post veteres Arcadas[74] editum[75]
currus non poterit flectere[76] candidos.
Et nuper[77] rubuit[78], nullaque lucidis
nubes[79] sordidior[80] vultibus obstitit ;
at nos, solliciti numine turbido,
tractam[81] Thessalicis carminibus rati,
tinnitus[82] dedimus : tu fueras labor[83]
et tu causa morae, te dea noctium
dum spectat celeres sustinuit vias[84].
Vexent[85] hanc faciem frigora parcius,
haec solem facies rarius appetat[86] :
lucebit Pario marmore clarius.

Quam grata est facies torva viriliter
et pondus veteris triste supercili !
Phoebo colla licet splendida compares :
illum caesaries[87] nescia[88] colligi[89]
perfundens[90] umeros ornat et integit[91] ;
te frons hirta[92] decet, te brevior coma
nulla lege jacens ; tu licet asperos
pugnacesque deos viribus audeas
et vasti spatio vincere corporis :
aequas[93] Herculeos nam juvenis toros[94],
Martis belligeri pectore latior.
Si dorso libeat cornipedis[95] vehi,
frenis Castorea mobilior manu
Spartanum poteris flectere Cyllaron[96].
Ammentum[97] digitis tende prioribus[98]
et totis jaculum[99] dirige viribus :
tam longe dociles spicula figere[100]
non mittent gracilem Cretes harundinem[101].
Aut si tela modo spargere[102] Parthico
in caelum placeat, nulla[103] sine alite[104]
descendent, tepido[105] viscere condita
praedam de mediis nubibus afferent.
Raris forma viris (saecula perspice)
impunita fuit. Te melior deus
tutum praetereat[106] formaque nobilis
deformis senii monstret imaginem.
Quid sinat inausum feminae praeceps furor ?
Nefanda juveni crimina insonti[107] apparat[108].
En scelera ! Quaerit crine lacerato fidem,
decus omne turbat capitis, umectat genas[109] :
instruitur[110] omni fraude feminea dolus.
Sed iste quisnam est, regium in vultu decus
gerens et alto vertice[111] attollens caput ?
Ut ora juveni paria Pittheo[112] gerit ;
ni languido pallore canderent genae
staretque recta squalor[113] incultus coma[114].
En ipse Theseus redditus[115] terris adest.

THESEUS

Tandem profugi noctis aeternae plagam[116]
vastoque manes carcere[117] umbrantem[118] polum
et vix cupitum sufferunt[119] oculi diem.
Jam quarta Eleusin[120] dona Triptolemi[121] secat
paremque totiens Libra[122] composuit diem,
ambiguus ut me sortis ignotae labor
detinuit inter mortis et vitae mala.
Pars una vitae mansit extincto[123] mihi :
sensus malorum. Finis Alcides[124] fuit,
qui cum revulsum[125] Tartaro abstraheret[126] canem,
me quoque supernas[127] pariter ad sedes tulit.
Sed fessa virtus robore antiquo caret[128]
trepidantque gressus. Heu, labor quantus fuit
Phlegethonte[129] ab imo petere longinquum aethera[130]
pariterque mortem fugere et Alcidem sequi.
Quis fremitus aures flebilis[131] pepulit[132] meas ?
Expromat[133] aliquis. Luctus et lacrimae et dolor,
in limine ipso maesta lamentatio ?
Hospitia[134] digna prorsus inferno hospite[135].

NUTRIX

Tenet obstinatum Phaedra consilium necis
fletusque nostros spernit[136] ac morti imminet[137].

THESEUS

Quae causa leti ? Reduce[138] cur moritur viro ?

NUTRIX

Haec ipsa letum causa maturum[139] attulit.

THESEUS

Perplexa magnum[140] verba nescio quid tegunt.
Effare aperte quis gravet[141] mentem dolor.

NUTRIX

Haut[142] pandit[143] ulli[144] ; maesta secretum occulit[145]
statuitque secum ferre quo moritur malum.
Jam perge, quaeso, perge : properato est opus.
Reserate[146] clausos regii postes[147] laris[148].

NOTES

1. **fugit :** *parfait.*
2. **similis, e** + génitif ou datif **:** semblable à.
3. **procella, ae, f :** l'orage, l'ouragan.
4. **ocior, ius** (comparatif sans positif) **:** plus rapide.
5. **glomero, as, are, avi, atum :** rassembler.
6. **Corus, i, m :** le Corus, *vent du nord-ouest.*
7. **cursum rapio, is, ere, rapui, raptum :** précipiter sa course.
8. **porrigo, is, ere, rexi, rectum :** allonger, étirer.
9. **confero, fers, ferre, tuli, collatum :** comparer.
10. **miratrix, icis, f :** l'admiratrice.
11. *Le sujet de* micat *est* rubicunda Phoebe *(v. 747)*.
12. **coeo, cois, coire, coii, coitum :** se joindre, se rapprocher.
13. **propero, as, are, avi, atum :** se hâter.
14. **pernox, octis :** qui dure toute la nuit.
15. **ex(s)ero, is, ere, serui, sertum :** montrer, mettre à découvert.
16. **nec tenent faciem :** disparaissent.
17. **modo** (adverbe) **:** à l'instant.
18. **lavo, is, ere, lavi, lautum,** *participe :* **lotus :** baigner.
19. **pulsis iterum tenebris :** *ablatif absolu.*
20. **thyrsiger, era, erum :** qui porte un thyrse, *bâton couronné de feuilles de lierre ou de vigne, attribut de Bacchus.*
21. **Liber, eri, m :** Liber, *vieille divinité latine confondue plus tard avec Bacchus.*
22. **intonsus, a, um :** non rasé, non tondu.
23. **perpetuum = perpetuo :** pour toujours.
24. **tigres :** *le dieu est représenté menant un attelage de tigres.*
25. **pampineus, a, um :** de pampre.
26. **cuspis, idis, f :** tout objet pointu, la lance.
27. **territo, as, are, avi, – :** frapper d'effroi violemment.
28. **mitra, ae, f :** la mitre, le turban.
29. **cohibeo, es, ere, bui, bitum :** maintenir, retenir.
30. **corniger, era, erum :** cornu.
31. **suspicio, is, ere, spexi, spectum :** regarder.
32. **omnis = omnes.**
33. **differo, fers, ferre, distuli, dilatum :** disséminer, répandre des bruits.
34. **Bromius, ii, m :** *surnom de Bacchus. Ariane, la sœur de Phèdre, avait suivi Thésée puis fut abandonnée par lui à Naxos. Bacchus l'épousa ensuite mais on peut donc dire qu'elle lui préféra Thésée.*
35. **praefero, fers, ferre, tuli, latum :** préférer.
36. **anceps, cipitis :** double, douteux ; anceps bonum *est apposé à* forma.
37. **labor, eris, i, lapsus sum :** tomber, glisser.
38. **non :** *porte sur toute la phrase.*
39. **pratum, i, n :** le pré.
40. **ver, eris, n :** le printemps.
41. **decens, entis :** charmant.
42. **despolio, as, are, avi, atum :** dépouiller.
43. **saevio, is, ire, ii, itum :** être en fureur, se déchaîner.
44. **solstitio :** *complément de temps (sans* in*).*
45. **praecipito, as, are, avi, atum :** *ici* raccourcir.
46. **rota, ae, f :** la roue, le char, le disque du soleil.
47. **languesco, is, ere, langui, – :** devenir languissant, s'affaiblir.
48. **deficio, is, ere, feci, fectum :** faillir, faire défection.
49. **tener, era, erum :** tendre.
50. **momento :** en un instant.
51. **nullaque non dies :** *double négation* ; chaque jour.
52. **formo(n)sus, a, um :** beau.
53. **spolium, i, n :** la dépouille, le butin.
54. **fugax, acis :** fugace, fugitif.
55. **confido, is, ere, confisus sum** + datif **:** mettre sa confiance en, avoir confiance.
56. **subruo, is, ere, rui, rutum :** miner, détruire.
57. **praeteritus, a, um :** écoulé, passé ; *le mot est à l'ablatif absolu.*
58. **deterior, ius :** plus bas, pire.
59. **subeo, is, ire, ii, itum :** venir en remplacement.
60. **avius, a, um :** inaccessible.
61. **nemus, oris, n :** la forêt ; *ablatif de lieu.*
62. **abditus, a, um :** placé hors de la vue, caché.
63. **constituo, is, ere, tui, tutum :** établir.
64. **cingo, is, ere, cinxi, cinctum :** ceindre, entourer.
65. **turba licens :** *est apposé à* Naiades.
66. **improbus, a, um :** effronté, audacieux.
67. **insidiae, arum, f pl :** le piège, l'embuscade.
68. **Panes, um, m pl** (accusatif : Panas) **:** les Pans.
69. **Dryas, adis, f :** la dryade, *nymphe des forêts.*
70. **montivagus, a, um :** qui parcourt les montagnes.
71. *Hippolyte est ici comparé à Hylas qui fut enlevé par les nymphes.*
72. **despicio, is, ere, spexi, spectum :** regarder d'en haut.
73. **sidus, eris, n :** l'étoile, l'astre.
74. **post veteres Arcadas :** *les Arcadiens se disaient nés avant la lune.*
75. **edo, edis, edidi, editum :** mettre au jour, produire.
76. **flecto, is, ere, flexi, flexum :** courber.
77. **nuper** (adverbe) **:** récemment.
78. **rubesco, is, ere, bui, – :** devenir rouge, rougir.
79. **nubes, is, f :** le nuage.
80. **sordidus, a, um :** sale ; *ici* sombre.
81. **tractam :** *se rapporte à* dea, *sous-entendu.*
82. **tinnitus, us, m :** le tintement, le son de l'airain.
83. **labor, oris, m :** la peine, la souffrance.

84. *Hippolyte est ici comparé à Endymion, amant de Séléné.*
85. **vexo, as, are, avi, atum :** secouer violemment.
86. **appeto, is, ere, ii, itum :** chercher à prendre, aller vers.
87. **caesaries, ei, f :** la chevelure.
88. **nescius, a, um :** qui ne sait pas.
89. **colligo, is, ere, legi, lectum :** ramasser, reprendre.
90. **perfundo, is, ere, fudi, fusum :** verser sur, répandre sur.
91. **intego, is, ere, texi, tectum :** couvrir.
92. **hirtus, a, um :** hérissé.
93. **aequo, as, are, avi, atum :** égaler.
94. **torus, i, m :** le muscle saillant.
95. **cornipes, edis, f/m :** le cheval.
96. **Cyllaros, i, m :** le cheval de Castor.
97. **ammentum, i, n :** la courroie adaptée aux javelots.
98. **prioribus digitis :** le bout des doigts.
99. **jaculum, i, n :** le javelot.
100. **dociles spicula figere :** habiles à planter les pointes.
101. **harundo, inis, f :** le roseau, la flèche.
102. **spargo, is, ere, sparsi, sparsum :** jeter çà et là, répandre.
103. **nulla :** *reprend* tela.
104. **ales, itis, f :** l'oiseau.
105. **tepidus, a, um :** tiède.
106. **praetereo, is, ire, ii, itum :** passer devant.
107. **insons, ontis :** innocent.
108. **apparo, as, are, avi, atum :** préparer.
109. **gena, ae, f :** la joue.
110. **instruo, is, ere, struxi, structum :** assembler, bâtir.
111. **vertex, icis, f :** le sommet.
112. **Pittheus, ei :** Pitthée, *roi de Trézène.*
113. **squalor, oris, m :** la saleté, la crasse.
114. **coma et squalor :** *sujets de* staret.
115. **reddo, is, ere, reddidi, redditum :** rendre.
116. **plaga, ae, f :** la région.
117. **carcer, eris, m :** la prison.
118. **umbro, as, are, avi, atum :** ombrager.
119. **suffero, fers, ferre, sustuli, – :** supporter.
120. **Eleusin, inis, f :** Éleusis, *ville de l'Attique, fameuse pour ses mystères de Déméter.*
121. **Triptolemus, i, m :** Triptolème, *inventeur de l'agriculture.*
122. **Libra, ae, f :** la Balance, *constellation qui ramène, à l'équinoxe, l'équilibre entre le jour et la nuit.*
123. **extinguo, is, ere, stinxi, stinctum :** faire disparaître, faire mourir ; *comme il est descendu aux Enfers, Thésée est semblable à un mort.*
124. **Alcides, ae, m :** Alcide, *descendant d'Alcée, c'est-à-dire Hercule.*
125. **revello, is, ere, velli, vulsum :** arracher.
126. **abstraho, is, ere, traxi, tractum :** tirer, traîner loin de.
127. **supernus, a, um :** supérieur, d'en haut.
128. **careo, es, ere, ui, iturus** + ablatif **:** manquer de.
129. **Phlegethon, ontis, m :** Phlégéthon, *fleuve des Enfers qui roule des flammes.*
130. **aether, eris, m :** le ciel ; *accusatif singulier.*
131. **flebilis, e :** digne d'être pleuré.
132. **pello, is, ere, pepuli, pulsum :** remuer, mettre en mouvement.
133. **expromo, is, ere, prompsi, promptum :** faire paraître, faire entendre.
134. **hospitium, i, n :** l'hospitalité.
135. **hospes, itis, m :** l'hôte.
136. **sperno, is, ere, sprevi, spretum :** dédaigner, rejeter.
137. **immineo, es, ere, –, –** + datif **:** souhaiter vivement.
138. **redux, ucis :** qui est de retour, revenu.
139. **maturus, a, um :** brusqué, précipité.
140. **magnus, a, um :** important.
141. **gravo, as, are, avi, atum :** appesantir, alourdir.
142. **haut = haud.**
143. **pando, is, ere, pandi, passum :** étendre, ouvrir.
144. **ulli :** *datif singulier.*
145. **occulo, is, ere, cului, cultum :** cacher.
146. **resero, as, are, avi, atum :** ouvrir.
147. **postis, is, m :** le montant (de porte) ; *au pluriel,* la porte.
148. **lar, is, m :** le lare, la demeure.

14. La rencontre entre Phèdre et Thésée

Vers 864 à 902 ➤ **traduction p. 165-167**

La nourrice a prévenu Thésée que Phèdre souhaitait mettre fin à ses jours. Le roi interroge alors Phèdre pour savoir pourquoi elle veut commettre ce geste. Elle refuse d'abord de le dire, ne répondant qu'avec des phrases toutes faites, puis, devant les menaces de Thésée, elle met en place la ruse.

THESEUS
**O socia thalami[1], sicine[2] adventum[3] viri
et expetiti[4] conjugis vultum excipis ?
Quin[5] ense[6] viduas[7] dexteram atque animum mihi
restituis et te quicquid e vita fugat[8]
expromis[9] ?**

PHAEDRA
**Eheu, per tui sceptrum imperi,
magnanime Theseu, perque natorum indolem[10]
tuosque reditus perque jam cineres meos,
permitte mortem.**

THESEUS
Causa quae cogit mori ?

PHAEDRA
Si causa leti dicitur, fructus[11] perit.

THESEUS
Nemo istud alius, me quidem excepto[12], audiet.

PHAEDRA
Aures pudica[13] conjugis solas[14] timet.

THESEUS
Effare[15] : fido pectore arcana[16] occulam[17].

PHAEDRA
Alium silere[18] quod voles, primus sile.

THESEUS
Leti facultas nulla continget[19] tibi.

PHAEDRA
Mori volenti desse[20] mors numquam potest.

THESEUS
Quod sit luendum[21] morte delictum[22] indica[23].

PHAEDRA
Quod vivo.

THESEUS
Lacrimae nonne te nostrae movent ?

PHAEDRA
Mors optima est perire lacrimandum suis.

THESEUS
Silere pergit[24]. Verbere[25] ac vinclis[26] anus[27]
altrixque[28] prodet[29] quicquid haec fari abnuit[30].
Vincite[31] ferro. Verberum vis extrahat[32]
secreta mentis.

PHAEDRA
Ipsa jam fabor, mane !

THESEUS
Quidnam ora[33] maesta avertis et lacrimas genis[34]
subito[35] coortas[36] veste praetenta[37] optegis[38] ?

PHAEDRA
Te te, creator caelitum[39], testem invoco
et te, coruscum[40] lucis aetheriae[41] jubar[42],
ex cujus ortu[43] nostra dependet[44] domus :
temptata precibus restiti[45] ; ferro ac minis[46]
non cessit animus : vim tamen corpus tulit.
Labem[47] hanc pudoris eluet[48] noster cruor[49].

THESEUS
Quis, ede[50], nostri decoris eversor[51] fuit ?

PHAEDRA
Quem rere[52] minime.

THESEUS

Quis sit audire expeto.

PHAEDRA

Hic dicet ensis, quem tumultu territus
liquit stuprator[53] civium accursum[54] timens.

THESEUS

Quod facinus, heu me, cerno[55] ? Quod monstrum intuor[56] ?
Regale[57] parvis asperum[58] signis[59] ebur[60]
capulo[61] refulget[62], gentis Actaeae[63] decus.
Sed ipse quonam evasit[64] ?

PHAEDRA

Hi trepidum[65] fuga
videre[66] famuli concitum[67] celeri pede.

NOTES

1. **thalamus, i, m :** la couche, le mariage.
2. **sicine :** est-ce ainsi que ?
3. **adventus, us, m :** l'arrivée, la venue.
4. **expeto, is, ere, ii, itum :** désirer vivement, souhaiter.
5. **quin :** pourquoi ne... pas ?
6. **ense :** *il s'agit de l'épée qu'Hippolyte a abandonnée en s'enfuyant. Phèdre souhaite se suicider avec.*
7. **viduo, as, are, avi, atum** + ablatif **:** rendre vide, dépouiller de.
8. **fugo, as, are, avi, atum :** mettre en fuite.
9. **expromo, is, ere, prompsi, promptum :** raconter, exprimer.
10. **indoles, is, f :** la nature ; *P. Grimal traduit l'expression par : « la vie de nos enfants ».*
11. **fructus, us, m :** le fruit, la récompense, le résultat.
12. **me quidem excepto :** *ablatif absolu.*
13. **pudicus, a, um :** vertueux, honnête.
14. **solas :** même si elles sont seules.
15. **effaris, atur, ari, atus sum :** dire, formuler.
16. **arcanum, i, n :** le secret.
17. **occulo, is, ere, cului, cultum :** cacher.
18. **sileo, es, ere, ui, – :** se taire.
19. **contingo, is, ere, tigi, tactum :** toucher, atteindre, arriver.
20. **desum, dees, deesse, defui, –** + datif **:** manquer à, faire défaut.
21. **luo, is, ere, lui, luiturus :** expier.
22. **delictum, i, n :** la faute, le délit, le défaut.
23. **indico, as, are, avi, atum :** montrer.
24. **pergo, is, ere, perrexi, perrectum :** continuer de, persister à.
25. **verber, eris, n :** le coup ; *seulement au génitif et à l'ablatif singulier, habituellement au pluriel.*
26. **vinclum, i, n :** le lien, l'attache.
27. **anus, us, f :** la vieille femme.
28. **altrix, icis, f :** qui nourrit, la nourrice.
29. **prodo, is, ere, didi, ditum :** publier, trahir, transmettre.
30. **abnuo, is, ere, abnui, – :** refuser.
31. **vincio, is, ire, vinxi, vinctum :** enchaîner.
32. **extraho, is, ere, traxi, tractum :** extraire, retirer, ôter.
33. **os, oris, n :** le visage.
34. **gena, ae, f :** la joue.
35. **subito** (adverbe) **:** subitement, soudain.
36. **coorior, iris, iri, ortus sum :** naître, apparaître.
37. **praetendo, is, ere, tendi, tentum :** tendre en avant, devant soi.
38. **optego, is, ere, texi, tectum :** cacher.
39. **caelites, um, m pl :** les habitants du ciel, les dieux.
40. **coruscus, a, um :** brillant, étincelant.
41. **aetherius, a, um :** céleste.
42. **jubar, aris, n :** la splendeur ; coruscum jubar *désigne le Soleil.*
43. **ortus, us, m :** le lever, la naissance, l'origine.
44. **dependeo, es, ere, –, – :** se rattacher à, dériver de, être suspendu à.
45. **resisto, is, ere, stiti, – :** demeurer, résister à.
46. **mina, ae, f :** les menaces ; *toujours au pluriel.*
47. **labes, is, f :** la tache, la souillure.
48. **eluo, is, ere, ui, utum :** laver, rincer, purifier, effacer.

49. **cruor, oris, m :** le sang.
50. **edo, is, ere, didi, ditum :** mettre au jour, faire connaître.
51. **eversor, oris, m :** celui qui renverse, le destructeur.
52. **reor, reris, reri, ratus sum :** calculer, penser.
53. **stuprator, oris, m :** le séducteur, le corrupteur.
54. **accursus, us, m :** la course.
55. **cerno, is, ere, crevi, cretum :** distinguer, comprendre.
56. **intuor, eris, eri, itus sum :** regarder attentivement.
57. **regalis, e :** royal, de roi.
58. **asper, era, erum :** rugueux ; *ici* ciselé.
59. **parvis signis :** *selon P. Grimal, ces petites figurines représentent soit les abeilles de l'Hymette ou une cigale.*
60. **ebur, oris, n :** l'ivoire.
61. **capulus, i, m :** le manche, la poignée *(d'une épée).*
62. **refulgeo, es, ere, fulsi, – :** resplendir, briller.
63. **Actaeus, a, um :** de l'Attique ; *Actée est un roi légendaire de l'Attique. Sa fille épousa Cécrops qui fonda Athènes.*
64. **evado, is, ere, vasi, vasum :** s'échapper.
65. **trepidus, a, um :** tremblant, frémissant.
66. **videre = viderunt.**
67. **concio, is, ire, concivi, concitum :** mettre en mouvement.

Traduction des vers 882 à 885

❑ ❑ ❑ ❑ ❑ ❑ ❑

1. Traduction de Charles Nisard (1855)

Elle s'obstine à se taire ; mais ce qu'elle refuse de me dire, je saurai bien contraindre sa nourrice à l'avouer. Qu'on enchaîne cette femme, et que les tortures lui arrachent ce fatal secret.

❑ ❑ ❑ ❑ ❑ ❑ ❑

2. Traduction de François-Régis Chaumartin (© Les Belles Lettres, 1996)

Elle continue de se taire. Avec des coups, avec des chaînes, la vieille, sa nourrice déballera tout ce qu'elle refuse de dire. Enchaînez-la dans les fers. La force des coups saura lui arracher le secret qu'elle ne veut pas révéler.

❑ ❑ ❑ ❑ ❑ ❑ ❑

3. Traduction de Florence Dupont (© Actes Sud, 2012)

Elle s'entête
Alors, la vieille là, qu'on l'attache !
Sous les coups, elle parlera, la nourrice
Elle dira tout ce que l'autre s'obstine à taire
Qu'on l'enchaîne ! Frappez !
Sous la violence des coups elle crachera son secret

Entraînement au BAC

1 **Langue.** Relevez les particules, adjectifs et pronoms interrogatifs. Rappelez le fonctionnement de l'interrogation directe et indirecte en latin.

2 **Traduction.** Quel texte traduit le mieux la violence de Thésée ?

3 **Analyse**

a. En vous appuyant sur la question 1, montrez que cette scène est un interrogatoire. Qui pose les questions ? Ces questions obtiennent-elles des réponses ?
b. Comment appelle-t-on un dialogue où les interlocuteurs se répondent vers à vers ? Quel est l'effet produit ici ?
c. Dans les huit premiers vers, étudiez le vocabulaire : comment Thésée se définit-il par rapport à Phèdre ? En est-il de même pour elle ?
d. Montrez que Phèdre repousse le moment de la calomnie. Comment s'y prend-elle ?
e. Quels sont les phrases et gestes de Phèdre qui sont ambigus ? Expliquez le double sens.

4 **Version.** Traduisez les vers 864 à 871.

Vers 903 à 929 ➤ traduction p. 167

Phèdre a révélé à Thésée que c'est Hippolyte qui l'a violentée. Le roi exprime sa colère contre son fils.

THESEUS

Pro[1] sancta Pietas[2], pro gubernator poli[3]
et qui secundum fluctibus regnum[4] moves,
unde ista venit generis infandi[5] lues[6] ?
Hunc Graia[7] tellus[8] aluit[9] an Taurus[10] Scythes[11]
Colchusque[12] Phasis[13] ? Redit ad auctores[14] genus
stirpemque[15] primam degener[16] sanguis refert[17].
Est prorsus[18] iste gentis armiferae[19] furor,
odisse Veneris foedera[20] et castum diu
vulgare[21] populis corpus. O taetrum[22] genus
nullaque victum lege melioris soli[23] !
Ferae quoque ipsae Veneris evitant[24] nefas[25],
generisque leges inscius[26] servat[27] pudor.
Ubi vultus ille et ficta[28] majestas viri
atque habitus horrens[29], prisca[30] et antiqua[31] appetens,
morumque senium[32] triste et affectus graves ?
O vita fallax, abditos sensus geris
animisque pulchram turpibus[33] faciem induis[34] :
pudor impudentem[35] celat, audacem quies,
pietas nefandum ; vera fallaces[36] probant[37]
simulantque molles dura. Silvarum incola
ille efferatus[38], castus, intactus, rudis[39],
mihi te reservas ? A meo primum toro
et scelere tanto placuit ordiri virum[40] ?
Jam jam superno[41] numini[42] grates ago[43],
quod icta[44] nostra cecidit Antiope[45] manu,
quod non ad antra Stygia[46] descendens tibi
matrem reliqui.

NOTES

1. **pro** (interjection) **:** oh !
2. **Pietas, atis, f :** la piété ; *sentiment qui fait accomplir des devoirs envers les dieux et envers ses parents. C'est ce devoir moral envers la famille que Thésée met ici en évidence.*
3. **gubernator poli :** le pilote du ciel, Jupiter.
4. **secundum regnum :** le second royaume, *c'est-à-dire la mer.*
5. **generis infandi :** *génitif de définition* ; cette souillure qui résulte d'une race infâme (*Hippolyte est le fils d'une Amazone*).
6. **lues, is, f :** la peste, la maladie.
7. **Graius, a, um :** grec.
8. **tellus, uris, f :** la Terre, la terre, le sol.
9. **alo, is, ere, ui, altum ou alitum :** nourrir.
10. **Taurus, i, m :** Taure, *habitant de la Tauride, au nord du Pont-Euxin ; singulier collectif.*
11. **Scythes, ae :** scythe.
12. **Colchus, a, um :** de Colchide.
13. **Phasis, idis, m :** le Phase (*rivière*).
14. **auctor, oris, m :** la personne qui est la source dont procède quelque chose, l'auteur.
15. **stirps, stirpis, f :** la racine, la souche.
16. **degener, eris :** dégénéré, indigne.
17. **refero, fers, ferre, retuli, relatum :** reproduire.
18. **prorsus** (adverbe) **:** tout à fait, absolument.
19. **armifer, fera, ferum :** guerrier.
20. **foedus, eris, n :** les lois, les règles.
21. **odisse et vulgare :** *développent le mot* furor ; **vulgo, as, are, avi, atum :** offrir à tout le monde ; *les Amazones refusaient le mariage mais s'offraient à des étrangers pour assurer la pérennité de leur race.*
22. **teter (taeter), tra, trum :** hideux, monstrueux.
23. **solum, i, n :** le pays ; **melioris soli :** *désigne la Grèce.*
24. **evito, as, are, avi, atum :** éviter, fuir.
25. **Veneris nefas :** le crime en ce qui concerne l'amour.
26. **inscius, a, um :** inconscient.
27. **servo, as, are, avi, atum :** observer, conserver.
28. **fingo, is, ere, finxi, fictum :** inventer faussement, imaginer.
29. **horreo, es, ere, ui, – :** se tenir raide.
30. **priscus, a, um :** suranné, vieux (*quelque chose que l'on ne trouve plus*).
31. **antiquus, a, um :** antique (*avec idée d'éloge*).
32. **senium, ii, n :** la gravité, le caractère morose.
33. **turpis, e :** honteux.
34. **induo, is, ere, dui, dutum :** couvrir.
35. **impudens, tis :** effronté, impudent.
36. **fallax, acis :** perfide, hypocrite.
37. **vera probant :** tâchent de faire accepter comme vrai (ce qui est faux).
38. **efferatus, a, um :** farouche.
39. **rudis, e :** brut, qui n'est pas travaillé.
40. **ordiri virum :** commencer sa vie d'homme.
41. **supernus, a, um :** supérieur, d'en haut.
42. **numen, inis, n :** la divinité.
43. **grates alicui agere :** remercier quelqu'un.
44. **ico, is, ere, ici, ictum :** frapper.
45. **Antiope, es, f :** Antiope, *mère d'Hippolyte.*
46. **Stygius, a, um :** du Styx.

15. Les imprécations de Thésée

Vers 929 à 958 ➤ traduction p. 167-168

Après la dénonciation de Phèdre, Thésée poursuit ses imprécations contre son fils et demande de l'aide à son père divin, Poséidon.

THESEUS

Profugus[1] ignotas procul
percurre[2] gentes : te licet terra ultimo
summota[3] mundo[4] dirimat[5] Oceani plagis[6]
orbemque nostris pedibus obversum[7] colas,
licet in recessu[8] penitus extremo abditus[9]
horrifera[10] celsi[11] regna transieris[12] poli
hiemesque[13] supra positus et canas[14] nives[15]
gelidi[16] frementes[17] liqueris Boreae minas
post te furentes, sceleribus poenas dabis[18].
Profugum per omnis[19] pertinax[20] latebras[21] premam[22] :
longinqua[23], clausa[24], abstrusa[25], diversa[26], invia[27]
emetiemur[28], nullus obstabit[29] locus :
scis unde redeam. Tela quo[30] mitti haud queunt,
huc[31] vota mittam. Genitor[32] aequoreus[33] dedit[34]
ut vota prono[35] terna[36] concipiam[37] deo,
et invocata munus[38] hoc sanxit[39] Styge[40].
En perage[41] donum triste, regnator freti[42] !
Non[43] cernat ultra[44] lucidum Hippolytus diem
adeatque manes[45] juvenis iratos patri.
Fer abominandam[46] nunc opem gnato, parens :
numquam supremum numinis[47] munus[48] tui
consumeremus[49], magna ni premerent mala ;
inter profunda Tartara et Ditem[50] horridum[51]
et imminentes[52] regis inferni minas,
voto peperci[53] : redde nunc pactam[54] fidem.
Genitor, moraris ? Cur adhuc undae silent ?
Nunc atra[55] ventis nubila[56] impellentibus[57]

subtexe[58] noctem, sidera et caelum eripe[59],
effunde[60] pontum, vulgus aequoreum[61] cie[62]
fluctusque ab ipso tumidos[63] Oceano voca.

NOTES

1. **profugus, a, um :** fugitif.
2. **percurro, is, ere, cucurri, cursum :** courir à travers, parcourir.
3. **summoveo, es, ere, movi, motum :** écarter, éloigner.
4. **ultimo mundo :** *ablatif de lieu* ; à l'extrémité du monde.
5. **dirimo, is, ere, emi, emptum :** séparer.
6. **plaga, ae, f :** la région, l'étendue.
7. **obverto, is, ere, verti, versum :** tourner vers, tourner contre.
8. **recessus, us, m :** l'endroit retiré, la retraite ; **recessu extremo :** l'endroit le plus lointain de la terre, là où se rejoignent le ciel et la terre.
9. **abditus, a, um :** caché.
10. **horrifer, fera, ferum :** effrayant.
11. **celsus, a, um :** élevé, haut ; **celsi poli :** le sommet du ciel, le point le plus élevé par rapport à la terre.
12. **transeo, is, ire, ii, itum :** aller au-delà.
13. **hiems, hiemis, f :** l'hiver.
14. **canus, a, um :** blanc.
15. **nix, nivis, f :** la neige.
16. **gelidus, a, um :** glacé.
17. **fremo, is, ere, fremui, fremitum :** faire entendre un bruit sourd.
18. **dare poenas :** subir un châtiment.
19. **omnis = omnes.**
20. **pertinax, acis :** qui tient bien, qui ne lâche pas prise.
21. **latebra, ae, f :** la cachette.
22. **premo, is, ere, pressi, pressum :** presser, accabler, écraser.
23. **longinquus, a, um :** distant, éloigné.
24. **claudo, is, ere, clausi, clausum :** enfermer, fermer.
25. **abstrudo, is, ere, trusi, trusum :** enfouir, cacher.
26. **diversus, a, um :** opposé.
27. **invius, a, um :** inaccessible.
28. **emetior, iris, iri, mensus sum :** parcourir.
29. **obsto, as, are, stiti, staturus :** faire obstacle à, gêner.
30. **quo :** là où (*avec changement de lieu*).
31. **huc** (adverbe) **:** là, ici.
32. **genitor, oris, m :** le père ; *le père divin de Thésée est Poséidon.*
33. **aequoreus, a, um :** marin.
34. **do, das, dare, dedi, datum ut** + subjonctif **:** accorder de, permettre de.
35. **pronus, a, um :** bienveillant, favorable ; **prono deo :** *« avec l'acquiescement du dieu »* (*P. Grimal*).
36. **terni, ae, a :** *ici* trois.
37. **concipio, is, ere, cepi, ceptum :** concevoir, produire.
38. **munus, eris, n :** le don, le présent.
39. **sancio, is, ire, sanxi, sanctum :** rendre irrévocable, ratifier.
40. **Styx, ygis, f :** le Styx.
41. **perago, is, ere, egi, actum :** accomplir, achever.
42. **fretum, i, n :** la mer, les flots.
43. **non :** *est ici mis pour* ne.
44. **ultra** (adverbe) **:** plus loin, au-delà.
45. **manes, ium, m pl :** les mânes, *esprits des morts ; les mânes sont en colère car Thésée est sorti des Enfers ; il détourne ainsi leur colère sur son fils.*
46. **abominandus, a, um :** abominable.
47. **numen, inis, n :** la puissance divine.
48. **supremum munus :** *il a utilisé le premier vœu pour sortir du labyrinthe, le deuxième pour sortir des Enfers et il doit maintenant utiliser le dernier.*
49. **consumo, is, ere, sumpsi, sumptum :** dépenser, consommer, épuiser.
50. **Dis, Ditis, m :** Dis, *ou* Pluton, *dieu des Enfers.*
51. **horridus, a, um :** hérissé, terrible.
52. **immineo, es, ere, –, – :** être imminent.
53. **parco, is, ere, peperci, parsum** + datif **:** ne pas dépenser, épargner.
54. **pango, is, ere, pepigi, pactum :** fixer, conclure.
55. **ater, tra, trum :** noir.
56. **nubila, orum, n pl :** nuages ; *COD de* impellentibus.
57. **impello, es, ere, puli, pulsum :** mettre en mouvement.
58. **subtexo, is, ere, texui, textum :** couvrir d'un tissu.
59. **eripio, is, ere, ripui, reptum :** faire sortir, arracher, retirer, emporter.
60. **effundo, is, ere, fudi, fusum :** répandre.
61. **aequoreus, a, um :** marin ; **vulgus aequoreum :** la foule des animaux marins.
62. **cieo, es, ere, civi, citum :** mettre en mouvement, provoquer.
63. **tumidus, a, um :** gonflé, enflé.

Vers le commentaire

1 Établissez le plan du texte : quelle progression peut-on observer ?

2 Montrez, dans la première partie, la détermination de Thésée. Étudiez pour cela les modalités d'énonciation, le vocabulaire utilisé, les figures de style.

3 Quel souhait Thésée formule-t-il contre Hippolyte ? Relevez les deux vers qui traduisent cette imprécation.

4 Relevez le vocabulaire de la parenté : quels sont les liens que Thésée rappelle ? Pourquoi efface-t-il les autres ?

5 Pourquoi rappelle-t-il sa catabase ? À quoi la compare-t-il ?

Les imprécations paternelles

La littérature grecque offre plusieurs exemples de malédictions paternelles. Les plus célèbres sont celles d'Œdipe, de Thésée et d'Amyntor contre leurs fils.

Dans le prologue des Phéniciennes *d'Euripide, Jocaste raconte l'histoire des Labdacides.*

Lorsqu'il découvre enfin qu'il a épousé sa mère, Œdipe, accablé par l'excès de ses maux, tourne contre ses propres yeux une main cruelle, et, avec une agrafe d'or, les met en sang. À peine leur joue s'est-elle ombragée de barbe, que mes fils enferment leur père, pour le cacher à tous les yeux ; ils espèrent ainsi faire oublier ses malheurs : bien habile qui y réussirait ! Œdipe est encore vivant dans ce palais. Mais, aigri par ses malheurs, il a lancé contre ses enfants des malédictions impies : il leur a souhaité de se disputer cette maison le fer à la main. Les deux frères, craignant que ce vœu de leur père ne fût exaucé par les dieux, s'ils habitaient ensemble, décidèrent d'un commun accord que Polynice, le plus jeune, s'exilerait volontairement de ce pays, tandis que Étéocle y resterait et aurait le sceptre, à condition de l'abandonner à son frère après un an. Mais une fois assis au gouvernail de la royauté, il ne veut plus céder le trône : il chasse Polynice, il le bannit de Thèbes.

Euripide (480-406 avant J.-C.), *Les Phéniciennes*, vers 59 à 87,
traduction du grec par M. Artaud (1842).

Dans la pièce d'Euripide, Hippolyte, *c'est par une lettre trouvée sur le corps de Phèdre qui s'est suicidée, que Thésée apprend la trahison de son fils.*

THÉSÉE : Non, ma bouche ne peut plus le taire, cet horrible attentat, quoiqu'il m'en coûte à le dire. Ô Trézène ! ô citoyens ! Hippolyte a osé souiller mon lit par la violence, au mépris des regards augustes de Jupiter. Mais, ô Neptune, mon père, des trois vœux que jadis tu m'as promis d'accomplir, exauces-en un contre mon fils ! que ce jour ne se passe pas sans qu'il soit puni, si les promesses que tu m'as faites sont efficaces.

Le chœur : Ô roi, rétracte ces vœux ! je t'en conjure au nom des dieux : car tu reconnaîtras bientôt ton erreur, crois-moi.
Thésée : Non ; je veux en outre le bannir de ce pays. De ces deux fatalités l'une ou l'autre le frappera : ou Neptune, exauçant mes imprécations, le fera périr et l'enverra chez Pluton, ou, banni de cette contrée, errant sur la terre étrangère, il traînera une vie misérable. [...]
Ciel ! où aboutiront les excès de l'esprit humain ? Quel sera le terme de son audace et de sa témérité ? Si en effet sa perversité s'accroît à chaque génération, si les vices des enfants surpassent toujours ceux du père, il faudra que les dieux ajoutent à cette terre un autre monde, qui puisse contenir les méchants et les pervers. Voyez ce monstre, né de mon sang, qui a souillé ma couche, à qui ce corps inanimé reproche trop clairement sa scélératesse ! Souillé d'un tel crime, ose regarder ton père en face. C'est donc toi qui, supérieur aux autres mortels, jouis du commerce des dieux ? toi qui es chaste, et pur de toute corruption ?

Euripide (480-406 avant J.-C.), *Hippolyte*, vers 881 à 899 et 936 à 949,
traduction du grec par M. Artaud (1842).

*Après avoir été chassé par son père Amyntor, Phénix se réfugie à la cour de Pélée qui lui confie l'éducation d'Achille. Il prend la parole au chant IX de l'*Iliade, *lors de l'ambassade visant à convaincre Achille de reprendre le combat.*

Enfin parla le vieil écuyer Phénix, et ses larmes affluèrent, car il avait les pires craintes pour les vaisseaux achéens : « Si tu t'es mis dans l'esprit de partir, illustre Achille, si tu refuses absolument d'écarter des vaisseaux fins le feu destructeur, parce que la bile est tombée dans ton cœur, comment loin de toi, cher enfant, resterais-je ici, seul ? À toi m'envoya le vieil écuyer Pélée, le jour où, vers Agamemnon, il t'envoyait de Phthie, encore enfant, sans expérience de la guerre égale pour tous, ni des assemblées où les hommes se font remarquer. Il m'envoya pour t'apprendre tout cela, te rendre apte à parler et capable d'agir. Aussi, loin de toi, cher enfant, je ne voudrais pas rester, même si un dieu en personne me promettait d'effacer ma vieillesse, de me rendre jeune et vigoureux, comme j'étais quand, pour la première fois, je quittai l'Hellade aux belles femmes, en fuyant la colère de mon père Amyntor, fils d'Orménos. Il m'en voulait pour une concubine aux beaux cheveux, qu'il aimait, dédaignant son épouse, ma mère. Celle-ci me suppliait sans cesse, en touchant mes genoux, de m'unir, avant mon père, avec cette concubine, pour qu'elle détestât le vieillard. Je lui obéis, je le fis ; mais mon père, le soupçonnant aussitôt, m'accabla d'imprécations et attesta les terribles Érinyes que jamais sur ses genoux il n'assiérait aucun fils né de moi. Les dieux accomplirent sa malédiction, Zeus souterrain et la terrible Perséphone.

Homère (VIIIe siècle avant J.-C.), *Iliade*, chant IX, vers 432 à 461,
traduction du grec par E. Lasserre, © Garnier (1955).

Les imprécations d'une mère

Dans Britannicus (1669), *de Jean Racine, c'est Agrippine qui lance des menaces contre son fils Néron après l'assassinat de Britannicus.*

Agrippine

Poursuis, Néron, avec de tels ministres,
Par des faits glorieux tu te vas signaler ;
Poursuis. Tu n'as pas fait ce pas pour reculer :
Ta main a commencé par le sang de ton frère ;
Je prévois que tes coups viendront jusqu'à ta mère.
Dans le fond de ton cœur je sais que tu me hais ;
Tu voudras t'affranchir du joug de mes bienfaits,
Mais je veux que ma mort te soit même inutile :
Ne crois pas qu'en mourant je te laisse tranquille.
Rome, ce ciel, ce jour que tu reçus de moi,
Partout, à tout moment, m'offriront devant toi.
Tes remords te suivront comme autant de furies ;
Tu croiras les calmer par d'autres barbaries ;
Ta fureur, s'irritant soi-même dans son cours,
D'un sang toujours nouveau marquera tous tes jours.
Mais j'espère qu'enfin le ciel, las de tes crimes,
Ajoutera ta perte à tant d'autres victimes ;
Qu'après t'être couvert de leur sang et du mien,
Tu te verras forcé de répandre le tien ;
Et ton nom paraîtra dans la race future,
Aux plus cruels tyrans une cruelle injure.
Voilà ce que mon cœur se présage de toi.
Adieu : tu peux sortir.

Néron

Narcisse, suivez-moi.

Jean Racine (1639-1699), *Britannicus*, acte V, scène 6 (1669).

Vers 959 à 1014 ➤ traduction p. 168-169

Après les interrogations du chœur sur la destinée des hommes, le messager vient annoncer la mort d'Hippolyte.

CHORUS
O magna parens, Natura, deum[1]
tuque igniferi[2] rector Olympi,
qui sparsa[3] cito[4] sidera mundo
cursusque vagos rapis astrorum[5]
celerique[6] polos cardine[7] versas[8],
cur tanta tibi cura[9] perennes[10]
agitare vias[11] aetheris[12] alti,
ut[13] nunc[14] canae[15] frigora[16] brumae[17]
nudent[18] silvas, nunc arbustis[19]
redeant[20] umbrae, nunc aestivi[21]
colla[22] Leonis
Cererem[23] magno fervore[24] coquant[25]
viresque[26] suas temperet[27] annus ?
Sed cur idem[28], qui tanta[29] regis,
sub quo[30] vasti pondera[31] mundi
librata[32] suos ducunt orbes[33],
hominum nimium[34] securus[35] abes[36],
non sollicitus[37] prodesse[38] bonis[39],
nocuisse[40] malis ?
Res humanas ordine nullo
Fortuna regit sparsitque[41] manu
munera[42] caeca, pejora[43] fovens[44] ;
vincit[45] sanctos[46] dira[47] libido[48],
fraus[49] sublimi[50] regnat in aula.
Tradere[51] turpi[52] fasces[53] populus
gaudet[54], eosdem colit[55] atque odit.
Tristis[56] virtus perversa[57] tulit
praemia[58] recti : castos sequitur
mala[59] paupertas[60] vitioque[61] potens

regnat adulter[62] : O vane pudor
falsumque decus[63] !
Sed quid citato nuntius portat gradu[64]
rigatque[65] maestis[66] lugubrem vultum genis[67] ?

NUNTIUS
O sors[68] acerba et dura, famulatus[69] graves,
cur me ad nefandum nuntium casus vocat ?

THESEUS
Ne metue[70] cladis[71] fortiter fari asperas :
non imparatum[72] pectus aerumnis[73] fero.

NUNTIUS
Vocem dolori lingua luctificam[74] negat[75].

THESEUS
Proloquere[76] quae sors aggravet[77] quassam[78] domum.

NUNTIUS
Hippolytus, heu me, flebili[79] leto occubat[80].

THESEUS
Gnatum parens obisse[81] jampridem[82] scio :
nunc raptor obiit. Mortis effare ordinem[83].

NUNTIUS
Ut profugus urbem liquit infesto[84] gradu
celerem citatis[85] passibus cursum explicans[86],
celso[87] sonipedes[88] ocius[89] subigit jugo
et ora frenis domita substrictis[90] ligat.
Tum multa secum effatus et patrium[91] solum[92]
abominatus[93] saepe[94] genitorem ciet[95]
acerque[96] habenis[97] lora[98] permissis quatit,
cum subito vastum tumuit[99] ex alto[100] mare
crevitque in astra. Nullus inspirat[101] salo
ventus, quieti nulla pars caeli strepit[102]
placidumque pelagus[103] propria[104] tempestas agit.
Non tantus Auster[105] Sicula[106] disturbat freta
nec tam furenti pontus exsurgit Sinu[107]
regnante Coro[108], saxa cum fluctu tremunt
et cana summum spuma[109] Leucaten[110] ferit.

NOTES

1. **deum = deorum.**
2. **igniferus, a, um :** porteur de feu.
3. **spargo, is, ere, sparsi, sparsum :** disperser, disséminer.
4. **citus, a, um :** rapide.
5. **cursus vagos astrorum :** *ces* courses errantes des astres *désignent* les planètes errantes.
6. **celeri :** *épithète de* cardine, *mais à traduire par* rapidement.
7. **cardo, inis, m :** l'axe.
8. **verso, as, are, avi, atum :** faire tourner.
9. **tibi cura** sous-entendu **est** + infinitif **:** tu as le souci de.
10. **perennis, e :** permanent.
11. **via, ae, f :** *ici il s'agit des trajectoires des astres dans le ciel.*
12. **aether, eris, m :** l'éther, le ciel.
13. **ut** + subjonctif **:** *consécutif.*
14. **nunc... nunc... :** tantôt... tantôt...
15. **canus, a, um :** blanc.
16. **frigus, oris, n :** le froid.
17. **bruma, ae, f :** l'hiver.
18. **nudo, as, are, avi, atum :** dénuder, mettre à nu.
19. **arbusta, orum, n pl :** les arbres.
20. **redeo, is, ire, ii, itum :** revenir.
21. **aestivus, a, um :** d'été ; *la constellation du Lion revient en juillet, période de fortes chaleurs.*
22. **collum, i, n :** *ici* la crinière ; *pluriel poétique.*
23. **Ceres, eris, f :** Cérès ; *désigne, par une personnification, le blé.*
24. **fervor, oris, m :** l'ardeur, la chaleur.
25. **coquo, is, ere, coxi, coctum :** cuire, brûler.
26. **vires, virium, f pl :** les forces.
27. **tempero, as, are, avi, atum :** modérer, tempérer.
28. **idem :** de même, également.
29. **tanta :** *adjectif neutre substantivé.*
30. **quo :** *relatif ayant pour antécédent le sujet de* regis.
31. **pondus, eris, n :** le poids, la masse.
32. **libro, as, are, avi, atum :** équilibrer.
33. **orbis, is, m :** l'orbe, le cercle.
34. **nimium** (adverbe) **:** trop, excessivement.
35. **hominum securus, a, um :** qui ne se soucie pas des hommes.
36. **absum, es, esse, afui, afuturus :** être absent, être éloigné.
37. **sollicitus, a, um** + infinitif **:** préoccupé de.
38. **prosum, prodes, prodesse, profui, –** + datif **:** être utile à.
39. **bonis :** *adjectif substantivé au masculin.*
40. **noceo, es, ere, ui, itum** + datif **:** nuire, faire du tort à.
41. **spargo, is, ere, sparsi, sparsum :** disséminer, répandre, disperser ; *valeur résultative du parfait.*
42. **munus, eris, n :** le présent, le cadeau.
43. **pejora :** les pires entreprises.
44. **foveo, es, ere, fovi, fotum :** favoriser, encourager.
45. **vinco, is, ere, vici, victum :** vaincre, l'emporter sur.
46. **sanctus, a, um :** pur, vertueux.
47. **dirus, a, um :** funeste.
48. **libido, inis, f :** la passion, le désir déréglé.
49. **fraus, audis, f :** la ruse, la perfidie.
50. **sublimis, e :** élevé, grand ; **in sublimi aula :** à la cour des puissants.
51. **trado, is, ere, tradidi, traditum :** confier.
52. **turpis, e :** honteux, indigne ; *substantivé au masculin.*
53. **fascis, is, m :** le faisceau, *insigne du pouvoir.*
54. **gaudeo, es, ere, gavisus sum** + infinitif **:** se réjouir de.
55. **colo, is, ere, colui, cultum :** honorer, respecter.
56. **tristis, e :** triste, austère.
57. **perversus, a, um :** contraire à ce qui devrait être.
58. **praemium, ii, n :** la récompense, le prix ; praemia *est attribut du COD.*
59. **malus, a, um :** méchant, misérable.
60. **paupertas, tatis, f :** la pauvreté.
61. **vitio :** *complément de* potens.
62. **adulter, eri, m :** l'adultère.
63. **decus, oris, n :** la gloire, la dignité.
64. **citato gradu :** à vive allure, au pas de course.
65. **rigo, as, are, avi, atum :** baigner.
66. **maestus, a, um :** triste, affligé.
67. **genae, arum, f pl :** *ici* les yeux.
68. **sors, sortis, f :** le sort.
69. **famulatus, us, m :** la servitude.
70. **ne metue :** *expression non classique de la défense. Le latin utilise normalement* ne + *subjonctif.*
71. **clades, is, f :** le fléau, la calamité ; *ici* cladis = clades.
72. **imparatus, a, um :** non prêt.
73. **aerumna, ae, f :** les peines, les épreuves.
74. **luctificus, a, um :** qui cause de la peine.
75. **nego, as, are, avi, atum :** refuser.
76. **proloquor, queris, qui, cutus sum :** parler fort, exposer à haute voix.
77. **aggravo, as, are, avi, atum :** aggraver, accabler.
78. **quatio, is, ere, – quassum :** secouer, ébranler
79. **flebilis, e :** lamentable, affligeant.
80. **occubo, as, are, bui, bitum :** être étendu mort.
81. **obeo, is, ire, ivi, itum :** mourir.
82. **jampridem** (adverbe) **:** depuis longtemps.
83. **ordo, inis, m :** l'ordre, l'enchaînement des faits.

84. infestus, a, um : hostile.
85. citatus, a, um : d'une allure vive.
86. explico, as, are, avi, atum : développer.
87. celsus, a, um : fier, droit, plein d'assurance.
88. sonipes, edis, m : le cheval.
89. ocius (adverbe) **:** rapidement.
90. substringo, is, ere, strinxi, strictum : attacher, lier.
91. patrius, a, um : de la patrie.
92. solum, i, n : le sol, le pays.
93. abominor, aris, ari, atus sum : repousser avec horreur.
94. saepe (adverbe) **:** bien des fois.
95. cieo, es, ere, civi, citum : appeler à l'aide.
96. acer, acris, acre : ardent, impétueux.
97. habena, ae, f : les rênes.
98. lorum, i, n : la courroie.
99. tumesco, is, ere, tumui, – : s'enfler.
100. ex alto : depuis la haute mer.
101. inspiro, as, are, avi, atum + datif **:** souffler dans.
102. strepo, is, ere, pui, pitum : faire du bruit.
103. pelagus, i, n : la haute mer.
104. proprius, a, um : qui appartient en propre. *La tempête appartient seulement au domaine marin, le ciel et la terre sont calmes.*
105. Auster, tri, m : l'Auster, *vent du midi.*
106. Siculus, a, um : de Sicile.
107. Sinus, us, m : le Golfe, *c'est-à-dire le golfe de Corinthe.*
108. Corus, i, m : le Corus, *ou* Caurus, *vent du nord-ouest.*
109. spuma, ae, f : l'écume.
110. Leucates, ae (accusatif) **:** le promontoire de Leucate.

16. Le monstre marin

Vers 1015 à 1049 ➤ traduction p. 169-170

À la suite de l'imprécation lancée par Thésée contre son fils, l'acte III se clôt avec un canticum *du chœur qui déplore le désordre avec lequel la Fortune règne sur les hommes ; jusqu'à ce que le messager arrive pour faire le long récit détaillé de la mort d'Hippolyte.*

NUNTIUS

Consurgit[1] ingens pontus in vastum aggerem[2]
tumidumque[3] monstro[4] pelagus[5] terras ruit[6].
Nec ista ratibus[7] tanta construitur[8] lues[9] :
terris minatur ; fluctus[10] haud[11] cursu levi
provolvitur[12] ; nescio quid[13] onerato[14] sinu[15]
gravis unda portat. Quae novum tellus[16] caput
ostendit astris[17] ? Cyclas[18] exoritur nova ?
Latuere[19] rupes[20] numine Epidauri dei[21]
et scelere petrae[22] nobiles Scironides[23]
et quae[24] duobus terra[25] comprimitur fretis[26].
Haec[27] dum stupentes[28] quaerimus, en[29] totum mare
immugit[30], omnes undique[31] scopuli[32] adstrepunt[33].
Summum cacumen[34] rorat[35] expulso[36] sale[37],
spumat[38] vomitque vicibus alternis[39] aquas
qualis[40] per alta vehitur Oceani freta
fluctum refundens[41] ore physeter[42] capax[43].
Inhorruit[44] concussus[45] undarum globus[46]
solvitque[47] sese et litori[48] invexit[49] malum
majus timore[50], pontus in terras ruit
suumque monstrum sequitur. Os[51] quassat[52] tremor[53].
Quis[54] habitus[55] ille corporis vasti fuit !
Caerulea[56] taurus colla[57] sublimis[58] gerens
erexit[59] altam[60] fronte viridanti[61] jubam[62] ;
stant[63] hispidae[64] auris[65], orbibus[66] varius[67] color,
et[68] quem feri dominator habuisset[69] gregis
et quem sub undis natus[70] : hinc[71] flammam vomunt

oculi, hinc relucent[72] caerula[73] insignis[74] nota[75] ;
opima[76] cervix[77] arduos[78] tollit toros[79]
naresque[80] hiulcis[81] haustibus[82] patulae[83] fremunt ;
musco[84] tenaci[85] pectus ac palear[86] viret[87],
longum rubenti[88] spargitur[89] fuco[90] latus[91] ;
tum pone[92] tergus[93] ultima in monstrum coit[94]
facies[95] et ingens belua[96] immensam trahit
squamosa[97] partem[98]. Talis extremo mari[99]
pistrix[100] citatas[101] sorbet[102] aut frangit[103] rates.

NOTES

1. **consurgo, is, ere, surrexi, surrectum :** se lever d'un bloc.
2. **agger, eris, m :** l'amas, l'élévation.
3. **tumidus, a, um :** enflé, gonflé.
4. **monstro :** *complément de* tumidus.
5. **pelagus, i, n :** la mer.
6. **ruo, is, ere, rui, rutum** + accusatif **:** s'élancer, se précipiter sur.
7. **ratibus :** contre les navires ; *c'est le sens de* terris, *complément de* minatur *qui éclaire ici celui de* ratibus.
8. **construo, is, ere, struxi, structum :** construire, édifier.
9. **lues, is, f :** le fléau, la calamité.
10. **fluctus, us, m :** le flot, les vagues.
11. **haud :** *négation de mot.*
12. **provolvo, is, ere, volvi, volutum :** *au passif,* s'avancer en roulant.
13. **nescio quid :** *COD de* portat.
14. **onero, as, are, avi, atum :** charger, remplir.
15. **sinus, us, m :** le sein.
16. **tellus, uris, f :** la terre.
17. **astris :** *datif.*
18. **Cyclas, adis, f :** Cyclade.
19. **lateo, es, ere, latui, – :** se cacher, être caché.
20. **rupes, is, f :** le rocher.
21. **numen, inis, n :** la divinité ; **numine Epidauri dei :** *complément de* nobiles, *qui porte à la fois sur* rupes *et* petrae.
22. **petra, ae, f :** la pierre, la roche.
23. **Scironis, idis :** de Sciron, *brigand tué par Thésée.*
24. **quae terra… fretis :** *désigne l'isthme de Corinthe ; ces trois endroits de la mer constituent des repères sur la mer. En outre, ces repères correspondent à des lieux où Thésée a accompli des exploits.*
25. **terra :** *attraction de l'antécédent dans la relative ; pour le sens, coordonné à* rupes *et* petrae.
26. **fretum, i, n :** le bras de mer, la mer.
27. **haec :** *désigne les trois endroits cités ci-dessus.*
28. **stupeo, es, ere, ui, – :** demeurer interdit.
29. **en** (interjection) **:** voici que.
30. **immugio, is, ire, ii, – :** retentir.
31. **undique** (adverbe) **:** de toutes parts.
32. **scopulus, i, m :** le rocher, la roche, la pierre.
33. **adstrepo, is, ere, –, – :** frémir en écho.
34. **cacumen, inis, n :** le sommet, le faîte.
35. **roro, as, are, avi, atum :** répandre de la rosée, arroser.
36. **expello, is, ere, puli, pulsum :** projeter.
37. **sal, salis, m :** le sel, la mer.
38. **spumo, as, are, avi, atum :** jeter de l'écume.
39. **vicibus alternis :** alternativement, par intermittence.
40. **qualis, e :** tel(le) que.
41. **refundo, is, ere, fudi, fusum :** rejeter.
42. **physeter, eris, m :** la baleine.
43. **capax, acis :** ample, énorme.
44. **inhorresco, is, ere, horrui, – :** se dresser, se hérisser.
45. **concussus, a, um :** agité.
46. **globus, i, m :** la masse.
47. **solvo, is, ere, solvi, solutum :** détacher, délivrer, rompre.
48. **litus, oris, n :** le rivage ; **litori :** *datif de but.*
49. **inveho, is, ere, vexi, vectum :** transporter, amener.
50. **majus timore :** *littéralement* plus grand que la crainte, *c'est-à-dire* plus grand qu'on ne le craignait.
51. **os, ossis, n :** l'os ; **os :** *singulier collectif.*
52. **quasso, as, are, avi, atum :** frapper violemment, ébranler.
53. **tremor, oris, m :** le tremblement.
54. **quis = qualis :** *ici adjectif exclamatif.*
55. **habitus, us, m :** l'aspect.
56. **caeruleus, a, um :** bleu sombre.
57. **collum, i, n :** le cou ; **colla :** *pluriel poétique.*

58. **sublimis, e :** élevé ; *grammaticalement apposé à* taurus, *mais traduire* vers le ciel.
59. **erigo, is, ere, rexi, rectum :** lever, dresser.
60. **altus, a, um :** haut, profond.
61. **fronte viridanti :** *ablatif de lieu.*
62. **juba, ae, f :** la crête.
63. **sto, as, are, steti, statum :** *ici* se dresser.
64. **hispidus, a, um :** hérissé, velu.
65. **auris = aures.**
66. **orbis, is, m :** *ici* les yeux ; **orbibus :** *ablatif de lieu (sous-entendre* est).
67. **varius, a, um :** varié, changeant.
68. **et… et… :** à la fois… à la fois…
69. **habuisset :** *subjonctif plus-que-parfait dans une relative à valeur conditionnelle, exprimant un irréel du passé.*
70. **natus, i, m :** le petit des animaux, la « créature née ».
71. **hinc… hinc… :** tantôt… tantôt…
72. **reluceo, es, ere, luxi, – :** renvoyer de la lumière.
73. **caerulus = caeruleus.**
74. **insignis = insignes :** *apposé à* oculi.
75. **nota, ae, f :** la marque, l'éclat.
76. **opimus, a, um :** gras, opulent, fort.
77. **cervix, icis, f :** la nuque.
78. **arduus, a, um :** haut, élevé ; *même figure que* sublimis *(v. 1036).*
79. **torus, i, m :** le muscle.
80. **nares, narium, f pl :** les narines.
81. **hiulcus, a, um :** béant.
82. **haustus, us, m :** le mouvement d'avaler ; **hiulcis haustibus :** *ablatif de la circonstance concomitante.*
83. **patulus, a, um :** largement ouvert.
84. **muscus, i, m :** la mousse.
85. **tenax, acis :** tenace, épais, adhérent.
86. **palear, aris, n :** le fanon.
87. **vireo, es, ere, –, – :** être vert.
88. **rubens, entis :** rougeoyant.
89. **spargo, is, ere, sparsi, sparsum :** parsemer.
90. **fucus, i, m :** le fucus, *plante marine.*
91. **latus, eris, n :** le flanc, le côté.
92. **pone** (préposition + accusatif) **:** derrière.
93. **tergus, i, n :** le dos.
94. **coeo, is, ire, i(v)i, itum :** former un tout.
95. **ultima facies :** l'aspect de son extrémité (*cf.* **summa arbor :** la cime de l'arbre).
96. **belua, ae, f :** le gros animal, la bête.
97. **squamosus, a, um :** couvert d'écailles.
98. **pars, partis, f :** *ici* la queue.
99. **extremo mari :** au fond de la mer.
100. **pistrix, icis, f :** le poisson-scie, la baleine.
101. **cito, as, are, avi, atum :** mettre en mouvement.
102. **sorbeo, es, ere, bui, – :** engloutir.
103. **frango, is, ere, fregi, fractum :** briser.

Vers le commentaire

1 Distinguez les deux grandes parties de ce passage et donnez-leur un titre.

2 Relevez dans l'ensemble de l'extrait le vocabulaire de la démesure.

3 Relevez le vocabulaire du toucher, de l'ouïe, de la vue et du mouvement.

4 Dans la première partie du texte, comment le messager ménage-t-il l'effroi des auditeurs de son récit (vocabulaire, place des mots, types de phrases, etc.) ?

5 Étudiez comment fonctionne, dans la deuxième partie du texte, la description du monstre marin.

6 En vous appuyant, entre autres, sur l'ensemble des réponses précédentes, montrez comment le messager rend ce récit vivant.

7 **a**. Retrouvez chez Euripide les éléments présents chez Sénèque.

b. En quoi les deux textes sont-ils différents ?

c. Lequel des deux suscite chez vous le plus d'effroi ? Justifiez votre réponse.

Voici le récit du messager à l'apparition du monstre marin chez Euripide.

À peine étions-nous entrés dans la partie déserte, hors des limites de ce pays, s'offre à nous un rivage, à l'entrée même du golfe Saronique. Là, tout à coup un bruit comme un tonnerre souterrain de Jupiter éclate avec un fracas terrible, et à faire frissonner. Les chevaux dressent la tête et les oreilles ; une vive frayeur nous saisit, ignorant d'où venait ce bruit : mais, en regardant vers le rivage de la mer, nous voyons s'élever jusqu'au ciel une vague immense, qui dérobe à nos yeux la vue des plages de Sciron ; elle cache l'isthme et le rocher d'Esculape : puis elle se gonfle, et lance à l'entour avec fracas des flots d'écume poussés par le souffle de la mer ; elle s'abat sur le rivage où était le char d'Hippolyte, et, se brisant et crevant comme un orage, elle vomit un taureau, monstre sauvage dont les affreux mugissements font retentir tous les lieux d'alentour ; spectacle dont les yeux ne pouvaient supporter l'horreur. Soudain un effroi terrible s'empare des coursiers : leur maître, si exercé à les conduire, saisit les rênes, les tire à lui comme un matelot qui meut la rame, et les entrelace à son propre corps ; mais les chevaux effrayés mordent leur frein, s'emportent, et ne connaissent plus ni la main de leur conducteur, ni les rênes, ni le char. Si, les guides en main, il s'efforçait de diriger leur course dans des chemins unis, le monstre apparaissait au-devant d'eux pour faire reculer le char, en jetant l'épouvante au milieu de l'attelage : s'élançaient-ils furieux à travers les rochers, il se glissait le long du char, et suivait les chevaux en silence ; jusqu'à ce qu'enfin la roue heurte contre le roc, le char se brise, et Hippolyte est renversé.

Euripide (480-406 avant J.-C.), *Hippolyte*, vers 1199 à 1233,
traduction du grec par M. Artaud (1842).

Vers 1050 à 1063 ➤ traduction p. 170

Le monstre est désormais sur terre et s'approche d'Hippolyte et de son attelage.

Tremuere[1] terrae, fugit attonitum[2] pecus[3]
passim[4] per agros nec suos pastor[5] sequi
meminit juvencos[6] ; omnis e saltu[7] fera
diffugit[8], omnis frigido exsanguis[9] metu
venator[10] horret[11]. Solus immunis[12] metu
Hippolytus artis[13] continet frenis[14] equos
pavidosque[15] notae[16] vocis hortatu[17] ciet[18].
Est alta ad agros collibus ruptis[19] via,
vicina[20] tangens[21] spatia suppositi[22] maris ;
hic[23] se illa moles[24] acuit[25] atque iras[26] parat.
Ut cepit animos seque praetemptans[27] satis
prolusit[28] irae, praepeti[29] cursu evolat[30],
summam citato vix gradu[31] tangens humum[32],
et torva[33] currus ante trepidantes stetit.

NOTES

1. **tremuere = tremuerunt.**
2. **attonitus, a, um :** épouvanté.
3. **pecus, oris, n :** le petit bétail.
4. **passim** (adverbe) **:** de tous côtés, çà et là.
5. **pastor, oris, m :** le pâtre, le berger.
6. **juvencus, i, m :** le jeune taureau.
7. **saltus, us, m :** *ici* le pâturage.
8. **diffugio, is, ere, fugi, fugitum :** se disperser en fuyant.
9. **exsanguis, e :** pâle, livide.
10. **venator, oris, m :** le chasseur.
11. **horreo, es, ere, ui, – :** trembler d'effroi.
12. **immunis, e** + ablatif **:** exempt de, privé de.
13. **artus, a, um :** serré.
14. **frenum, i, n :** la rêne.
15. **pavidus, a, um :** effrayé, saisi d'effroi ; pavidos *renvoie à* equos.
16. **notus, a, um :** connu, familier.
17. **hortatus, us, m :** l'encouragement.
18. **cieo, es, ere, civi, citum :** mettre en mouvement, faire avancer.
19. **collibus ruptis :** *littéralement* des collines ayant été ouvertes, *d'où* par un passage ouvert dans les collines.
20. **vicinus, a, um :** voisin, tout proche.
21. **tango, is, ere, tetigi, tactum :** toucher, border.
22. **suppositus, a, um :** qui se trouve en contrebas.
23. **hic :** *adverbe de lieu.*
24. **moles, is, f :** la masse, le poids.
25. **acuo, is, ere, acui, acutum :** exciter.
26. **iras :** les manifestations de sa colère.
27. **praetempto, as, are, avi, atum (se) :** s'entraîner.
28. **proludo, is, ere, lusi, lusum** + datif **:** s'essayer à quelque chose.
29. **praepes, etis :** rapide, ailé.
30. **evolo, as, are, avi, atum :** s'envoler.
31. **gradus, us, m :** l'allure.
32. **summam humum :** la surface du sol.
33. **torvus, a, um :** qui regarde de travers, menaçant ; torva *est apposé à* illa moles.

17. La mort d'Hippolyte

Vers 1064 à 1104 ➤ traduction p. 170-171

Le monstre né des eaux se retrouve devant Hippolyte.

Contra[1] feroci[2] gnatus[3] insurgens[4] minax[5]
vultu nec ora mutat et magnum intonat[6] :
« Haud[7] frangit animum vanus[8] hic terror[9] meum :
nam mihi paternus[10] vincere est tauros labor. »
Inobsequentes[11] protinus[12] frenis equi
rapuere currum[13] jamque derrantes via[14],
quacumque[15] rabidos[16] pavidus[17] evexit[18] furor,
hac ire pergunt[19] seque per scopulos[20] agunt.
At ille, qualis[21] turbido[22] rector mari
ratem retentat[23], ne det obliquum latus[24],
et arte[25] fluctum fallit[26], haud aliter[27] citos[28]
currus[29] gubernat : ora nunc[30] pressis[31] trahit
constricta[32] frenis[33] : terga[34] nunc torto frequens[35]
verbere[36] coercet[37]. Sequitur adsiduus[38] comes[39],
nunc aequa carpens[40] spatia[41], nunc contra obvius[42]
oberrat[43], omni parte terrorem movens[44].
Non licuit[45] ultra[46] fugere : nam toto obvius
incurrit[47] ore[48] corniger[49] ponti horridus[50].
Tum vero pavida[51] sonipedes[52] mente exciti[53]
imperia solvunt[54] seque luctantur[55] jugo
eripere[56] rectique[57] in pedes jactant[58] onus[59].
Praeceps[60] in ora fusus[61] implicuit[62] cadens[63]
laqueo[64] tenaci[65] corpus et quanto magis[66]
pugnat, sequaces[67] hoc magis nodos ligat[68].
Sensere[69] pecudes[70] facinus – et curru[71] levi
dominante nullo, qua[72] timor jussit ruunt[73].
Talis[74] per auras[75] non suum agnoscens[76] onus
Solique[77] falso creditum[78] indignans[79] diem
Phaethonta[80] currus devio excussit[81] polo[82].

Late[83] cruentat[84] arva[85] et inlisum[86] caput
scopulis resultat[87] ; auferunt[88] dumi[89] comas,
et ora durus pulchra populatur[90] lapis[91]
peritque[92] multo vulnere infelix decor[93].
Moribunda[94] celeres membra pervolvunt[95] rotae[96] :
tandemque raptum[97] truncus[98] ambusta[99] sude[100]
medium per inguen[101] stipite[102] ingesto[103] tenet,
paulumque[104] domino currus affixo[105] stetit.
Haesere[106] bijuges[107] vulnere[108] – et pariter[109] moram[110]
dominumque rumpunt. Inde semianimem[111] secant[112]
virgulta[113], acutis[114] asperi[115] vepres[116] rubis[117]
omnisque truncus[118] corporis partem tulit.

NOTES

1. **contra** (adverbe) **:** en face.
2. **ferox, ocis :** à l'œil farouche.
3. **gnatus, i, m :** le fils.
4. **insurgo, is, ere, surrexi, surrectum :** se lever, se dresser.
5. **minax, acis :** menaçant.
6. **magnum intonat :** lance d'une voix tonitruante.
7. **haud :** *négation.*
8. **vanus, a, um :** vain, inconsistant.
9. **terror, oris, m :** la terreur, l'objet qui cause de la terreur.
10. **paternus, a, um :** paternel, du père.
11. **inobsequens, entis** + datif **:** qui n'obéit pas, rétif.
12. **protinus** (adverbe) **:** aussitôt.
13. **currus, us, m :** le char.
14. **d(e)erro, as, are, avi, atum via :** s'écarter du chemin.
15. **quacumque** (*relatif ayant* hac *pour antécédent*) **:** quel que soit l'endroit où, partout où.
16. **rabidus, a, um :** furieux, enragé ; **rabidos :** *sous-entendu* equos.
17. **pavidus, a, um :** qui glace, qui provoque l'effroi.
18. **eveho, is, ere, vexi, vectum :** tirer, entraîner.
19. **ire pergunt :** ils se dirigent, ils vont.
20. **scopulus, i, m :** le rocher.
21. **qualis, e :** tel que.
22. **turbidus, a, um :** agité, emporté ; **turbido mari :** *ablatif de lieu.*
23. **retento, as, are, avi, atum :** retenir, contenir.
24. **dare obliquum latus :** donner de la gîte, faire chavirer.
25. **ars, artis, m :** l'art, l'habileté.
26. **fallo, is, ere, fefelli, falsum :** tromper.
27. **aliter** (adverbe) **:** autrement.
28. **citus, a, um :** prompt, rapide.
29. **currus :** *pluriel poétique.*
30. **nunc... nunc... :** tantôt... tantôt...
31. **pressus, a, um :** serré.
32. **constringo, is, ere, strinxi, strictum :** lier étroitement, contenir.
33. **frenum, i, n :** le mors.
34. **tergum, i, n :** le dos, la croupe.
35. **frequens, entis :** assidu, fréquent ; *grammaticalement apposé au sujet de* coercet *mais, pour le sens, porte sur l'action.*
36. **torto verbere :** *ablatif absolu* ; en faisant tournoyer le fouet.
37. **coerceo, es, ere, cui, citum :** maintenir, contenir.
38. **adsiduus, a, um :** qui se tient continuellement, incessant.
39. **comes, itis, m :** qui marche avec, le compagnon, l'escorte.
40. **carpo, is, ere, carpsi, carptum :** parcourir.
41. **spatium, ii, n :** *ici* la trajectoire.
42. **obvius, a, um :** qui se trouve sur le passage.
43. **oberro, as, are, avi, atum :** aller devant.
44. **moveo, es, ere, movi, motum :** *ici* provoquer.
45. **licuit :** *parfait à valeur résultative et non temporelle.*
46. **ultra** (adverbe) **:** plus loin.
47. **incurro, is, ere, curri, cursum :** courir au-devant de.
48. **toto ore :** *complément de* obvius ; **os, oris, n :** la gueule.
49. **corniger, a, um :** qui porte une corne, cornu ; *adjectif substantivé.*
50. **horridus, a, um :** affreux, terrible.

51. **pavidus, a, um :** craintif, effrayé.
52. **sonipes, pedis, m :** le cheval, le coursier.
53. **excitus, a, um :** agité, tourmenté.
54. **imperia solvunt :** *littéralement* rompent les ordres, *d'où* n'obéissent plus aux ordres.
55. **luctor, aris, ari, atus sum** + infinitif **:** lutter, combattre pour.
56. **eripio, is, ere, ripui, reptum :** arracher.
57. **rectus, a, um :** droit, dressé.
58. **jacto, as, are, avi, atum :** jeter violemment.
59. **onus, eris, n :** la charge, le poids, le fardeau.
60. **praeceps, cipitis :** la tête la première, brutal, précipité.
61. **fusus, a, um :** jeté à terre.
62. **implico, as, are, plicui, plicatum :** emmêler.
63. **cado, is, ere, cecidi, casum :** tomber.
64. **laqueus, i, m :** le lacet, la rêne.
65. **tenax, acis :** qui tient fortement.
66. **quanto magis... hoc magis... :** plus... plus...
67. **sequax, acis :** qui s'attache étroitement, tenace.
68. **ligo, as, are, avi, atum :** lier, nouer.
69. **sentio, is, ire, sensi, sensum :** sentir, se rendre compte.
70. **pecus, udis, f :** la bête (domestique).
71. **currus, us, m :** le char, l'attelage ; **curru levi :** *ablatif de lieu.*
72. **qua :** là où.
73. **ruo, is, ere, rui, rutum :** se ruer, s'élancer.
74. **talis :** *se rapporte à* currus.
75. **aurae, arum, f pl :** les airs.
76. **agnosco, is, ere, novi, nitum :** reconnaître.
77. **sol, solis, m :** le soleil.
78. **credo, is, ere, credidi, creditum** + datif **:** confier à.
79. **indignor, aris, ari, atus sum** + accusatif **:** s'indigner de.
80. **Phaeton, ontis, m :** Phaéton.
81. **excutio, is, ere, cussi, cussum :** faire tomber en secouant.
82. **devio polo :** d'une partie du ciel où il s'était égaré.
83. **late** (adverbe) **:** sur une large étendue.
84. **cruento, as, are, avi, atum :** ensanglanter.
85. **arvum, i, n :** le champ.
86. **inlido, is, ere, lisi, lisum :** frapper, heurter.
87. **resulto, as, are, avi, atum :** rebondir.
88. **aufero, fers, ferre, abstuli, ablatum :** emporter.
89. **dumus, i, m :** le buisson.
90. **populor, ari, ari, atus sum :** dévaster, détruire, ravager.
91. **lapis, idis, m :** la pierre.
92. **pereo, is, ire, i(v)i, itum :** périr, disparaître.
93. **decor, oris, m :** le charme, la beauté corporelle.
94. **moribundus, a, um :** qui va mourir, moribond.
95. **pervolvo, is, ere, volvi, volutum :** rouler.
96. **rota, ae, f :** la roue.
97. **raptum :** *sous-entendu* Hippolytum.
98. **truncus, i, m :** le tronc.
99. **ambustus, a, um :** brûlé.
100. **sudis, is, f :** *ici* la pointe ; **ambusta sude :** *ablatif de qualité.*
101. *Construire* per medium inguen.
102. **stipes, stipitis, m :** le tronc, le pieu.
103. **ingero, is, ere, gessi, gestum :** mettre dans, introduire.
104. **paulum** (adverbe) **:** un peu, un court moment.
105. **affigo, is, ere, fixi, fixum :** attacher, fixer.
106. **haereo, es, ere, haesi, haesum :** être arrêté, immobilisé, attaché.
107. **bijuges, ium, m pl :** l'attelage de deux chevaux, deux chevaux.
108. **vulnus, eris, n :** *ici* le coup porté.
109. **pariter :** *porte sur* moram *et* dominum.
110. **mora, ae, f :** *ici* l'obstacle, l'entrave.
111. **semianimis, e :** à demi mort.
112. **seco, as, are, secui, sectum :** couper, écorcher, déchirer.
113. **virgulta, orum, n pl :** les branches, les broussailles, les ronces.
114. **acutus, a, um :** acéré.
115. **asper, a, um :** rude, rugueux.
116. **vepres, ium, m pl :** le buisson, le roncier.
117. **rubus, i, m :** la ronce, l'épine.
118. **omnis truncus :** *littéralement* tout le tronc, *c'est-à-dire* chaque endroit du tronc.

Traduction des vers 1097 à 1100

❑❑❑❑❑❑❑

1. Traduction d'Eugène Greslou (1834)

Le char continue de fuir avec la même vitesse et d'entraîner sa victime expirante. Enfin il donne contre un tronc d'arbre brûlé dont la pointe aiguë et dressée arrête le corps d'Hippolyte et lui entre dans les entrailles ; ce triste incident tient le char quelque temps immobile.

❑❑❑❑❑❑❑ **2. Traduction de Charles Nisard (1855)**

Mais tandis que le char rapide emporte çà et là cet infortuné, un tronc à demi brûlé, et qui s'élevait au-dessus de la terre, se trouve sur son passage, et l'arrête. Ce coup affreux retient un moment le char.

❑❑❑❑❑❑❑ **3. Traduction de François-Régis Chaumartin (© Les Belles Lettres, 1996)**

Les roues entraînent dans leur course rapide son corps moribond ; et finalement, tandis qu'il est emporté, un tronc à demi brûlé, sorte de pal, le retient de sa pointe plantée au milieu de son aine : le maître empalé, l'attelage s'arrête un moment.

❑❑❑❑❑❑❑ **4. Traduction de Florence Dupont (© Actes Sud, 2012)**

Le char continue à courir, traînant des lambeaux moribonds
Jusqu'à ce que son corps soit arrêté par une souche
Un tronc calciné
Qui se plante en plein dans l'aine
L'attelage s'immobilise retenu par son maître empalé

Entraînement au BAC

1 **Langue.** Relevez les ablatifs des vers 1064 à 1081 et classez-les selon leurs emplois.

2 **Traduction**

a. Comparez les traductions en faisant particulièrement attention à la façon dont les traducteurs ont choisi de rendre les parasynonymes du latin.
b. Dites, en le justifiant, quelle traduction a votre préférence.

3 **Analyse**

a. Recherchez l'étymologie du prénom Hippolyte.
b. Quel portrait voyez-vous se dessiner d'Hippolyte dans les vers 1064 à 1077 (jusqu'à verbere coercet) ?
c. Montrez, en vous appuyant tant sur le vocabulaire que sur la structure même du récit, comment Hippolyte se désagrège.
d. Étudiez les procédés mis en œuvre pour rendre ce récit vif et animé.
e. En quoi peut-on parler d'ironie tragique à propos de la mort d'Hippolyte ?
f. Au théâtre, les récits retracent en général des événements que l'on ne pourrait montrer sur scène. Comment l'auteur parvient-il pourtant à « mettre sous les yeux » de ses auditeurs / spectateurs la mort du personnage ?

4 **Version.** Traduisez les vers 1085 à 1096.

Vers 1105 à 1155 ➤ traduction p. 171-172

Après le récit du messager, Thésée pleure la mort de son fils mais ne regrette pas son geste.

NUNTIUS

Errant per agros funebris[1] famuli manus[2],
per illa qua distractus[3] Hippolytus loca
longum cruenta[4] tramitem[5] signat[6] nota[7],
maestaeque domini membra vestigant[8] canes[9].
Necdum dolentum[10] sedulus[11] potuit labor
explere[12] corpus. Hocine est formae[13] decus[14] ?
Qui modo[15] paterni clarus imperii comes
et certus heres[16] siderum[17] fulsit[18] modo[19],
passim[20] ad supremos ille colligitur[21] rogos[22]
et funeri[23] confertur[24].

THESEUS

O nimium potens,
quanto parentes sanguinis vinclo[25] tenes,
natura, quam te colimus inviti[26] quoque :
occidere[27] volui noxium[28], amissum[29] fleo[30].

NUNTIUS

Haud flere honeste quisque quod voluit potest.

THESEUS

Equidem[31] malorum maximum hunc cumulum reor,
si abominanda[32] casus optanda efficit.

NUNTIUS

Et si odia servas, cur madent[33] fletu[34] genae[35] ?

THESEUS

Quod interemi[36], non[37] quod amisi fleo.

CHORUS

Quanti casus[38] humana rotant[39] !
Minor in parvis[40] Fortuna furit[41]

leviusque ferit[42] leviora deus ;
servat[43] placidos[44] obscura quies[45]
praebetque[46] senes[47] casa[48] securos.
Admota[49] aetheriis[50] culmina[51] sedibus[52]
Euros[53] excipiunt[54], excipiunt Notos[55],
insani[56] Boreae[57] minas[58]
imbriferumque[59] Corum[60].
Raros patitur fulminis ictus[61]
umida[62] vallis[63] :
tremuit[64] telo Jovis altisoni[65]
Caucasus ingens[66] Phrygiumque[67] nemus[68]
matris Cybeles[69] : metuens caelo
Juppiter alto[70] vicina[71] petit[72] ;
non capit[73] umquam magnos motus
humilis tecti[74] plebeia domus,
circa[75] regna[76] tonat.
Volat ambiguis mobilis alis[77]
hora nec ulli praestat velox
Fortuna fidem[78]. Hic qui clari
† sidera mundi[79]
nitidumque diem, morte relicta,
luget[80] maestos tristis[81] reditus[82]
ipsoque magis flebile[83] Averno[84]
sedis[85] patriae videt hospitium.
Pallas[86] Actaeae[87] veneranda[88] genti
quod[89] tuus caelum superosque[90] Theseus
spectat et fugit Stygias[91] paludes,
casta nil debes[92] patruo[93] rapaci[94] :
constat[95] inferno numerus tyranno.
Quae vox ab altis flebilis tectis sonat
strictoque[96] vaecors[97] Phaedra quid ferro parat ?

NOTES

1. **funebris, e :** funèbre.
2. **funebris manus :** *est apposé à* famuli.
3. **distraho, is, ere, traxi, tractum :** rompre en morceaux, partager.
4. **cruentus, a, um :** sanglant, sanguinaire.
5. **trames, itis, m :** la route.
6. **signo, as, are, avi, atum :** marquer.
7. **nota, ae, f :** le signe.

8. **vestigo, as, are, avi, atum :** suivre à la trace.
9. **canes, is, m ou f :** le chien, la chienne.
10. **doleo, es, ere, ui, itum :** éprouver de la douleur.
11. **sedulus, a, um :** diligent, zélé, appliqué.
12. **expleo, es, ere, evi, etum :** compléter.
13. **forma, ae, f :** la beauté.
14. **decus, oris, n :** l'ornement, l'illustration.
15. **modo** (adverbe) **:** jadis.
16. **heres, edis, m :** l'héritier.
17. **sidus, eris, n :** l'étoile, l'astre.
18. **fulgeo, es, ere, fulsi, – :** briller, resplendir.
19. **modus, i, m :** la manière.
20. **passim** (adverbe) **:** en tous sens, pêle-mêle, indistinctement.
21. **colligo, is, ere, legi, lectum :** ramasser.
22. **rogus, i, m :** le bûcher.
23. **funus, eris, n :** les funérailles.
24. **confero, fers, ferre, tuli, collatum :** réunir, mettre ensemble.
25. **vinclum, i, n :** le lien, l'attache.
26. **invitus, a, um :** contre son gré.
27. **occido, is, ere, occidi, occasum (ob + cado) :** tomber, périr.
28. **noxius, a, um :** qui nuit, coupable, criminel.
29. **amitto, is, ere, misi, missum :** perdre.
30. **fleo, es, ere, flevi, fletum :** pleurer.
31. **equidem :** pour ma part.
32. **abominandus, a, um :** abominable.
33. **madeo, es, ere, ui, – :** être mouillé.
34. **fletus, us, m :** les pleurs.
35. **gena, ae, f :** la joue.
36. **interimo, is, ere, emi, emptum :** tuer.
37. **non :** *porte sur* interemi *; la construction du vers semble volontairement ambiguë.*
38. **casus, us, m :** l'événement, le malheur.
39. **roto, as, are, avi, atum :** faire tourner.
40. **parvis :** *adjectif substantivé au neutre* ; les petites gens.
41. **furio, is, ire, –, – :** être en délire, se déchaîner.
42. **ferio, is, ire, –, – :** frapper.
43. **servo, as, are, avi, atum :** faire attention à, veiller sur.
44. **placidus, a, um :** calme, paisible.
45. **quies, quietis, f :** le repos.
46. **praebeo, es, ere, ui, itum :** présenter, offrir.
47. **senex, senis :** vieux ; *ici* vieux jours.
48. **casa :** *nominatif.*
49. **admoveo, es, ere, movi, motum :** approcher.
50. **aetherius, a, um :** éthéré, céleste.
51. **culmen, inis, n :** *ici* l'édifice.
52. **sedes, is, f :** le séjour, la contrée.
53. **Eurus, i, m :** l'Eurus, *vent du sud-est.*
54. **excipio, is, ere, cepi, ceptum :** recevoir.
55. **Notus, i, m :** le Notus, *vent du midi.*
56. **insanus, a, um :** dément, fou.
57. **Boreas, ae, m :** le Borée, *vent du nord.*
58. **mina, ae, f :** la menace.
59. **imbrifer, a, um :** porteur de pluie.
60. **Corus, i, m :** le Corus, *vent du nord-ouest.*
61. **ictus, us, m :** le coup.
62. **umidus, a, um :** humide.
63. **vallis, is, f :** la vallée.
64. **tremo, is, ere, tremui, – :** trembler.
65. **altisonus, a, um :** tonnant de haut.
66. **ingens, entis :** immense.
67. **Phrygius, a, um :** Phrygien.
68. **nemus, oris, n :** les pâturages, les bois.
69. **Cybele, es, f :** Cybèle, *mère des dieux.*
70. **caelo alto :** *datif complément de* metuens.
71. **vicina :** les endroits voisins.
72. **peto, is, ere, i(v)i, itum :** atteindre.
73. **capio, is, ere, cepi, captum :** *ici* éprouver.
74. **humilis tecti :** *génitif de qualité* ; **humilis, e :** humble.
75. **circa** + accusatif **:** autour de.
76. **regnum, i, n :** le royaume.
77. **ambiguus, a, um :** incertain, flottant ; **ambiguis alis :** des ailes qui sont tantôt de bon, tantôt de mauvais augure.
78. **fidem alicui praesto, as, are, stiti, statum :** tenir parole à quelqu'un.
79. *Il faut sous-entendre* iterum videt, *pour pallier la lacune.*
80. **lugeo, es, ere, luxi, luctum :** se lamenter, déplorer.
81. **tristis :** *nominatif singulier.*
82. **reditus, us, m :** le retour.
83. **flebilis, e :** lamentable, qui fait pleurer.
84. **Avernus, i, m :** l'Averne, *lac où les poètes situent une entrée des Enfers.*
85. **sedes, is patria, ae :** la maison paternelle.
86. **Pallas, adis/ados, f :** Pallas, Athéna, *déesse protectrice de Thésée.*
87. **Actaeus, a, um :** de l'Attique, athénien ; **Actaeae genti :** *datif complément d'agent de* veneranda.
88. **veneror, aris, ari, atus sum :** vénérer, honorer.
89. **quod :** parce que.
90. **superi, orum m pl :** *ici* le monde des vivants.
91. **Stygius, a, um :** du Styx.
92. **debeo, es, ere, ui, itum :** devoir, être en dette.
93. **patruus, i, m :** l'oncle ; *désigne ici Pluton.*
94. **rapax, acis :** rapace.
95. **consto, as, are, stiti, stiturus :** rester stable ; *cela fait allusion au fait que Thésée s'est enfui des Enfers et qu'en quelque sorte Hippolyte a pris sa place.*
96. **stringo, is, ere, strinxi, strictum :** tirer, dégainer.
97. **vaecors, cordis :** privé de son esprit, insensé.

18. Ultime confession et mort de Phèdre

Vers 1156 à 1198 ➤ traduction p. 172-173

Le messager a achevé son récit de la mort d'Hippolyte à un Thésée qui pleure la disparition de son fils, sans toutefois regretter d'en être l'auteur. L'acte IV s'achève sur un canticum *du chœur (sur les dangers de la grandeur, cible préférée de la Fortune) et annonce l'arrivée de Phèdre que l'on entend gémir du fond du palais.*

THESEUS

Quis te dolore percitam[1] instigat[2] furor ?
Quid ensis[3] iste quidve[4] vociferatio[5]
planctusque[6] supra corpus invisum[7] volunt[8] ?

PHAEDRA

Me, me, profundi saeve dominator freti,
invade et in me monstra caerulei[9] maris
emitte[10], quicquid[11] intimo[12] Tethys[13] sinu
extrema gestat[14], quicquid Oceanus vagis[15]
complexus[16] undis ultimo[17] fluctu[18] tegit[19].
O dure Theseu[20] semper, o numquam ad tuos
tuto[21] reverse[22] : gnatus[23] et genitor nece[24]
reditus[25] tuos luere[26] ; pervertis[27] domum
amore semper[28] conjugum[29] aut odio nocens[30].
Hippolyte, tales[31] intuor[32] vultus[33] tuos
talesque feci ? Membra quis[34] saevus Sinis[35]
aut quis Procrustes[36] sparsit[37] aut quis Cresius[38],
Daedalea[39] vasto claustra[40] mugitu[41] replens,
Taurus biformis[42] ore[43] cornigero[44] ferox[45]
divulsit[46] ? Heu[47] me, quo tuus fugit[48] decor[49]
oculique nostrum sidus[50] ? Exanimis jaces ?
ades[51] parumper[52] verbaque exaudi[53] mea : –
nil[54] turpe[55] loquimur : hac manu poenas tibi
solvam[56] et nefando[57] pectori ferrum[58] inseram[59]
animaque Phaedram pariter ac scelere exuam[60]
et te per undas perque Tartareos[61] lacus[62],

per Styga[63], per amnes[64] igneos[65] amens[66] sequar.
Placemus[67] umbras : capitis[68] exuvias[69] cape
laceraeque[70] frontis[71] accipe abscisam[72] comam[73].
Non licuit[74] animos jungere, at certe[75] licet
junxisse fata[76]. Morere[77], si casta es, viro,
si incesta[78], amori. Conjugis thalamos[79] petam
tanto impiatos[80] facinore ? Hoc derat[81] nefas,
ut[82] vindicato[83] sancta[84] fruereris toro[85].
O mors amoris una[86] sedamen[87] mali,
o mors pudoris maximum laesi[88] decus[89],
confugimus[90] ad te : pande[91] placatos[92] sinus[93].
Audite, Athenae, tuque, funesta pater
pejor noverca[94] : falsa memoravi[95] et nefas[96],
quod ipsa demens[97] pectore insano hauseram[98],
mentita[99] finxi[100]. Vana[101] punisti[102] pater
juvenisque castus crimine incesto[103] jacet,
pudicus[104], insons[105] : – recipe jam mores[106] tuos[107].
Mucrone[108] pectus impium justo[109] patet[110]
cruorque[111] sancto solvit inferias[112] viro[113].

NOTES

1. **percio, is, ire, i(v)i, itum :** ébranler, remuer fortement.
2. **instigo, as, are, avi, atum :** exciter, stimuler.
3. **ensis, is, m :** le glaive, l'épée.
4. **-ve :** *dans l'interrogation*, et.
5. **vociferatio, onis, f :** les clameurs, les vociférations.
6. **planctus, us, m :** la lamentation bruyante, les gémissements, les coups.
7. **invado, is, ere, vasi, vasum :** se jeter sur, attaquer.
8. **volunt :** *littéralement* que veulent ? *d'où* pourquoi ?
9. **caeruleus, a, um :** bleu sombre.
10. **emitto, is, ere, misi, missum :** lancer.
11. **quisquis, quidquid :** quelle que soit la personne / chose qui / que.
12. **intimus, a, um :** le fond de.
13. **Thetys, ydis, f :** Thétis, *la mer par personnification de la mer Méditerranée occidentale ;* **extrema Thetys :** lointaine Thétis.
14. **gesto, as, are, avi, atum :** porter, transporter.
15. **vagus, a, um :** errant.
16. **complexus, a, um :** qui embrasse.
17. **ultimus, a, um :** extrême, le plus reculé.
18. **fluctus, us, m :** le flot, le courant.
19. **tego, is, ere, tetigi, tectum :** recouvrir, abriter, cacher.
20. **Theseu :** *vocatif de* Theseus.
21. **tuto :** sans danger.
22. **reverto, is, ere, verti, versum :** retourner, rentrer.
23. **gnatus, i, m :** le fils.
24. **nex, necis, f :** la mort (violente).
25. **reditus, us, m :** le retour.
26. **luo, is, ere, lui, luiturus :** racheter, expier, payer.
27. **perverto, is, ere, verti, versum :** bouleverser, renverser.
28. **semper :** *porte sur* pervertis.
29. **conjux, jugis, m/f :** l'époux, l'épouse.
30. **noceo, es, ere, nocui, nocitum :** nuire.
31. **talis, e :** tel, dans un tel état.
32. **intu(e)or, eris, eri, itus sum :** regarder attentivement.
33. **vultus :** *pluriel poétique.*
34. **quis :** *adjectif interrogatif.*

35. Sinis, is, m : Sinis, *brigand tué par Thésée.*
36. Procrustes, ae, m : Procruste, *brigand tué par Thésée.*
37. spargo, is, ere, sparsi, sparsum : éparpiller.
38. Cre(s)sius, a, um : crétois, de Crète.
39. Daedaleus, a, um : de Dédale.
40. claustra, orum, n pl : la fermeture, la barrière, l'endroit fermé.
41. mugitus, us, m : le mugissement.
42. biformis, e : à double forme, monstrueux.
43. os, oris, n : *ici* la tête.
44. corniger, ra, rum : cornu.
45. ferox, ocis : à l'air terrible, féroce.
46. divello, is, ere, vulsi, vulsum : déchirer, mettre en pièces.
47. heu (interjection) **:** hélas ; *marque la lamentation.*
48. fugit : *accordé avec le plus proche* (decor).
49. decor, oris, m : la beauté.
50. nostrum sidus : *littéralement* notre étoile, *c'est-à-dire* l'étoile qui détermine mon destin.
51. ades : *impératif.*
52. parumper (adverbe) **:** un peu de temps.
53. exaudio, is, ire, ivi, itum : prêter l'oreille à.
54. nil = nihil.
55. turpis, e : honteux, indigne, infâme.
56. poenas solvo, is, ere, solvi, solutum : subir un châtiment.
57. nefandus, a, um : impie, criminel.
58. ferrum, i, n : le fer, l'épée, le glaive.
59. insero, is, ere, ui, sertum : introduire.
60. exuo, is, ere, ui, utum : dégager, débarrasser.
61. Tartareus, a, um : du Tartare.
62. lacus, us, m : le lac, le marais.
63. Styx, ygis, f : le Styx, *fleuve des Enfers.*
64. amnis, is, m : le fleuve.
65. igneus, a, um : de feu, enflammé.
66. amens, mentis : qui a perdu la raison, fou, dément.
67. placo, as, are, avi, atum : apaiser, calmer.
68. capitis : *désigne la tête de Phèdre.*
69. exuviae, arum, f pl : les dépouilles.
70. lacer, a, um : mutilé, déchiré ; *se lacérer le visage fait partie des honneurs rendus à un mort.*
71. frons, frontis, f : le front.
72. abscido, is, ere, cidi, cisum : couper.
73. coma, ae, f : le cheveu, la chevelure.
74. licet (parfait : licuit) **:** il est permis.
75. certe (adverbe) **:** du moins.
76. fatum, i, n : le destin, la destinée.
77. morior, eris, i, mortuus sum : mourir.
78. incestus, a, um : impur, incestueux.
79. thalamus, i, m : la couche nuptiale, le lit ; *pluriel poétique.*
80. impio, as, are, avi, atum : souiller par un acte d'impiété.
81. derat = deerat.
82. hoc nefas... ut... : ce sacrilège... à savoir...
83. vindico, as, are, avi, atum : venger.
84. sancta : considérée comme pure.
85. torus, i, m : le lit.
86. unus, a, um : seul, unique.
87. sedamen, inis, n : l'adoucissement
88. laedo, is, ere, laesi, laesum : endommager, blesser, outrager.
89. decus, oris, n : la parure, la gloire, l'honneur.
90. confugio, is, ere, fugi, – : se réfugier.
91. pando, is, ere, pandi, pansum (passum) : déployer, ouvrir.
92. placatus, a, um : bienveillant, apaisant, tranquille.
93. sinus, us, m : le sein, le giron.
94. noverca, ae, f : la marâtre, la belle-mère.
95. memoro, as, are, avi, atum : raconter.
96. nefas (neutre indéclinable) **:** crime impie.
97. demens, entis : fou, dément.
98. haurio, is, ere, hausi, haustum : puiser, tirer.
99. mentior, iris, iri, itus sum : mentir.
100. fingo, is, ere, finxi, fictum : façonner, fabriquer, imaginer.
101. vanus, a, um : vain, inexistant, sans réalité.
102. punio, is, ire, i(v)i, itum : punir, châtier.
103. crimine incesto : par une accusation d'inceste.
104. pudicus, a, um : chaste, vertueux.
105. insons, sontis : innnocent.
106. mos, moris, m : *au pluriel,* le caractère.
107. recipe jam mores tuos : *s'adresse à Hippolyte.*
108. mucro, onis, m : la pointe, l'épée.
109. justus, a, um : juste, mérité, légitime.
110. pateo, es, ere, ui, – : être ouvert.
111. cruor, oris, m : le sang (qui coule).
112. solvit inferias : offre le sacrifice dû aux morts.
113. viro : *désigne Hippolyte.*

Traduction des vers 1169 à 1173

❏❏❏❏❏❏❏ **1. Traduction de Jean-Marie-Louis Coupé (1795)**

Quel Sinis inhumain, quel Procruste, quel Minotaure échappé du labyrinthe de Dédale m'a si cruellement déchiré ses membres !

❏❏❏❏❏❏❏ **2. Traduction de Charles Nisard (1855)**

Quel nouveau Sinis, quel nouveau Procruste a mis ainsi tes membres en lambeaux ? Quel Minotaure, quel monstre aux cornes menaçantes, et remplissant de ses longs mugissements le labyrinthe de Dédale, t'a déchiré si cruellement ?

❏❏❏❏❏❏❏ **3. Traduction de Florence Dupont (© Actes Sud, 2012)**

Quel monstre ? Quel brigand ?
Un de ceux qu'autrefois terrassait Thésée ?
Quel Minotaure enfermé mugissant dans les murs de Dédale
T'a sauvagement déchiqueté à grands coups de cornes
Hippolyte… ?

Entraînement au BAC

1 **Langue.** Relevez les deux verbes au subjonctif de ce passage et précisez-en la valeur.

2 **Traduction.** Comparez les trois traductions des vers 1169 à 1173. Quelle est la plus proche du latin ? Quelle est la plus éloignée ? Quelles raisons peuvent pousser un traducteur à adopter une traduction aussi éloignée ?

3 **Analyse**

a. Étudiez les trois vers prononcés par Thésée : relevez le vocabulaire du deuil. Quels mots n'ont pas leur place dans une telle situation ?

b. À quoi voit-on que Phèdre semble encore être égarée, en proie au *furor* ?

c. Montrez que Phèdre est tiraillée entre le *pudor* et le *nefas*.

d. Relevez tous les passages qui montrent que Phèdre cherche à unir son sort à celui d'Hippolyte.

e. Quel double sens Phèdre donne-t-elle à sa propre mort ?

f. Retrouvez, dans le texte de Robert Garnier, les éléments présents chez Sénèque et montrez comment ils sont développés chez l'un et l'autre auteur.

4 **Version.** Traduisez les vers 1159 à 1169 (jusqu'à *tales feci*).

Robert Garnier reprend, dans sa pièce Hippolyte, *l'échange entre Thésée et Phèdre.*

Thésée
Quelle nouvelle rage entre en vous maintenant ?
Pour quel nouveau désastre allez-vous forcenant ?
Dites, ma douce Amie, avez-vous reçu ores
Quelque nouvel ennui, que je poursuive encore ?
Phèdre
Ô crédule Thésée, et par mon faux rapport
Fait coupable du sang de ce pauvre homme mort !
Apprenez de ne croire aux plaintes sanguinaires,
Que vous font méchamment vos femmes adultères.
Hippolyte Hippolyte, hélas ! je romps le cours,
Par un ardent amour, de vos pudiques jours.
Pardonnez-moi, ma vie, et sous la sépulture
N'enfermez indigné cette implacable injure :
Je suis votre homicide, Hippolyte, je suis
Celle qui vous enferme aux infernales nuits :
Mais de mon sang lascif je vais purger l'offense
Que j'ai commise à tort contre votre innocence.
Ô Terre ! crève-toi, crève-toi, fends ton sein,
Et m'engloutis cruelle en un gouffre inhumain.
Et toi porte-trident Neptune Roi des ondes,
Que n'as-tu déchaîné tes troupes vagabondes
Contre ton traître chef, plutôt que par un vœu
Fait d'un homme crédule, occire ton neveu ?
[...]
Las ! où est ce beau front ? où est ce beau visage,
Ces beaux yeux martyrans, notre commun dommage ?
Où est ce teint d'albâtre, où est ce brave port,
Hélas hélas ! où sont ces beautés, notre mort ?
Ce n'est plus vous, mon cœur, ce n'est plus Hippolyte :
Las ! avecques sa vie est sa beauté détruite.
Or recevez mes pleurs, et n'allez reboutant
La chaste affection de mon cœur repentant :
Recevez mes soupirs, et souffrez que je touche
De ce dernier baiser à votre tendre bouche.
Belle âme, si encore vous habitez ce corps,
Et que tout sentiment n'avez tiré dehors,
S'il y demeure encor de vous quelque partie,
Si vous n'êtes encor de lui toute partie,

Je vous prie, ombre sainte, avec genoux pliés,
Les bras croisés sur vous, mes fautes oubliez.
Je n'ai point de regret de ce que je trépasse,
Mais de quoi trépassant je n'ai pas votre grâce :
La mort m'est agréable, et me plaît de mourir.
Las ! et que puis-je moins qu'ore à la mort courir
Ayant perdu ma vie, et l'ayant, malheureuse,
Perdue par ma faute en ardeur amoureuse ?
Le destin envieux et cruel n'a permis
Que nous puissions vivants nous embrasser amis :
Las ! qu'il permette au moins que de nos âmes vides
Nos corps se puissent joindre aux sépulcres humides.
Ne me refusez point, Hippolyte, je veux
Amortir de mon sang mes impudiques feux.
Mes propos ne sont plus d'amoureuse détresse,
Je n'ai rien de lascif qui votre âme reblesse.

Robert Garnier (1544-1590), *Hippolyte*, vers 2165 à 2186 et 2203 à 2232, orthographe modernisée (1573).

19. Thésée appelle la mort sur lui

Vers 1199 à 1243 ➤ traduction p. 173-174

Après les révélations du mensonge de Phèdre,
Thésée implore son propre châtiment.

THESEUS

Quid facere rapto debeas gnato parens,
disce[1] a noverca[2] : condere[3] Acherontis[4] plagis[5].
Pallidi fauces[6] Averni[7] vosque, Taenarii[8] specus[9],
unda miseris grata[10] Lethes[11], vosque, torpentes[12] lacus,
impium rapite[13] atque mersum[14] premite[15] perpetuis[16] malis.
Nunc adeste, saeva ponti monstra, nunc vastum mare
ultimo quodcumque[17] Proteus aequorum[18] abscondit[19] sinu[20],
meque ovantem[21] scelere tanto rapite in altos gurgites[22] ;
tuque semper, genitor, irae facilis[23] assensor[24] meae :
morte facili dignus[25] haud[26] sum qui nova[27] natum[28] nece[29]
segregem[30] sparsi[31] per agros quique[32], dum[33] falsum nefas
exsequor[34] vindex[35] severus[36], incidi[37] in verum scelus.
Sidera et manes[38] et undas scelere complevi[39] meo ;
amplius[40] sors[41] nulla restat : regna me norunt[42] tria.
In hoc[43] redimus ? Patuit[44] ad caelum via
bina[45] ut viderem funera[46] et geminam[47] necem ;
caelebs[48] et orbus[49] funebres[50] una face[51]
ut[52] concremarem[53] prolis[54] ac thalami[55] rogos ?
Donator atrae[56] lucis, Alcide[57], tuum
Diti[58] remitte munus[59] ; ereptos[60] mihi
restitue manes. Impius frustra[61] invoco[62]
mortem relictam[63] ; – crudus[64] et leti[65] artifex[66],
exitia[67] machinatus[68] insolita[69], effera[70],
nunc tibimet[71] ipse justa[72] supplicia inroga[73].
Pinus[74] coacto[75] vertice[76] attingens[77] humum[78]
caelo[79] remissum[80] findat[81] in geminas trabes[82],
mittarve praeceps[83] saxa per Scironia[84] ?

Graviora vidi, quae pati[85] clausos[86] jubet
Phlegethon[87] nocentes[88] igneo[89] cingens[90] vado[91] :
quae[92] poena memet maneat[93] et sedes[94], scio.
Umbrae nocentes[95], cedite[96] et cervicibus[97]
his, his repositum degravet[98] fessas[99] manus
saxum[100], seni[101] perennis[102] Aeolio[103] labor[104] ;
me ludat[105] amnis ora vicina[106] alluens[107] ;
vultur[108] relicto transvolet[109] Tityo[110] ferus
meumque poenae[111] semper accrescat[112] jecur[113] ;
et tu mei requiesce[114] Perithoi pater :
haec incitatis[115] membra turbinibus[116] ferat
nusquam[117] resistens[118] orbe revoluto[119] rota[120].
Dehisce[121], tellus, recipe me, dirum[122] chaos[123],
recipe. Haec[124] ad umbras justior[125] nobis via[126] est :
gnatum sequor ; – ne metue[127], qui manes regis :
casti[128] venimus ; recipe me aeterna domo[129]
non exiturum[130]. Non movent divos[131] preces[132] ;
at si rogarem[133] scelera, quam[134] proni[135] forent[136].

NOTES

1. **disco, is, ere, didici, discitum :** apprendre.
2. **noverca, ae, f :** la marâtre.
3. **condo, is, ere, condidi, conditum :** cacher ; **condere :** *impératif passif.*
4. **Acheron, ontis, m :** l'Achéron, *fleuve des Enfers.*
5. **plaga, ae, f :** la région.
6. **fauces, ium, f pl :** la gorge, le passage étroit.
7. **Avernus, i, m :** Averne, *endroit où les poètes placent une entrée des Enfers.*
8. **Taenarius, a, um :** de Ténare, *autre endroit où se trouve une entrée des Enfers.*
9. **specus, us, m :** la grotte, la caverne.
10. **gratus, a, um :** agréable.
11. **Lethe, es, f :** le Léthé, *fleuve des Enfers dont l'eau fait oublier le passé.*
12. **torpeo, es, ere, –, – :** être engourdi, immobile ; **torpentes lacus :** lacs dormants.
13. **rapio, is, ere, ui, raptum :** emporter.
14. **mergo, is, ere, mersi, mersum :** plonger, engloutir.
15. **premo, is, ere, pressi, pressum :** serrer, comprimer.
16. **perpetuus, a, um :** sans interruption, permanent, éternel.
17. **quicumque, quaecumque, quodcumque :** tout ce qui, tout ce que.
18. **aequor, oris, n :** la plaine liquide, la mer.
19. **abscondo, is, ere, condidi, conditum :** cacher, dérober à la vue.
20. **ultimus sinus :** le fond du sein, au plus profond du sein.
21. **ovo, as, are, –, atum :** triompher, pousser des cris de joie.
22. **gurges, itis, m :** le tourbillon, le gouffre, l'abîme.
23. **facilis, e** + datif **:** facile, complaisant, favorable à.
24. **assensor, oris, m :** l'approbateur.
25. **dignus, a, um** + ablatif **:** digne de.
26. **haud :** négation.
27. **novus, a, um :** nouveau, inouï.
28. **natus, i, m :** l'enfant, le fils.
29. **nex, necis, f :** la mort violente.
30. **segrex, egis :** séparé, isolé.
31. **spargo, is, ere, sparsi, sparsum :** éparpiller, disséminer.
32. **quique = et qui.**
33. **dum :** pendant que.
34. **exsequor, eris, i, secutus sum :** poursuivre, suivre jusqu'au bout.

35. **vindex, icis, m :** vengeur.
36. **severus, a, um :** sévère, impitoyable.
37. **incido, is, ere, cidi, – :** tomber dans.
38. **manes, ium, m pl :** les mânes, les âmes des morts.
39. **compleo, es, ere, evi, etum :** emplir, remplir.
40. **amplius :** plus longtemps.
41. **sors, sortis, f :** le sort, le lot ; *désigne ici les domaines tirés au sort par les trois frères Jupiter, Neptune et Pluton.*
42. **norunt = noverunt.**
43. **in hoc :** pour, en vue de cela.
44. **pateo, es, ere, ui, – :** s'ouvrir.
45. **bini, as, a :** deux ; *en latin classique on aurait* duo.
46. **funus, eris, n :** les funérailles, le cadavre.
47. **geminus, a, um :** double.
48. **caelebs, ibis :** célibataire.
49. **orbus, a, um :** privé de, orphelin, sans enfant.
50. **funebris, e :** funèbre.
51. **fax, facis, f :** la torche, le flambeau.
52. **ut :** *la proposition finale commence au vers 1215.*
53. **concremo, as, are, avi, atum :** brûler, réduire en cendres.
54. **proles, is, f :** la race, la lignée, la descendance.
55. **thalamus, i, m :** le lit nuptial.
56. **ater, atra, atrum :** noir, sombre, funeste.
57. **Alcide,** vocatif de **Alcides, ae, m :** Alcide, descendant d'Alcée, *c'est-à-dire Hercule.*
58. **Dis, Ditis, m :** Dis, Pluton.
59. **tuum munus :** *désigne le présent que Dis a fait à Hercule.*
60. **eripio, is, ere, ripui, reptum :** arracher.
61. **frustra** (adverbe) **:** en vain.
62. **invoco, as, are, avi, atum :** invoquer.
63. **relinquo, is, ere, reliqui, relictum :** laisser, abandonner, quitter.
64. **crudus, a, um :** *ici* cruel.
65. **letum, i, n :** la mort.
66. **artifex, ficis, m :** l'artisan.
67. **exitium, ii, n :** la fin, la mort
68. **machinor, aris, ari, atus sum :** inventer, imaginer, tramer.
69. **insolitus, a, um :** insolite, nouveau, inouï.
70. **efferus, a, um :** sauvage.
71. **tibimet = tibi.**
72. **justus, a, um :** mérité, juste.
73. **inrogo, as, are, avi, atum :** imposer, infliger.
74. **pinus, i, f :** le pin.
75. **cogo, is, ere, coegi, coactum :** *ici* tendre, serrer.
76. **vertex, icis, m :** le sommet.
77. **attingo, is, ere, tigi, tactum :** atteindre, toucher.
78. **humus, i, f :** le sol, la terre.
79. **caelo :** *datif de but, de destination.*
80. **remitto, is, ere, misi, missum :** renvoyer ; **remissum :** *sous-entendu* me.
81. **findo, is, ere, fidi, fissum :** fendre, ouvrir, séparer.
82. **in geminas trabes :** en m'attachant à deux troncs ; *le supplice décrit ici est celui infligé à Sinis par Thésée : le supplicié était attaché à deux troncs, dont l'un était fixe et l'autre servait de catapulte, provoquant ainsi l'écartèlement.*
83. **praeceps, cipitis :** la tête la première.
84. **Scironius, a, um :** de Sciron ; *il s'agit ici du supplice infligé au brigand Sciron qui jetait les voyageurs au bas des rochers, qui depuis portent son nom.*
85. **patior, eris, i, passus sum :** supporter, endurer, souffrir.
86. **claudo, is, ere, clausi, clausum :** enfermer.
87. **Phlegethon, ontis, m :** le Phlégéthon, *fleuve des Enfers qui encercle les grands coupables par des flammes.*
88. **nocens, entis :** nuisible, criminel, coupable.
89. **igneus, a, um :** en feu, de feu, de flammes.
90. **cingo, is, ere, cinxi, cinctum :** ceindre, encercler.
91. **vadum, i, n :** le bas-fond, la passe dangereuse d'un fleuve.
92. **quae :** *porte sur* poena et sedes ; *introduit une interrogative indirecte après* scio.
93. **maneo, es, ere, mansi, mansum :** *ici* attendre.
94. **sedes, is, f :** le séjour, la résidence.
95. **umbrae nocentes :** ombres des coupables.
96. **cedo, is, ere, cessi, cessum :** céder ; *ici* céder la place.
97. **cervix, icis, f :** la nuque, le cou, l'épaule ; **his cervicibus :** *ablatif de lieu complément de* repositum.
98. **degravo, as, are, –, atum :** surcharger, accabler.
99. **fessus, a, um :** fatigué, épuisé.
100. **saxum, i, n :** le rocher.
101. **senex, senis :** vieux.
102. **perennis, e :** éternel, sans fin.
103. **Aeolius, a, um :** d'Éole.
104. **labor :** *apposé à* saxum.
105. **ludo, is, ere, lusi, lusum** + accusatif **:** se jouer de.
106. **ora vicina :** le tour de ma bouche.
107. **alluo, is, ere, lui, – :** venir mouiller, baigner.
108. **vultur, uris, m :** le vautour.
109. **transvolo, as, are, avi, atum :** s'envoler, traverser d'un coup d'aile.
110. **Tityos, i, m :** Tityos.
111. **poenae :** *datif de but.*
112. **accresco, is, ere, crevi, cretum :** aller en s'accroissant.
113. **jecur, oris (jecinoris), n :** le foie.
114. **requiesco, is, ere, quievi, quietum :** se reposer.
115. **incito, as, are, avi, atum :** pousser vivement, lancer.
116. **turbo, inis, m :** le tourbillon, la toupie,

le mouvement circulaire.
117. **nusquam :** jamais ; *porte sur* resistens.
118. **resisto, is, ere, stiti, – :** s'arrêter.
119. **orbe revoluto :** une fois un tour achevé.
120. **rota, ae, f :** la roue.
121. **dehisco, is, ere, –, – :** s'ouvrir.
122. **dirus, a, um :** funeste, sinistre, effrayant.
123. **chaos, i, n :** le chaos.
124. **haec :** hoc *a subi l'attraction du genre de l'attribut* (via).
125. **justus, a, um :** *ici* légitime.
126. **via, ae, f :** *ici* le voyage.
127. **ne metue :** *expression non classique de la défense, on attendrait :* ne metueris.
128. **castus, a, um :** pur ; **casti :** *pluriel de majesté.*
129. **aeterna domo :** *ablatif locatif sans préposition.*
130. **exeo, is, ere, i(v)i, itum :** sortir ; exiturum *est apposé à* me.
131. **divos = deos.**
132. **preces, um, f pl :** les prières, les supplications.
133. **rogo, as, are, avi, atum :** demander, réclamer.
134. **quam** (adverbe) **:** *exclamatif.*
135. **pronus, a, um :** enclin, bien disposé, favorable.
136. **forent :** *autre forme du subjonctif imparfait de* sum (= essent).

Vers le commentaire

1 Faites un plan de ce passage.

2 Relevez tous les mots et expressions qui évoquent les Enfers.

3 Faites des recherches pour retrouver qui sont les suppliciés des vers 1223 à 1237 et quels crimes ils expient ainsi. Retrouvez également les crimes de Thésée auxquels il est fait allusion au vers 1211.

4 Le monologue de Thésée est en trimètres iambiques (mètre du diverbium), excepté les vers 1201 à 1212 qui sont écrits dans un mètre lyrique. Comment pouvez-vous expliquer ce changement ?

5 Relevez tous les éléments montrant que Thésée, par la grandeur de son crime, est exclu de l'univers tout entier.

6 Retrouvez dans le passage les vers qui montrent que les plaintes de Thésée restent et resteront vaines. Quel sens donner à cette absence de châtiment ?

7 Quelle thématique est commune aux deux textes de Sénèque ? Quelle(s) différence(s) y voyez-vous cependant ?

Hercule a tué sa femme et ses fils sous le coup d'une folie passagère envoyée par Junon. Lorsqu'il reprend ses esprits, il souhaite mourir.

Hercule : Quel lieu choisir pour mon exil ? Où me cacher ? Quelle terre deviendra mon tombeau ? Toutes les eaux du Tanaïs, celles du Nil ; le Tigre qui précipite son cours vers le golfe Persique ; le Rhin majestueux ; le Tage qui roule de l'or à travers les champs de l'Ibérie, pourraient-ils purifier mes mains ? Non, quand les froides mers de la Scythie feraient passer leurs flots sur moi ; quand l'Océan tout entier s'épancherait sur mes mains, ils n'effaceraient pas mes souillures. Cruel, où iras-tu te cacher ? Dans les climats de l'Aurore, ou chez les peuples du Couchant ? Connu du monde entier, je ne puis même trouver un lieu d'exil. La terre me rejette ; les astres effrayés s'élancent de leur route accoutumée :

le soleil a vu Cerbère avec moins d'horreur. Ô Thésée, ami fidèle, cherche-moi une retraite éloignée, inaccessible ; et puisque ton sort est de participer aux crimes et d'aimer encore les coupables, pour prix du service que je t'ai rendu, reconduis-moi aux enfers ; charge-moi des chaînes que tu as portées. Là du moins je serai inconnu. Que dis-je ? l'enfer même me connaît.
THÉSÉE : Ma patrie vous tend les bras ; jadis Mars y fut absous d'un meurtre, et remis en possession de ses armes : venez, Alcide, dans cette contrée privilégiée, terre d'expiation même pour les dieux.

Sénèque (4 avant J.-C.-65 après J.-C.), *Hercule furieux*, vers 1321 à 1345, traduction du latin par Nisard (1855).

20. Scène finale

Vers 1244 à 1280 ➤ traduction p. 174-175

Thésée rassemble les morceaux de son fils afin de lui donner une sépulture.

Chorus
Theseu[1], querelis[2] tempus aeternum manet[3] :
nunc justa nato solve[4] et absconde[5] ocius[6]
dispersa foede[7] membra laniatu[8] effero[9].

Theseus
Huc[10], huc reliquias[11] vehite cari[12] corporis
pondusque[13] et artus[14] temere[15] congestos[16] date.
Hippolytus hic[17] est ? Crimen agnosco meum :
ego te peremi[18] ; neu[19] nocens[20] tantum[21] semel[22]
solusve fierem[23], facinus ausurus[24] parens
patrem advocavi[25]. Munere[26] en[27] patrio[28] fruor.
O triste fractis[29] orbitas[30] annis malum[31] !
Complectere[32] artus, quodque[33] de nato[34] est super[35],
miserande[36], maesto[37] pectore incumbens[38] fove[39].

Chorus
Disjecta[40], genitor, membra laceri[41] corporis
in ordinem dispone[42] et errantes loco[43]
restitue partes : fortis hic[44] dextrae[45] locus,
hic laeva[46] frenis[47] docta[48] moderandis[49] manus
ponenda[50] : laevi lateris[51] agnosco[52] notas[53].
Quam magna lacrimis pars[54] adhuc[55] nostris abest[56] !
Durate[57], trepidae[58] lugubri[59] officio manus,
fletusque[60] largos sistite[61], arentes[62] genae[63],
dum[64] membra nato genitor adnumerat[65] suo
corpusque fingit[66].

Theseus
Hoc quid est forma[67] carens[68]

et turpe[69], multo vulnere abruptum[70] undique[71] ?
Quae pars tui sit dubito[72] ; sed pars est tui :
hic, hic repone, non suo, at vacuo[73] loco.
Haecne[74] illa facies[75] igne[76] sidereo[77] nitens,
inimica flectens[78] lumina[79] ? Huc[80] cecidit[81] decor[82] ?
O dira fata, numinum[83] o saevus favor[84] !
Sic ad parentem natus ex voto[85] redit ?
En[86] haec suprema[87] dona genitoris cape,
saepe efferendus[88] : interim[89] haec ignes ferant.
Patefacite[90] acerbam[91] caede funesta[92] domum ;
Mopsopia[93] claris[94] tota lamentis[95] sonet.
Vos apparate[96] regii[97] flammam rogi[98] ;
at vos per agros corporis partes vagas[99]
inquirite[100]. Istam[101] terra defossam[102] premat[103]
gravisque tellus impio capiti incubet[104].

NOTES

1. **Theseu :** *vocatif.*
2. **querela, ae, f :** la plainte.
3. **maneo, es, ere, mansi, mansum :** rester, demeurer.
4. **justa solvo, is, ere, solvi, solutum :** rendre les honneurs funèbres.
5. **abscondo, is, ere, condi, conditum :** cacher, ensevelir.
6. **ocius** (adverbe) **:** *ici* au plus tôt.
7. **foede** (adverbe) **:** affreusement, odieusement.
8. **laniatus, us, m :** la morsure, le déchirement.
9. **efferus, a, um :** sauvage.
10. **huc :** ici *(avec mouvement).*
11. **reliquiae, arum, f pl :** les restes, la dépouille.
12. **carus, a, um :** cher, chéri.
13. **pondus, eris, n :** le poids, le fardeau.
14. **artus, us, m :** le membre (du corps).
15. **temere** (adverbe) **:** à l'aveuglette, au hasard.
16. **congero, is, ere, gessi, gestum :** amasser, mettre en tas.
17. **hic :** *attraction du genre de l'attribut* (= hoc).
18. **perimo, is, ere, emi, emptum :** détruire, anéantir.
19. **neu... -ve... :** afin de ne pas... et de ne pas...
20. **nocens, entis :** coupable.
21. **tantum** (adverbe) **:** seulement.
22. **semel** (adverbe) **:** une seule fois.
23. **fio, is, fieri, factus sum :** devenir, être.
24. **audeo, es, ere, ausus sum :** oser, prendre sur soi.
25. **advoco, as, are, avi, atum :** faire appel à.
26. **munus, eris, n :** le présent, le cadeau.
27. **en** (interjection) **:** voici que.
28. **patrius, a, um :** paternel.
29. **frango, is, ere, fregi, fractum :** briser, anéantir.
30. **orbitas, tatis, f :** la perte d'un enfant.
31. **triste malum :** *apposé à* orbitas.
32. **complector, eris, i, plexus sum :** embrasser, étreindre.
33. **quodque :** *objet à la fois de* incumbens *et de* fove.
34. **de nato :** de ton fils.
35. **est super = superest ; supersum :** rester, demeurer.
36. **miserandus, a, um :** digne de pitié, pitoyable.
37. **maestus, a, um :** abattu, sinistre.
38. **incumbo, is, ere, cubui, cubitum :** s'étendre, se pencher sur.
39. **foveo, es, ere, fovi, fotum :** réchauffer, soigner, caresser.
40. **disjicio, is, ere, jeci, jectum :** disperser.
41. **lacer, a, um :** mutilé, mis en pièces.
42. **dispono, is, ere, posui, positum :** disposer, arranger.
43. **loco :** à leur place.
44. **hic :** ici *(sans mouvement).*

45. dextrae : *sous-entendu* manus.
46. laevus, a, um : gauche.
47. frenum, i, n : le mors, la rêne.
48. doctus, a, um + ablatif : expert, habile à.
49. moderor, aris, ari, atus sum : régler, conduire.
50. ponenda : *sous-entendu* est.
51. latus, eris, n : le flanc, le côté.
52. agnosco, is, ere, novi, nitum : reconnaître.
53. nota, ae, f : la marque, le signe distinctif.
54. magna pars : *désigne les nombreuses parties du corps d'Hippolyte qui n'ont pas encore été retrouvées.*
55. adhuc (adverbe) **:** jusqu'ici, encore.
56. absum, abes, abesse, afui, afuturus + ablatif : être éloigné, être absent.
57. duro, as, are, avi, atum : persévérer.
58. trepidus, a, um : tremblant.
59. lugubris, e : sinistre, de deuil ; **lugubri officio :** *ablatif complément de* trepidae.
60. fletus, us, m : les flots de larmes.
61. sisto, is, ere, steti, statum : arrêter.
62. areo, es, ere, ui, – : être sec.
63. gena, ae, f : *ici* l'œil.
64. dum : pendant que, tant que.
65. adnumero, as, are, avi, atum : compter, dénombrer.
66. fingo, is, ere, finxi, fictum : façonner, fabriquer, composer.
67. forma, ae, f : la forme.
68. careo, es, ere, ui, iturus : manquer de ; carens *est apposé à* hoc.
69. turpis, e : laid, difforme.
70. abrumpo, is, ere, rupi, ruptum : détacher, briser.
71. undique (adverbe) **:** partout, de toutes parts.
72. dubito + interrogative indirecte **:** ne pas savoir.
73. vacuus, a, um : libre, vide.
74. haec : *sous-entendu* est = hoc *avec attraction du genre de l'attribut.*
75. facies, ei, f : le visage.
76. ignis, is, m : le feu.
77. sidereus, a, um : *ici* divin.
78. flecto, is, ere, flexi, flexum : fléchir, émouvoir ; *ici* capable de fléchir.
79. lumina, orum, n pl : *ici* les yeux.
80. huc (adverbe) **:** ici *(avec mouvement).*
81. cado, is, ere, cecidi, casum : tomber, succomber, aboutir à.
82. decor, oris, m : la beauté.
83. numen, inis, n : la divinité, la puissance divine.
84. favor, oris, m : la faveur.
85. ex voto : conformément au vœu *(formulé par son père).*
86. en (adverbe) **:** voici.
87. supremus, a, um : dernier.
88. effero, fers, ferre, extuli, elatum : ensevelir ; **efferendus :** destiné à être enseveli.
89. interim (adverbe) **:** en attendant, pendant ce temps.
90. patefacio, is, ere, feci, factum : ouvrir.
91. acerbus, a, um : âpre, amer, cruel.
92. caede funesta : *complément de* acerbam.
93. Mopsopia, ae, f : Mopsopie, *c'est-à-dire l'Attique.*
94. clarus, a, um : clair, sonore.
95. lamenta, orum, n pl : les lamentations, les gémissements.
96. apparo, as, are, avi, atum : préparer.
97. regius, a, um : royal.
98. rogus, i, m : le bûcher.
99. vagus, a, um : errant, épars.
100. inquiro, is, ere, quisivi, quisitum : rechercher.
101. istam : *désigne Phèdre.*
102. defodio, is, ere, fodi, fossum : enterrer, enfouir.
103. premo, is, ere, pressi, pressum : écraser, presser.
104. incubo, as, are, avi, atum : être étendu, être couché sur.

Traduction des vers 1254 à 1267

❑ ❑ ❑ ❑ ❑ ❑ ❑

1. Traduction de Charles Nisard (1855)

THÉSÉE

Embrassons ce corps déchiré ; donnons à ses débris malheureux ces tristes et derniers témoignages de ma tendresse. Remettons à la place qu'ils occupaient ses membres confusément rassemblés. Ici devait être sa main valeureuse, là sa main gauche, si habile à diriger des coursiers. Je reconnais les signes imprimés sur son flanc gauche. Combien de parties de son corps ne seront point arrosées de mes larmes ! Ô mes tremblantes mains, ne vous lassez point de ce pénible devoir ! Ô mes yeux, retenez les pleurs que vous versez ! Laissez un père compter les membres de son fils, et rendre la forme à son corps. Quel est ce débris informe et tout défiguré par les blessures ? Je ne sais, mais c'est une partie de toi.

❑❑❑❑❑❑❑ **2. Traduction de François-Régis Chaumartin (© Les Belles Lettres, 1996)**

Thésée

Étreins ces membres, ces restes de ton fils, être pitoyable, de toute ta tendresse presse-les sur ton cœur écrasé d'affliction.

Le chœur

Dispose en ordre, père, les membres dispersés de ce corps lacéré, remets au bon endroit ces morceaux abandonnés, pêle-mêle : ici c'est la place de sa vaillante main droite ; là il faut mettre sa main gauche experte à diriger les rênes ; je reconnais des marques de son flanc gauche. Combien de parties de ce corps se dérobent encore à mes larmes ! Continuez mes mains, tremblantes sous cette lugubre tâche ; arrêtez vos torrents de larmes, demeurez secs mes yeux, jusqu'à ce que le père achève de dénombrer les membres de son fils et de redonner forme à ce corps.

Thésée

Quel est ce débris méconnaissable, hideux, mis en pièces par tant de blessures ? Quelle partie de toi est-ce là ? Je ne sais ; mais c'est une partie de toi.

❑❑❑❑❑❑❑ **3. Traduction de Florence Dupont (© Actes Sud, 2012)**

Thésée

Serre contre toi un cadavre
Tout ce qui reste de ton enfant
Couche-toi sur lui, pauvre malheureux
Réchauffe-le contre ton cœur !

Le chœur

Toi le père !
Remets en place les morceaux de ton fils !
Reconstitue-le pièce à pièce !
Ici, son bras droit, le bras du combattant !
Là, son bras gauche, le bras du cocher !
Je reconnais les marques qu'il portait au flanc gauche
Nos larmes coulent sur un cadavre absent

THÉSÉE
Ne renonce pas !
Mes mains, cessez de trembler et remplissez votre office funèbre !
Mes yeux cessez de pleurer !
Mes yeux, cessez de brûler,
Quand un père dénombre les restes de son fils
Et sculpte son corps

Quelle est cette chose informe ? Ce débris sanglant et déchiqueté ?
Une partie de toi ? Sûrement, mais où le placer ?
Mets-le n'importe où !

Entraînement au BAC

1 Langue. Relevez dans ce passage les formes des pronoms hic, iste et ille, ainsi que leurs dérivés. Justifiez-en l'emploi.

2 Traduction. Comparez les traductions proposées. Comment expliquez-vous les différences ? Quelle traduction a votre préférence ? Pourquoi ?

3 Analyse

a. Relevez tous les mots qui désignent Hippolyte. Que constatez-vous ?
b. Étudiez la façon dont la dispersion des membres d'Hippolyte est rendue dans ce passage.
c. Étudiez le vocabulaire de l'affliction. Comment la détresse de Thésée est-elle rendue ?
d. Montrez que la tâche à laquelle s'adonne Thésée est vaine. Quel sens pouvez-vous alors lui donner (vous relirez au besoin le passage précédent, voir texte 19) ?
e. Quel sort est réservé à Phèdre ? Sachant que la formule rituelle lors d'une inhumation est sit terra tibi levis, que pouvez-vous dire des paroles prononcées par Thésée ?
f. Les tragédies de Sénèque ont-elles été écrites afin d'être représentées ? Cette question fait toujours débat. En vous appuyant sur ce passage, proposez des éléments de réponse en faveur ou non de la représentation.

4 Version. Traduisez les vers 1265 (à partir de hoc quid est...) à 1275.

PHÈDRE

Personnages

HIPPOLYTE
PHÈDRE
LA NOURRICE
THÉSÉE
LE MESSAGER
LE CHŒUR

La scène est à Athènes

HIPPOLYTE

Allez, placez-vous tout autour des forêts ombreuses et des sommets de la montagne cécropienne ! D'un pas alerte, parcourez en tous sens les terrains qui s'étendent au pied du Parnès rocheux, ceux que dans la vallée de Thrie un cours d'eau fouette de son onde vive : escaladez les collines, toujours blanchies d'une neige riphéenne ! Par ici, par ici, vous autres, là où de grands aunes couronnent des bois, où s'étendent des prairies que le Zéphyr caresse de son souffle porteur de rosée, faisant jaillir de terre des herbes printanières, là où l'humble Ilissos glisse indolent parmi les maigres champs et effleure de son onde chiche des sables stériles. Vous, allez là où Marathon par le chemin de gauche découvre des collines, où les brebis mères accompagnées de leurs agneaux gagnent leurs pacages nocturnes ; vous, allez où le rude mont d'Acharne, exposé aux tièdes austers, voit s'adoucir la froidure. Que les uns foulent la roche du doux Hymette et d'autres la modeste Aphidna. Une région, depuis longtemps, est en repos exempte de tribut, c'est là où Sounion surplombe le rivage s'incurvant autour de lui. Ceux que tente la gloire de la forêt, Phlyé les appelle : ici séjourne la terreur des paysans, un sanglier que de multiples blessures ont rendu célèbre. Et vous, laissez filer en douceur les laisses des limiers ; mais que vos lanières retiennent les impétueux Molosses et que les Crétois batailleurs, au cou usé, tirent sur leurs solides chaînes.

Quant aux Spartiates (c'est une race audacieuse et avide de gibier), prenez garde de les attacher d'un lien plus serré : viendra le temps où les roches creuses résonneront de leurs aboiements –. Maintenant, envoyés en tous sens, qu'ils aspirent l'air de leur narine au flair subtil et quêtent, la gueule

* Le compte-lignes placé à gauche du texte indique la correspondance avec les vers du texte de Sénèque (exemple : la traduction des vers 1 à 5 du texte latin s'étend de la première ligne à celle notée « 5 »).

fermée, les tanières, tant que le jour demeure indécis, tant que la terre couverte de rosée conserve la trace des pas. Que les uns se hâtent de porter sur leurs épaules les lourds filets aux larges mailles, les autres les lacets bien façonnés. Qu'un cordeau coloré de plumes rouges rabatte le gibier en lui inspirant une imaginaire terreur. À toi de faire vibrer le javelot dans l'air, toi dirige des deux mains le lourd épieu au large fer ; toi, gardien des filets, tu attireras par tes cris le gibier pour qu'il s'y précipite ; toi, une fois vainqueur, tu ouvriras les chairs avec un poignard recourbé. Assiste ton compagnon, divine chasseresse ; la partie du monde à l'écart des hommes est soumise à ton empire ; tes traits atteignent avec sûreté le gibier buvant les eaux glacées de l'Araxe et celui qui s'ébat sur l'Hister gelé. Ta droite frappe les lions de Gétulie, les biches de Crète ou transperce d'un coup plus prompt les daims rapides. À toi offrent leur poitrine les tigres tachetés, leur croupe les bisons velus et les sauvages aurochs aux larges cornes. Les bêtes paissant sur les terres désertes, celles qui sont connues des Arabes aux riches forêts ou des misérables Garamantes, celles que recèlent les montagnes de la farouche Pyréné ou les bois d'Hyrcanie et les vastes espaces où erre le Sarmate, toutes redoutent, Diane, ton arc ! Si un adorateur aimé a emporté dans les bois ta bénédiction, ses filets retiennent les fauves, leurs pattes ne peuvent briser les lacets ; le butin fait gémir le char qui l'emporte ; alors, les chiens ont la gueule rougie de flots de sang et la troupe des chasseurs regagne ses chaumines en un long cortège triomphal. Viens, déesse, sois favorable ; les chiens ont donné allègrement le signal. – Je suis appelé vers les forêts. C'est par ici que j'irai, à l'endroit où la route offre un raccourci.

PHÈDRE

Ô grande Crète, maîtresse de la vaste mer, dont, sur tous les rivages, les innombrables navires occupent les flots, toute l'entaille navigable jusqu'à la terre d'Assyrie que Nérée ouvre aux proues, pourquoi, après m'avoir livrée en otage à des pénates odieux et mariée à un ennemi, me contrains-tu à passer ma vie dans le malheur et les larmes ? Voici que mon époux, tel un fugitif, est absent, que Thésée témoigne à sa femme son ordinaire fidélité. Courageux soldat aux ordres d'un téméraire amant, il va parmi les ténèbres profondes du lac que l'on ne repasse jamais, pour enlever celle qu'il aura arrachée au trône du roi des Enfers ; il va, complice de sa folie furieuse, ni crainte ni pudeur ne l'ont retenu : opprobres, amours, interdits, au fond de l'Achéron va les chercher le père d'Hippolyte. Mais, plus forte, une autre douleur aggrave de sa pesanteur mon affliction. Ni repos nocturne ni profond assoupissement ne m'ont libérée de mes peines : mon mal se nourrit, croît, brûle en moi, tel le souffle de feu s'exhalant du cratère de l'Etna. Les toiles de Pallas restent en repos, la laine glisse entre mes mains, incapables de la retenir ; je n'ai plus plaisir à honorer les temples de mes offrandes accompagnées de vœux, ni, parmi les autels, mêlée au chœur des femmes de l'Attique, à agiter les torches, confidentes des cérémonies secrètes, ni à m'adresser, en de saintes prières ou des rites pieux, à la déesse régnant sur la terre qu'on lui a adjugée : ma joie est d'exciter les fauves, de les suivre à la course et de lancer de ma faible main les durs javelots. Où vas-tu, mon âme, pourquoi, dans ta folie, t'éprendre des bois ? Je reconnais le mal fatal de ma misérable mère : chez nous, l'amour a appris à commettre ses crimes dans les forêts. Ma mère, j'ai pitié de toi ! Saisie d'un mal abominable, tu as osé t'éprendre du chef farouche d'un sauvage bétail. Menaçant, rebelle au joug, l'amant, chef d'un indomptable troupeau – mais il éprouvait quelque passion. Quel dieu, quel Dédale pourrait aider mes flammes, malheureuse que je suis ? Même au cas où il reviendrait, maître dans les arts du pays de Mopsopos, celui qui enferma dans une demeure obscure ce monstre, membre de notre famille, ne garantira nul secours à mes malheurs. Vénus poursuivant de sa haine la souche du Soleil qui lui est odieuse, se venge sur nous des chaînes qu'elle a portées avec son cher Mars, charge d'opprobres abominables toute la race de Phébus : aucune fille de Minos n'a connu d'amour sans drame, toujours un interdit divin y est mêlé.

La nourrice

Épouse de Thésée, illustre progéniture de Jupiter, ces abominations, chasse-les bien vite de ton cœur pur, éteins ces flammes et à un sinistre espoir ne te montre point docile : si tout aussitôt on a résisté et expulsé l'amour, salut et victoire sont acquis ; mais si avec des caresses on a nourri son doux mal, il est trop tard pour refuser de porter le joug sous lequel on s'est mis. Et il ne m'échappe pas combien l'orgueil royal, inflexible et peu accoutumé au vrai, répugne à se voir reconduit sur le droit chemin. Quelle que soit l'issue que le sort me tienne en réserve, je la supporterai : la proximité de la libération rend la vieillesse courageuse. Le commencement, c'est vouloir le bien et ne pas perdre la route ; la moralité, c'est, en second lieu, connaître la mesure de ses fautes. Où vas-tu, malheureuse ? Pourquoi rends-tu plus odieuse encore une maison infâme et surpasses-tu ta mère ? Plus grave qu'un acte monstrueux est un acte impie ; car les actes monstrueux sont imputables au destin, les crimes à nos dispositions intérieures. Si, parce que ton mari ne voit pas les régions supérieures, tu crois que ton crime est en sûreté et à l'abri de la crainte, tu fais erreur ; imagine que Thésée est tenu caché dans le Léthé profond et endure pour toujours le Styx : et celui qui dompte les mers sous son ample pouvoir royal et donne des lois à cent peuples, ton père ? Va-t-il permettre qu'un si grand forfait demeure enfoui dans le secret ? Perspicace est la tutelle des pères. Veuillons croire pourtant qu'à force d'astuce et de ruse nous réussissions à cacher une telle impiété : et celui qui répand sur le monde sa lumière, le père de ta mère ? Et celui qui ébranle l'univers en faisant vibrer de sa main étincelante la foudre de l'Etna, le père des dieux ? Crois-tu qu'il puisse se faire que tu demeures cachée parmi des ancêtres voyant tout ? Mais supposons que la faveur complaisante des puissances divines puisse soustraire aux regards ces accouplements abominables, que ton impudicité ait le bonheur d'obtenir une garantie toujours refusée aux grands crimes : et le châtiment immédiat, l'effroi de la conscience, l'âme pleine de sa faute, se redoutant elle-même ? Une femme criminelle a bien pu échapper à la punition mais pas au tourment. Contiens les flammes d'un amour impie, je t'en conjure, et bannis de ton vouloir un sacrilège que n'a jamais commis aucune terre barbare, ni les Gètes errant parmi les plaines, ni le Taurus inhospitalier ou les Scythes nomades ; par ta volonté purificatrice extirpe un crime horrible, souviens-toi de ta mère, redoute des accouplements monstrueux. Tu te prépares à confondre les lits du père et du fils, à concevoir dans tes entrailles impies une postérité hybride ? Persiste, bouleverse l'ordre de la nature par des feux sacrilèges. Pourquoi les monstres cessent-ils d'apparaître ? Pourquoi le palais de ton frère demeure-t-il vide ? Le monde apprendra-t-il des prodiges insolites, la nature renoncera-t-elle à ses lois, toutes les fois qu'une Crétoise aimera ?

Phèdre

Ce que tu rappelles est vrai, je le sais, nourrice ; mais ma folie furieuse me contraint à suivre la voie du mal. Mon âme va à l'abîme en le sachant, puis revient aspirant en vain à de saines pensées. Ainsi, lorsqu'un nocher veut pousser à contre-courant un vaisseau chargé : sa peine se perd sans effet et, vaincu, le navire est emporté par la force rapide du courant. Que pourrait la raison ? La folie a vaincu et règne ; puissant, un dieu exerce une domination absolue sur mon esprit. Cet être ailé exerce son omnipotence sur l'ensemble de la terre, blesse Jupiter, le brûle de ses indomptables flammes. Le belliqueux Gradivus a ressenti les feux de cette torche, le dieu artisan du foudre à trois pointes les a ressentis, et celui qui, sur les hauteurs de l'Etna, ne cesse d'attiser ses bouillonnantes forges est embrasé par ce feu si ténu ; et Phébus lui-même qui de son arc dirige ses traits, l'enfant, tireur plus sûr, l'a transpercé du jet de sa flèche et voltige, causant un tort égal au ciel et à la terre.

La nourrice

Faire de l'amour un dieu, une passion honteuse et complaisante au vice l'a imaginé : pour être plus libre, elle a paré sa folie du titre usurpé de puissance divine. L'Érycine enverrait donc son fils errer parmi tout l'univers, lui, volant à travers le ciel, lancerait de sa main délicate des traits impudents, le plus petit de ceux d'en haut exercerait une si puissante tyrannie ? Ces tromperies, un esprit dément les a faites siennes : il a imaginé cette volonté divine de Vénus et l'arc du dieu. Tous ceux qui s'enivrent d'une excessive prospérité et s'amollissent dans la grande vie aspirent sans cesse à des jouissances inconnues. Alors s'insinue la sinistre compagne d'une haute fortune, la passion : on n'a plus de goût pour les mets habituels, une demeure sainement conçue ou toute nourriture. Pourquoi dans les demeures modestes s'insinue plus rarement ce fléau qui choisit les maisons raffinées ? Pourquoi un honnête amour habite-t-il sous d'humbles toits, pourquoi l'humanité moyenne garde-t-elle des sentiments sains, pourquoi les gens de condition modeste se contrôlent-ils, pourquoi, au contraire, les riches et ceux qui ont l'appui du pouvoir royal recherchent-ils plus d'avantages qu'il n'est permis ? Qui peut trop veut pouvoir au-delà du possible. Tu vois ce que doit être la conduite d'une femme élevée au trône : crains et révère le sceptre d'un mari sur le chemin du retour.

Phèdre

L'Amour exerce sur moi une royauté toute-puissante, j'en suis convaincue et ne redoute le retour de personne : jamais on n'a touché de nouveau la voûte d'en haut, quand on est descendu une fois dans la demeure ensevelie sous le silence d'une nuit perpétuelle.

La nourrice

Ne fais pas confiance à Dis, même s'il a fermé son royaume et si le chien du Styx veille sur les sinistres portes. Thésée sait trouver seul un chemin qu'on lui refuse.

Phèdre

Peut-être accordera-t-il son pardon à mon amour ?

La nourrice

Même pour une épouse irréprochable il n'eut pas de tendresse : la barbare Antiope a éprouvé son bras cruel. Mais suppose que ton époux en colère puisse être fléchi, qui fléchira le cœur intraitable de cet être ? Il fuit avec haine tout ce qui a nom de femme. Inaccessible à la tendresse, il voue les années de son existence au célibat et évite les rapports sexuels : reconnais bien la race des Amazones !

Phèdre

Cet être aimant à se fixer sur les hauteurs d'une colline neigeuse et foulant d'un pied agile les âpres rochers, je veux le suivre parmi les hautes futaies, parmi les monts. Il fera front, puis se laissera charmer et renoncera à son ordinaire pureté au bénéfice de cet amour impur !

La nourrice

Pour toi il abandonnera la haine dont il nous poursuit toutes, peut-être par haine de toi ? Il ne peut se laisser vaincre par aucune prière.

Phèdre

C'est un être farouche ? Par l'amour, nous l'avons appris, les êtres farouches se laissent vaincre.

La nourrice

Il va fuir.

Phèdre

S'il fuit, fût-ce à travers les mers, je le suivrai.

La nourrice

Souviens-toi de ton père.

PHÈDRE
Je me souviens aussi de ma mère.

LA NOURRICE
C'est notre sexe tout entier qu'il cherche à éviter.

PHÈDRE
Point de rivale à redouter pour moi.

LA NOURRICE
Ton mari va être là.

PHÈDRE
Oui, le compagnon de Pirithoüs.

LA NOURRICE
Ton père aussi va être là.

PHÈDRE
Ce père doux pour Ariane.

LA NOURRICE
Je te supplie, je te conjure par ces cheveux que fait resplendir la vieillesse, par ce cœur accablé de peines, ces mamelles qui te sont chères, mets un terme à cette folie furieuse, aide-toi toi-même. Vouloir se guérir, c'est être à moitié guéri.

PHÈDRE
Tout sens de l'honneur ne s'est pas retiré de mon âme généreuse. Nous obéissons, nourrice. Cet amour qui ne veut pas être gouverné, qu'il soit vaincu. Non, ma renommée, je ne te laisserai pas souiller. Il est un seul moyen, une seule issue pour échapper à ce mal : suivons notre mari, par la mort prévenons le sacrilège.

LA NOURRICE
Modère, toi que j'ai nourrie, les élans d'un vouloir qui n'a plus de frein, contiens les pulsions de ton cœur. Tu mérites de vivre, je le crois, puisque tu proclames que tu mérites la mort !

PHÈDRE
Ma décision de mourir est prise ; est en question mon genre de mort. Vais-je mettre fin à ma vie avec la corde, vais-je me jeter sur le fer ? Vais-je tomber précipitée du haut de la citadelle de Pallas ? Allons, armons un bras protecteur de la pureté.

LA NOURRICE
Ainsi ma vieillesse te laisserait périr d'une mort violente ? Arrête cet élan furieux : aucun être ne peut être rendu aisément à la vie.

Phèdre

Nul moyen ne peut retenir un être disposé à périr, lorsqu'il a décidé de mourir et qu'il doit mourir.

La nourrice

Consolation unique de mes ans fatigués, maîtresse, si une folie tellement violente pèse sur ton vouloir, méprise l'opinion des autres ! Cette opinion n'a que peu de faveur pour la vérité, indulgente au méchant, sévère à l'homme de bien. Tentons de séduire un cœur sombre et intraitable. À moi revient le travail d'affronter pour toi un jeune être farouche, de fléchir le vouloir cruel d'un homme inaccessible à la tendresse.

Le chœur

Déesse engendrée par les flots sans tendresse, que nomme sa mère l'ambigu Cupidon : cet enfant folâtre et souriant, jouant sans frein de ses feux ainsi que de ses flèches, avec quelle maîtrise, quelle sûreté de tir, il projette ses traits ! Sa folie glisse parmi toutes nos moelles, son feu ravage furtivement nos veines. La plaie produite n'a pas l'air étendue, mais dévore nos moelles jusqu'en leurs profondeurs cachées. Point de paix pour cet enfant. Parmi le monde son agilité répand en tous sens ses flèches : le rivage qui voit naître le soleil, le rivage qui s'étend près des bornes de l'Hespérie, les pays qui se trouvent sous le brûlant Cancer, ceux qui, rendus glacials par l'ourse de la Parrhasia, ne veulent bien accueillir que les nomades errant sans cesse, connaissent ces embrasements. Il attise les flammes fougueuses des jeunes gens et aux vieillards fatigués ramène des chaleurs éteintes ; il frappe d'un feu inconnu le cœur des jeunes filles et enjoint à ceux d'en haut de quitter le ciel pour habiter la terre sous des visages empruntés. Phébus, conducteur du troupeau thessalien, a mené le bétail, posé son plectre et appelé les taureaux de sa flûte aux roseaux inégaux. Que de fois a revêtu la forme d'êtres inférieurs celui-là même qui a fait le ciel et les nues ! Tantôt, oiseau, il a agité ses ailes blanches, la voix plus douce que celle du cygne mourant, tantôt, taureau pétulant au front farouche, il a offert la largeur de son dos aux ébats des jeunes filles et, parmi les flots fraternels, royaume inaccoutumé, imitant de ses sabots les inflexions des rames, il a dompté avec son poitrail la barrière des eaux, tremblant pour la proie qu'il emportait. Elle s'est embrasée, la claire déesse du ciel obscur, elle a quitté la nuit pour confier à son frère ses splendides attelages, exigeant une autre conduite : il apprit à mener les deux coursiers nocturnes et à leur faire décrire une courbe plus étroite, mais les nuits dépassèrent leur durée et le lever du jour tarda à revenir, tant que les essieux tremblèrent sous un char plus pesant. Le fils d'Alcmène posa son carquois et la dépouille menaçante de l'énorme lion, pour laisser mettre à ses doigts des émeraudes et discipliner ses cheveux incultes ; il attacha à ses jambes des cnémides en or ciselé et chaussa ses pieds de socques couleur de feu et, de la main avec laquelle il portait naguère la massue, il tira les fils sur le fuseau rapide. La Perse et la fertile Lydie au riche royaume ont vu la peau abandonnée du farouche lion et sur les épaules où avait reposé jadis le palais des dieux, le ciel élevé, un châle fin en tissu de Tyr. Maudit est ce feu – croyez ceux qu'il a blessés – et trop puissant. Là où l'Océan profond entoure la terre, même là où à travers le ciel courent les astres lumineux, s'étend le royaume de cet impitoyable enfant ; la troupe des Néréides au sombre azur dans les eaux profondes ressent ses traits et ne peut avec l'onde marine calmer sa flamme. La race ailée ressent ses feux ; sous l'aiguillon de Vénus, le taureau engage hardiment la lutte pour la royauté du troupeau. S'ils ont des craintes pour leurs femelles, les cerfs peureux veulent aller au combat et révèlent en bramant la fureur qui les possède. Alors l'Indien basané redoute les tigres rayés ; alors le sanglier aiguise ses crocs meurtriers et écume de toute sa gueule ; les lions puniques secouent leurs crinières, quand l'Amour les a mis en action ; alors la forêt gémit de leur rugissement sauvage. Les monstres de la mer déchaînée et les éléphants de Lucanie connaissent l'amour. La nature revendique pour elle tous les êtres. Rien ne peut se soustraire au service dû : la haine périt quand l'Amour l'ordonne ; les vieilles rages cèdent à ses feux. Faut-il allonger mon chant ? La passion triomphe des cruelles marâtres.

Nourrice, dis quelle nouvelle tu apportes. À quel endroit est la reine ? A-t-elle mis une mesure aux flammes qui la ravagent ?

La nourrice

Nul espoir qu'un si grand mal puisse s'adoucir, ces flammes démentes n'auront pas de fin. Elle est consumée par une chaleur silencieuse et elle a beau l'enfermer en elle, faire effort pour la cacher, sa folie furieuse est trahie par son visage ; de ses yeux jaillit du feu, ses paupières lasses refusent la lumière ; son irrésolution rend ses goûts inconstants et une douleur diffuse agite de multiples secousses ses membres. Tantôt, comme mourante, elle trébuche d'un pas sans force et soutient péniblement sa tête de son cou vacillant, tantôt elle s'abandonne au repos, puis, oubliant le sommeil, elle passe la nuit en plaintes ; elle ordonne qu'on la lève, puis, derechef, qu'on la mette au lit, qu'on dénoue sa chevelure, puis qu'on l'arrange à nouveau ; sans cesse importune à elle-même, elle est toute instabilité ; elle n'a plus souci de sa nourriture ou de sa santé ; elle va d'un pas indécis, désormais vidée de ses forces ; sa vigueur n'est plus la même, son visage n'a plus son éclat luisant de pourpre ; la peine fait en son corps des ravages, déjà ses pas tremblent et le charme délicat de ce splendide corps s'en est allé. Et ses yeux qui portaient les marques du flambeau de Phébus n'ont plus l'étincelle venue de sa famille, de ses ancêtres. Des larmes tombent au long de son visage et ses joues sont sans cesse baignées de leur rosée, comme les hauteurs du Taurus, où de tièdes pluies provoquent par leur chute la fonte des neiges. Mais voici que s'entrouvent les appartements d'en haut du palais royal : elle est là, étendue sur les coussins d'un lit orné d'or ; dans sa démence elle refuse ses vêtements accoutumés.

Phèdre

Écartez, servantes, ces habits teints de pourpre et d'or, loin d'ici l'éclat rouge du murex tyrien et les fibres que les Sères lointains cueillent sur les branches ; qu'une étroite ceinture retienne sans contrainte ma tunique : que mon cou soit libre de collier et que ne pende point à mes oreilles la pierre couleur de neige, présent de la mer indienne ; que mes cheveux en désordre ne soient pas inondés du parfum assyrien. Que ma chevelure, jetée ainsi au hasard, recouvre mon cou et le haut de mes épaules, agitée par ma course rapide, qu'elle suive les caprices des vents. Ma main gauche s'occupera du carquois, ma droite brandira la javeline thessalienne. Telle fut la mère de l'austère Hippolyte. Comme la fille du Tanaïs ou du Palus Méotide quittant les froides régions du Pont et emmenant ses troupes fouler le sol de l'Attique, retint sa chevelure par un nœud et la laissa flotter, en protégeant ses flancs d'un bouclier à échancrure, ainsi je parcourrai les forêts.

Le chœur

Bannis les plaintes ; le chagrin ne soulage pas les malheureux ; apaise la puissance agreste de la déesse vierge.

La nourrice

Reine des bois, qui habites, solitaire, les montagnes et, entre toutes les déesses, es adorée dans les montagnes solitaires, donne meilleur cours aux sombres événements dont nous menacent des présages. Ô déesse, puissante parmi les forêts et les bosquets sacrés, astre brillant du ciel et parure de la nuit, dont le rôle est d'éclairer, quand vient ton tour, l'univers, Hécate au triple visage, viens, sois là, accorde ta faveur à mon entreprise. Dompte l'âme glacée du sombre Hippolyte ; qu'il prête l'oreille avec complaisance, adoucis son cœur farouche, qu'il apprenne à aimer, qu'il réponde aux feux qu'il suscite. Lie son vouloir : récalcitrant, hostile, sauvage, qu'il revienne sous les lois de Vénus. Vers cet objet tends tes forces et, alors, puisse ton lumineux visage t'entraîner, puisses-tu ouvrir ta route, en rompant les nuages de tes cornes immaculées. Puissent, lorsque tu diriges l'attelage de l'éther pendant la nuit, les incantations thessaliennes ne jamais t'entraîner et puisse aucun berger ne tirer de toi sa gloire. Réponds à mon invocation, exauce maintenant mes vœux, déesse. Je le vois lui-même, en train d'offrir le sacrifice rituel, sans compagnon à son côté. Pourquoi hésites-tu ? Le sort a fourni le moment et le lieu : il faut user de tes talents. Je tremble ? Il n'est pas facile d'oser un crime dont on vous a donné mission ; mais, quand on craint les rois, il faut renoncer aux normes ordinaires et chasser de son âme tout sentiment d'honneur : le sens moral est un mauvais serviteur des rois.

Hippolyte

Pourquoi, vieille, fatiguée, avances-tu ici tes pas, ô fidèle nourrice, portant le trouble sur ton front, le visage affligé ? Du moins mon père ne court-il aucun danger, ni Phèdre, ni leur double descendance ?

La nourrice

Abandonne tes craintes. Le royaume connaît la prospérité ; notre maison est florissante et la félicité nourrit ses forces. Mais toi, accueille avec plus de douceur le bonheur, car la peine que j'éprouve à ton sujet est la cause de mon trouble anxieux : je te vois t'imposer, ennemi de toi-même, de dures souffrances. Celui que les destins accablent a des excuses pour se lamenter, mais si l'on s'offre spontanément, volontairement aux malheurs, si l'on se torture soi-même, on mérite de perdre des biens dont on ne sait pas user. Souviens-toi plutôt de ton âge, détends ton vouloir ; dresse des torches pour des fêtes nocturnes, que Bacchus te décharge de tes pesants soucis. Jouis de ta jeunesse ; elle s'enfuit en une course rapide. Maintenant ton cœur peut se laisser toucher, maintenant Vénus a du charme pour le jeune homme que tu es. Que ton cœur bondisse de joie ! Pourquoi restes-tu étendu sur une couche déserte ? Libère ta jeunesse de cette morosité ; maintenant précipite ta course, lâche les rênes, empêche que ne se perdent les meilleurs jours de ta vie. La divinité a déterminé des fonctions spécifiques et fixe des étapes dans la conduite de la vie : aux jeunes gens convient la gaieté, aux vieillards un air sombre. Pourquoi te tenir en bride, étouffer un naturel qui te porte au bien ? Donnera un grand bénéfice au paysan la moisson qui, encore verte, offre une abondance de pousses fécondes, et dépassera la forêt de sa haute cime l'arbre qu'aucune main jalouse ne coupe ou ne taille : les naturels enclins au bien se portent d'un meilleur élan vers les actions glorieuses, si la sève vigoureuse de la liberté nourrit leur noble cœur. Misanthrope, homme des bois, ignorant de la vie, vas-tu passer ta jeunesse dans l'austérité, en renonçant à Vénus ? Crois-tu donc que la seule fonction prescrite aux hommes soit de supporter de durs efforts, de dompter des chevaux à force de courses, de mener des guerres cruelles en suivant le sanguinaire Mars ? Le père très puissant de l'univers a prévu, voyant les mains du Destin si promptes à ravir, de réparer les pertes par un renouvellement continu des naissances. Imaginons que s'éloigne du monde des hommes Vénus, qui, en suppléant aux pertes épuisant l'espèce, assure sa survie, la terre, hideuse, croupira dans l'abandon et la saleté, la mer restera immobile, vide de tout navire, il n'y aura plus d'oiseaux dans le ciel, de bêtes sauvages dans les forêts, les airs ne seront traversés que par les vents. Combien divers les genres de mort violente qui emportent et harcèlent la masse des mortels : mer, fer, guets-apens ! Mais tu pourrais supposer que ces coups du destin ne soient pas là ; même si c'était le cas, de nous-mêmes nous allons vers le noir Styx. Que la jeunesse vienne à approuver le célibat et reste inféconde : tous les êtres que tu as sous les yeux seront réduits à la durée d'une seule génération, ils s'écrouleront sur eux-mêmes. Aussi prends la nature comme guide de ta vie, fréquente la ville, cherche la société de tes concitoyens.

Hippolyte

Il n'y a pas de vie plus libre, plus exempte de vices, plus respectueuse des coutumes antiques que de se tenir à l'écart des murs des villes et de s'attacher avec passion aux forêts. La folie d'un vouloir cupide n'embrase pas celui qui a consacré sa vie innocente aux cimes des montagnes, ni la faveur populaire, celle d'une foule infidèle aux gens de bien, ni la funeste envie, ni la fragile popularité ; il n'est pas asservi au pouvoir royal, il ne poursuit pas, en convoitant ce pouvoir, de vains honneurs ou une éphémère puissance ; libre d'espoir comme de crainte, l'envie perfide et vorace ne l'attaque pas de sa dent lâche ; il ignore les crimes qui ont leur demeure parmi les foules et les villes ; la conscience en paix, il n'a pas à redouter tous les bruits ou à forger de mensonges ; il ne cherche pas à étaler sa richesse en s'abritant sous des milliers de colonnes ni son insolence en décorant ses lambris d'une profusion d'or ; le sang n'inonde pas avec prodigalité ses pieux autels, des bœufs couleur de neige ne reçoivent pas, par centaines, l'aspersion du blé rituel avant d'offrir leur cou au sacrifice ; mais il dispose à son gré de la libre étendue des campagnes, exempt de faute, il marche à l'aventure sous les regards du ciel. Aux fauves seulement il sait avec habileté dresser des pièges et, épuisé par son lourd labeur, il purifie son corps dans l'Ilissos limpide. Tantôt il effleure la rive de l'Alphée au cours rapide, tantôt il parcourt les épais ombrages des hautes futaies, où transparaît l'onde pure de la Lerne glacée, puis il change de séjour ; ici des oiseaux se plaignent en gémissant et les branches, doucement battues par les vents, frémissent... ainsi que les hêtres antiques. Il aime à fouler les rives d'un cours d'eau vagabond ou à dormir d'un doux sommeil à même le gazon, soit qu'une source prodigue répande ses eaux vives, soit que parmi des fleurs nouvelles murmure doucement en sa fuite un ruisselet. Les fruits qu'il fait tomber des arbres assouvissent sa faim et les mûres qu'il arrache sur de petits buissons lui dispensent une nourriture à portée de sa main. Sa tendance est de fuir loin du luxe royal : pleine de soucis est la coupe d'or où boivent les superbes ; comme il est doux de puiser l'eau des sources dans le creux de la main ! Plus sûr est le sommeil pressant celui qui étale indolemment ses membres sur une couche dure. La malhonnêteté ne le fait pas se terrer en une obscure tanière, à la quête de rapines, la crainte se cacher dans une demeure aux multiples détours : il cherche l'air et la lumière, sa vie a le ciel pour témoin. Voilà la manière dont ont vécu, je pense, ceux que le premier âge a fait naître dans l'intimité des dieux. Ils n'avaient point l'aveugle passion de l'or, dans les campagnes, aucune pierre sacrée n'indiquait aux gens la limite séparant leurs champs ; des vaisseaux pleins de confiance ne fendaient pas encore la haute mer : chacun ne connaissait que ses propres côtes ; les villes n'avaient pas ceint leurs flancs de vastes remparts et de nombreuses tours : le soldat ne s'armait d'une main cruelle ; la baliste n'avait pas encore brisé les portes closes en lançant de gros blocs de pierre, la terre ne s'était vu imposer aucun maître et n'endurait pas l'esclavage que lui font subir les bœufs sous le joug ; mais les champs, d'eux-mêmes féconds, nourrissaient les populations, sans requête de leur part ; la forêt dispensait ses ressources naturelles, les antres obscurs leurs abris naturels.

Rompirent cet accord la fureur impie du lucre, la rage aveugle, la passion entraînant les vouloirs qu'elle enflamme ; vint la soif sanguinaire de la domination, le faible devint une proie pour le fort ; au lieu du droit il y eut la force. Alors on se mit à combattre à mains nues, puis on usa comme armes de pierres et de branches, telles qu'on les trouvait. Il n'y avait pas de cornouiller léger, armé d'une mince pointe de fer, d'épée à longue lame suspendue au flanc, de casques chevelus à l'aigrette visible au loin. La rancœur façonnait les armes.

Le belliqueux Mars inventa des techniques nouvelles et mille types de morts. Alors, à larges flots, le sang imprégna toute la terre et la mer en devint rouge. Alors, sans rien pour les arrêter, les crimes pénétrèrent dans toutes les demeures, aucune impiété ne resta sans exemple. Par le frère fut tué le frère, par la main du fils mourut le père, sous le fer de son épouse succomba le mari, et des mères impies firent périr leurs propres enfants. Je passe sous silence les marâtres : il n'y a pas plus de douceur ici que parmi les fauves. Mais parmi les pervers la femme vient en tête : cette ouvrière de crimes tient sous sa dépendance les âmes ; ce sont les adultères de cet objet impur qui réduisent en fumée tant de villes, poussent à la guerre tant de nations, écrasent tant de peuples sous leurs royaumes détruits de fond en comble. Ne parlons pas des autres : l'épouse d'Égée, Médée donnera, à elle seule, une image des femmes, cette sinistre race.

La nourrice

Pourquoi le crime de quelques-unes devient-il la responsabilité de toutes ?

Hippolyte

Je les maudis toutes, je les ai en horreur, je les fuis, je les exècre. Que ce soit raison, que ce soit tempérament, que ce soit fureur inhumaine, j'ai décidé de haïr. Au feu on unira l'eau, la Syrte perfide offrira aux vaisseaux des bas-fonds accueillants, du plus lointain de ses golfes, en Hespérie, Téthys fera lever le jour brillant et les loups présenteront aux daims un museau caressant, avant que je me laisse vaincre et montre à la femme de la tendresse.

La nourrice

Bien des fois Amour met un frein aux rebelles, prenant la place de leur haine. Regarde le royaume de ta mère. Ces femmes farouches éprouvent, elles aussi, le joug de Vénus. Tu en portes témoignage, toi, l'unique enfant mâle de leur race.

HIPPOLYTE

La seule consolation que j'ai d'avoir perdu ma mère c'est qu'il m'est désormais possible de haïr toutes les femmes.

LA NOURRICE

Comme un dur rocher résiste sur tous ses côtés aux flots sans se laisser dompter, en rejetant au loin les vagues qui l'assaillent, ainsi il dédaigne mes paroles. Mais Phèdre s'avance précipitamment, au comble de l'impatience. Vers quelle issue la Fortune se donnera-t-elle cours ? Vers quel désastre se dirige sa folie ? Son corps tombe soudain à terre inanimé et la pâleur de la mort a voilé son visage. Redresse ta face, libère ta parole de ses entraves : vois, toi que j'ai nourrie, ton Hippolyte te soutient.

PHÈDRE

Qui me rend à ma douleur et ramène en mon âme d'atroces remous ? Comme il était bon de m'être dérobée à moi-même !

HIPPOLYTE

Pourquoi fuir le doux présent de la lumière retrouvée ?

PHÈDRE

Ose, mon âme, essaie, parachève toi-même la mission. Que mes paroles soient fermes et intrépides : requête timide incite au refus. Une grande part de mon crime est depuis longtemps accomplie ; il me vient trop tard ce sursaut de conscience morale : j'ai conçu un amour sacrilège. Si je mène à son terme mon entreprise, peut-être réussirai-je à dissimuler ma faute sous le flambeau de l'hymen. Il est des crimes que le succès rend avouables. Allons, passe à l'action, mon âme !

Prête un moment, je t'en supplie, l'oreille à mes confidences. Que tes compagnons, s'il y en a, s'éloignent.

HIPPOLYTE

Vois, ce lieu est libre de tout témoin.

PHÈDRE

Mais ma bouche refuse, dès que je commence à les prononcer, le passage à mes paroles ; une force puissante met en mouvement ma voix et une autre, plus puissante, la retient. Je vous prends tous à témoin, dieux du ciel : ce que je veux, je ne le veux pas.

HIPPOLYTE

Ton cœur éprouve quelque désir, mais n'est pas en mesure de l'exprimer ?

PHÈDRE

Les peines légères sont bavardes, les très grandes restent muettes.

HIPPOLYTE

Confie tes peines à mes oreilles, ma mère.

PHÈDRE

Ce nom de mère est pompeux et trop considérable ; un nom plus humble convient à mes sentiments ; appelle-moi ta sœur, Hippolyte, ou ta servante, et plutôt ta servante ; j'endurerai toute forme de servitude. Non, si tu m'ordonnais d'aller parmi les neiges des cimes, il ne me coûterait pas de marcher sur les hauteurs glacées du Pinde ; non, si tu m'ordonnais de me rendre parmi les feux et les colonnes des ennemis, je n'hésiterais pas à offrir ma poitrine aux glaives prêts à l'assaut. Reçois le sceptre qu'on m'a confié, accepte-moi comme ton esclave : à toi il convient d'exercer la souveraineté, à moi d'exécuter tes ordres. Ce n'est point le rôle d'une femme d'assurer la défense du pouvoir royal sur les cités ; toi qui es en pleine vigueur, dans la fleur printanière de la jeunesse, exerce avec fermeté sur tes concitoyens le pouvoir de ton père ; accueille avec affection une suppliante et une esclave, protège-la. Prends pitié d'une veuve.

HIPPOLYTE

Que le plus grand des dieux détourne un tel présage ! Mon père sera là, d'un moment à l'autre, sauvé.

PHÈDRE

Le maître du royaume dur à lâcher ses proies et du Styx silencieux n'a jamais permis qu'on remonte dans les demeures d'en haut, une fois qu'on les a quittées ; laissera-t-il partir le ravisseur de son épouse ? Mais, après tout, il se peut que Pluton soit, lui aussi, bienveillant à l'amour.

HIPPOLYTE

Lui du moins, les puissances célestes, qui sont équitables, le feront revenir. Mais, tant que la divinité maintiendra dans l'incertitude mes espérances, j'honorerai avec l'affection que je leur dois mes frères chéris, je saurai mériter que tu ne te considères pas comme une veuve et je tiendrai auprès de toi la place de mon père.

PHÈDRE

Ô espoir crédule des amants, ô Amour trompeur ! Ai-je assez parlé ? Je vais le harceler de pressantes prières. Prends pitié, exauce les prières d'un désir qui reste muet. – J'ai envie de parler et cela me fait mal.

HIPPOLYTE

Quel est donc le mal dont tu souffres ?

PHÈDRE

Un mal dont on croirait difficilement qu'il pût convenir à une marâtre.

HIPPOLYTE

Équivoques sont ces paroles que tu jettes d'une voix embrouillée. Parle ouvertement.

Phèdre

La chaleur de l'amour consume mon cœur en délire. Un feu dissimulé dans mes entrailles, caché dans mes veines, déchaîne sa fureur sauvage au plus profond de mes moelles et circule à travers mes veines, semblable à la flamme rapide courant à travers les lambris.

Hippolyte

C'est bien sûr ton légitime amour pour Thésée qui déchaîne en toi cette fureur ?

Phèdre

Hippolyte, c'est bien cela : ce qui enflamme mon amour c'est ce visage de Thésée jeune, celui qu'il offrait jadis adolescent, au temps où sa première barbe imprimait son dessin sur ses joues immaculées, lorsqu'il alla voir l'obscure demeure du monstre de Cnossos et tint en sa main le fil tout au long du sinueux chemin. De quel éclat il brillait alors ! Des bandelettes pressaient sa chevelure et la pudeur donnait à sa tendre face sa teinte incarnadine ; sur ses bras délicats s'implantaient de solides muscles ; c'était le visage de ta Phébé ou de mon Phébus, plutôt le tien – tel, oui, tel il fut, lorsqu'il séduisit son ennemi, c'est ainsi qu'il portait haut la tête ; en toi resplendit encore davantage un charme sans apprêt ; ton père, tout entier en toi, et cependant un peu de la sévérité maternelle composent également ta beauté : sur ton visage de Grec transparaît la rudesse scythe. Si tu avais pénétré avec ton père dans la mer de Crète, c'est pour toi que ma sœur aurait préféré façonner son fil. Toi, toi, sœur, quelque soit l'endroit où tu brilles dans le ciel étoilé, je t'invoque pour une pareille cause ; une même maison a mis la main sur deux sœurs : le père sur toi, mais sur moi le fils. Vois, suppliante, terrassée, effondrée à tes genoux la descendance d'une royale demeure. Éclaboussée par aucune tache, pure, exempte de faute, c'est pour toi seul que je me métamorphose. En toute détermination, je m'abaisse à ces prières : ce jour mettra un terme à ma souffrance ou à ma vie. Prends pitié de celle qui t'aime !

Hippolyte

Puissant souverain des dieux, avec une telle indifférence tu écoutes ces crimes ? Avec une telle indifférence tu les vois ? Et quand projettes-tu ta foudre d'une main cruelle, si aujourd'hui le ciel demeure serein ? Que tout le ciel s'ébranle, se précipite et sous de sombres nuages cache sa lumière, que les astres rebroussent chemin, poussent en arrière leur course oblique ! Et toi, être étincelant, Titan aux lumineux rayons, tu observes l'abominable crime de ta descendance ? Cache ta lumière et fuis dans les ténèbres. Pourquoi, guide des dieux et des hommes, ta main droite reste-t-elle en repos, pourquoi l'univers ne s'embrase-t-il pas sous ton flambeau à la triple pointe ? Contre moi lance ton tonnerre, transperce-moi, que ton feu passe à travers moi et vite me consume ! Je suis coupable, j'ai mérité de mourir : j'ai séduit ma marâtre. Moi seul t'ai-je paru digne de ta lubricité et une matière facile pour un si grand crime ? Voilà le traitement qu'a mérité ma rigueur morale ? Ô toi qui par ce crime triomphes de la race entière des femmes, ô toi qui as osé un acte plus infâme que ta mère porteuse d'un monstre, toi plus perverse que celle qui t'a engendrée. Elle s'est souillée de ce seul accouplement et pourtant sa faute, longtemps enfouie dans le silence, son accouchement l'a révélée avec la marque d'infamie inscrite dans la double forme, et l'enfant, de nature ambiguë, a dévoilé le crime par son sauvage museau. Ce ventre t'a portée ! Ô trois fois et quatre fois heureux ceux que transpercèrent, firent périr, mirent à mort la haine et la perfidie ! Père, je t'envie : c'est un fléau plus grand, plus grand que la marâtre colchidienne.

Phèdre

Moi aussi je reconnais le destin de notre maison : nous recherchons ce que nous devons fuir ; mais je ne suis pas maîtresse de moi-même. Toi, parmi les flammes, parmi la mer déchaînée, je te suivrai et aussi parmi les rochers, les fleuves qu'emporte un courant impétueux ; partout où tu porteras tes pas, là je serai poussée par ma démence. À nouveau, être altier, je me roule à tes genoux.

Hippolyte

Bien loin de mon corps pur, écarte ton contact impudique… Qu'est-ce là ? Elle ose se précipiter pour m'étreindre ? Tirons notre épée, qu'elle subisse jusqu'au bout un supplice qu'elle a mérité. Allons, tordant ses cheveux, j'ai, de ma main gauche, renversé en arrière sa tête impudique : jamais un sang n'a été plus légitimement offert à tes autels, déesse qui portes l'arc.

Phèdre

Hippolyte, maintenant tu accomplis mes vœux, tu guéris ma fureur. C'est même aller au-delà de mes vœux que, mon honneur sauvé, je meure par tes mains.

Hippolyte

Va-t-en, vis, afin que tu n'obtiennes rien de moi ; et que cette épée qui t'a touchée quitte mon flanc pur ! Quel Tanaïs lavera ma souillure, quel Palus Méotide débouchant avec ses eaux barbares dans la mer du Pont ? Non, le père souverain des ondes lui-même ne pourrait avec l'Océan tout entier me purifier d'un tel crime. Ô forêts, ô fauves !

La nourrice

J'ai surpris la faute. Mon cœur, pourquoi restes-tu inerte, paralysé ? Renvoyons sur lui l'accusation et prenons l'initiative de dénoncer un amour impie. Par un crime il faut voiler un crime ; la meilleure sécurité, lorsqu'on éprouve des craintes, c'est de passer à l'attaque. Avons-nous osé les premières ou subi l'abominable forfait, puisque la faute est demeurée secrète, quel témoin le saura ? À nous, citoyens d'Athènes ! Troupe fidèle des serviteurs, portez-nous secours ! Hippolyte, qui l'a ravie au prix d'un abominable adultère, presse de menaces redoutables de mort cette femme pure, en la terrifiant de son fer ; voyez, il est parti en catastrophe et a abandonné son épée dans l'affolement d'une fuite éperdue. Nous tenons la preuve du crime. Cette malheureuse, ramenez-la d'abord à la vie. Mais que la chevelure mise à mal, les cheveux arrachés restent tels qu'ils sont comme les marques d'un forfait tellement atroce. Annoncez dans la ville… Reprends maintenant tes sens, maîtresse. Pourquoi te lacérer toi-même, fuir les regards de tous ? L'acte volontaire rend la femme impure, non l'événement fortuit.

Le chœur

Il a fui, semblable à un ouragan déchaîné, plus rapide que le Corus assemblant des nuages, plus rapide que la flamme précipitant sa course, lorsqu'une étoile, agitée par les vents, étale ses traînées de feu. Que la renommée admiratrice des vieux âges vienne à comparer avec la tienne toutes les beautés antiques, ta figure resplendit plus magnifique, comme brille plus éclatante, en son disque plein, la rougeoyante Phébé, lorsqu'elle unit ses cornes pour rassembler ses feux et, pressant la course de son char, montre son visage toute la nuit et que disparaissent les étoiles plus petites. Tel est celui qui ramène les premières ténèbres, le messager de la nuit, peu avant baigné dans les flots, Hespérus, le même qui, les ténèbres à nouveau chassées, est Lucifer. Et toi Liber, venu de l'Inde porteuse du thyrse, perpétuellement jeune, à la chevelure jamais taillée, terrifiant tes tigres de ta lance entourée de vigne et serrant dans la mitre ta tête porteuse de cornes, tu ne surpasseras pas Hippolyte aux cheveux hirsutes. N'admire point trop ton visage : la rumeur a répandu parmi tous les peuples le nom de celui que la sœur de Phèdre a préféré à Bromius. Beauté, bien douteux pour les mortels, bref présent d'un court instant, comme tu t'effaces vite, d'un pas combien rapide ! Non, on ne voit pas les prés, embellis au printemps nouveau, être dépouillés par la chaleur brûlante de l'été, lorsque, à mi-course, il sévit au solstice, en abrégeant le cours des nuits ; on ne voit pas languir en pâlissant les lis, s'effeuiller les roses, parure agréable à nos têtes, comme on voit l'éclat qui rayonne sur des joues fraîches être ravi en un moment et chaque jour dépouiller d'un de ses attraits un beau corps. La beauté est chose fugitive : quel sage se fie à ce bien fragile ? Tant que tu le peux, uses-en. Le temps te minera en silence, l'heure passée, toujours une plus mauvaise la suit. Pourquoi cherches-tu les endroits déserts ? La beauté n'est pas en meilleure sécurité dans les lieux inaccessibles : dans un bois reculé, lorsque Titan a donné son équilibre au jour, viendront autour de toi, troupe libertine, les pétulantes Naïades, accoutumées à emprisonner dans leurs sources les beaux adolescents ; elles tendront des pièges à ton sommeil, les déesses lascives des bois, ces Dryades qui agressent les Pans errant parmi les monts. Ou bien, t'admirant du haut du ciel porteur d'étoiles, l'astre né après les antiques Arcadiens ne pourra diriger ses blancs chevaux. Récemment il s'est teinté de rouge et pourtant aucun nuage sombre ne s'est placé devant son brillant visage ; mais nous, inquiets de voir sa puissance troublée, la croyant sous l'attrait d'incantations thessaliennes, nous avons fait retentir l'airain : c'était toi le mal dont elle souffrait, tu étais la cause de son retard, tandis que la déesse des nuits te contemplait, elle a suspendu son cours rapide. Imaginons que le froid attaque moins ce visage, que ce visage affronte plus rarement le soleil, il brillera avec plus d'éclat que le marbre de Paros. Combien de charme ont la virilité farouche de ce visage et la sombre gravité de ce sourcil d'homme âgé ! Tu peux comparer ton cou resplendissant à celui de Phébus, une chevelure, rebelle à toute discipline, se répand sur lui et couvre ses épaules de sa parure ; à toi sied un front hirsute, à toi sied une chevelure plus courte s'étalant en désordre ; tu peux oser vaincre par ta force, par l'ample dimension de ton corps des dieux âpres à la lutte, car, tout jeune homme, tu as des muscles à l'égal d'Hercule, une poitrine plus large que le belliqueux Mars. Si le désir te vient de chevaucher un coursier, de ta main plus habile à tenir les rênes que celle de Castor, tu sauras guider le Spartiate Cyllare. Si du bout de tes doigts tu tends la courroie et lances de toutes tes forces le javelot, les Crétois adroits à faire mouche ne projetteront pas aussi loin leur mince flèche. Ou bien si tu veux répandre tes flèches dans la direction du ciel à la manière parthe, toutes descendront avec leur oiseau, enfoncées sous les chairs tièdes, elles apporteront leur proie du milieu des nuages. Rares sont les hommes (examine bien des siècles) pour lesquels leur beauté a été sans dommage. Toi, qu'un dieu plus clément passe auprès de toi en t'épargnant et que ta glorieuse beauté montre l'image d'une hideuse vieillesse. Quel forfait pourrait laisser sans l'oser l'impétueuse fureur d'une femme ? Elle fomente d'abominables accusations contre un jeune homme innocent. Voyez ces actes criminels ! Elle cherche à inspirer confiance en lacérant ses cheveux, elle bouleverse toute l'harmonie de son visage, elle humecte ses joues : la tromperie est construite avec une fourberie toute féminine.

Mais quel est cet homme, portant sur le visage une prestance royale et levant si haut la tête ? Comme ses traits rappelleraient le jeune descendant de Pitthée, si ces joues ne blanchissaient d'une pâleur morbide et s'il ne se présentait la chevelure hirsute, la tenue négligée. Voyez, Thésée en personne, rendu à la terre, est là.

Thésée

Finalement j'ai réussi à fuir la région de la nuit éternelle et le ciel enfermant les mânes dans l'ombre d'un vaste cachot ; aussi mes yeux ont-ils peine à supporter ce jour désiré. Déjà pour la quatrième fois Éleusis moissonne les présents de Triptolème et autant de fois la Balance a fait le jour égal à la nuit, tandis que l'incertitude pénible d'un sort inconnu m'a tenu captif entre les souffrances de la mort et de la vie. Mort, il ne m'est resté que cette unique part de vie : le sentiment de mes malheurs. Alcide y a mis un terme : tout en tirant avec lui le chien arraché au Tartare, il m'a ramené moi aussi vers les régions supérieures. Mais ma vaillance épuisée n'a pas son ancienne force, mes pas tremblent. Las ! Combien fut immense ma peine pour gagner des profondeurs du Phlégéthon le ciel lointain, fuir la mort, suivre Alcide. Quel bruit confus de pleurs a frappé mes oreilles ? Qu'on me le révèle ! Deuil, larmes, douleur, lamentations affligées sur mon propre seuil ? Accueil hospitalier tout à fait digne d'un hôte venant des Enfers !

La nourrice

Phèdre affiche une volonté obstinée de se tuer, elle dédaigne mes pleurs, aspire intensément à la mort.

Thésée

Quelle raison la pousse au trépas ? Pourquoi veut-elle mourir au moment même où son mari est de retour ?

La nourrice

C'est précisément la raison qui l'engage à hâter son trépas.

Thésée

Tes propos embrouillés enveloppent je ne sais quelle menace. Dis ouvertement la douleur qui pèse d'un tel poids sur sa volonté.

La nourrice

Elle ne s'en ouvre à personne ; toute à son affliction, elle dissimule son secret et a décidé d'emporter avec elle le mal dont elle meurt. Maintenant, viens, je t'en supplie, viens ; se hâter est indispensable. Ouvrez les portes closes de la maison royale.

Thésée

Ô compagne de ma couche, est-ce ainsi que tu accueilles l'arrivée de ton mari, le visage d'un époux ardemment désiré ? Débarrasse donc ta main de cette épée, rends-moi donc mon courage, révèle donc toutes les raisons qui te poussent à fuir la vie.

Phèdre

Las ! Par le sceptre, symbole de ton pouvoir, magnanime Thésée, par la vie de nos enfants, par ton retour, par ces cendres où bientôt je vais être réduite, permets-moi de mourir.

Thésée

Quelle raison t'oblige à mourir ?

Phèdre

Dire la raison de mon trépas, c'est en perdre le bénéfice.

Thésée

Personne d'autre ne l'entendra, moi bien sûr excepté.

Phèdre

Femme pure craint les oreilles de son mari, même si elles sont seules.

THÉSÉE

Parle : fidèlement au fond de mon cœur je dissimulerai ton secret.

PHÈDRE

Si l'on veut qu'autrui garde un secret, qu'on le garde d'abord soi-même.

THÉSÉE

Aucun moyen de mourir ne sera à portée de ta main.

PHÈDRE

À qui veut mourir jamais la mort ne peut se soustraire.

THÉSÉE

Révèle la faute que tu veux expier par la mort.

PHÈDRE

D'être en vie.

THÉSÉE

Mes larmes ne t'émeuvent-elles pas ?

PHÈDRE

La meilleure mort est de mériter en mourant d'être pleuré par les siens.

THÉSÉE

Elle continue de se taire. Avec des coups, avec des chaînes, la vieille, sa nourrice déballera tout ce qu'elle refuse de dire. Enchaînez-la dans les fers. La force des coups saura lui arracher le secret qu'elle ne veut pas révéler.

PHÈDRE

Moi-même, à présent, je parlerai, arrête !

THÉSÉE

Pourquoi donc détournes-tu ton visage accablé et, en le voilant, cherches-tu à cacher les larmes jaillies soudain de tes yeux ?

PHÈDRE

Toi, toi, créateur des dieux célestes, je te prends à témoin, toi aussi, splendeur étincelante de l'éther lumineux, qui, par ton lever, es à l'origine de notre maison : harcelée de prières, j'ai résisté ; au fer, aux menaces mon cœur n'a pas cédé ; mais pourtant mon corps a subi ce viol. Cette souillure de mon honneur, mon sang la lavera.

THÉSÉE

Quel est, dévoile-le, celui qui a attenté à notre dignité ?

PHÈDRE

Celui auquel tu t'attends le moins.

Thésée

Qui est-ce ? Je veux absolument l'apprendre.

Phèdre

Cette épée le dira : terrifié par le tumulte, le violeur l'a abandonnée, redoutant les citoyens qui accouraient.

Thésée

Quel forfait, misère de moi, je découvre ? Quelle horreur monstrueuse ai-je en spectacle ? Sur la poignée resplendit l'ivoire royal, gravé de figurines, emblèmes glorieux de la race d'Actée. Mais lui-même, où s'est-il échappé ?

Phèdre

Ces serviteurs l'ont vu courir, en une fuite éperdue, de toute la vitesse de ses jambes.

Thésée

Sainte Piété ! Pilote du ciel et toi qui exerces ta puissance sur les flots, le second royaume, d'où vient ce fléau, cet être d'une race infâme ? Est-ce la terre grecque qui l'a nourri ou les Taures de Scythie et le Phase de Colchide ? Une race a des retours vers ses fondateurs et un sang indigne de sa race reproduit sa souche première. On a bien là toute la folie de cette race guerrière : haïr les lois de Vénus et prostituer à tout venant un corps demeuré longtemps chaste. Ô race hideuse que n'a domptée aucune loi d'une terre moins perverse ! Les fauves même évitent, par instinct, dans leurs amours le crime impie et une pudeur inconsciente leur fait observer les lois du sang. Où sont le visage qu'il se donnait, sa grandeur virile feinte, la raideur de ses attitudes, voulant imiter modes et usages des temps antiques, la sombre morosité de ses mœurs, l'austérité de ses sentiments ? Ô vie hypocrite ! Tu portes en toi des penchants cachés et tu revêts tes instincts pervers d'une apparence de beauté morale. Ta réserve sert de masque à ton impudence, ton calme à ton audace, ta piété à ta criminelle impiété. Les hypocrites font profession de vérité, les délicats simulent la rigueur. Habitant des forêts, qui te veux farouche, chaste, pur, vierge, est-ce pour moi que tu te réserves ? C'est d'abord par ma couche et par un crime si atroce que tu as voulu commencer ta vie d'homme ? Désormais, désormais, je rends grâce aux puissances d'en haut qu'Antiope soit tombée frappée par ma main, qu'en descendant vers les antres du Styx je ne t'aie pas abandonné ta mère. Va, fugitif, courir au loin parmi des peuples inconnus : une terre, sise à l'écart aux extrémités de l'univers, peut bien te séparer de moi par toute l'étendue de l'Océan, tu peux bien habiter aux antipodes, tu peux bien, enfoui dans la profondeur de la retraite la plus lointaine, être allé au-delà des horribles royaumes des sommets polaires et, parvenu au-dessus des temps froids et des neiges blanches, avoir laissé derrière toi les menaces grondantes du glacial Borée déchaîner leur fureur, malgré cela tu subiras le châtiment de tes crimes. Dans ta fuite, avec obstination, je te traquerai parmi tous tes refuges. Espaces lointains, fermés, cachés, sis à l'opposé, inaccessibles, je les parcourrai, aucun lieu ne me fera obstacle : tu sais d'où je reviens. Là où des traits ne peuvent être lancés, je lancerai des imprécations. Mon père, dieu de la mer, m'a permis de former trois vœux qu'il exaucerait et il a scellé ce présent d'un serment par le Styx. Allons, accomplis cette amère faveur, toi qui règnes sur les flots ! Qu'Hippolyte ne voie pas plus longtemps la lumière du jour et, en pleine jeunesse, se rende chez les mânes irrités contre son père. Apporte maintenant à ton fils cette aide exécrable, père : jamais je n'aurais dépensé le dernier présent de ta puissance divine, si je n'avais subi la pression d'atroces malheurs : dans les profondeurs du Tartare, chez l'horrible Dis, parmi les instantes menaces du roi des Enfers, j'ai ménagé ce vœu. Accorde maintenant ta promesse. Père, tu hésites ? Pourquoi les ondes demeurent-elles encore en silence ? À présent fais que les vents ébranlent les sombres nuées pour étendre un voile de ténèbres, obscurcis le ciel et les étoiles, fais déborder la mer, mets en branle la foule des monstres marins et appelle du fond même de l'Océan les flots en fureur.

Le chœur

Ô grande mère des dieux, Nature, et toi, maître de l'Olympe porteur de feu, qui emportes en une course rapide les astres épars dans le ciel et les planètes vagabondes, qui si vite fais tourner les cieux sur leur axe, pourquoi mets-tu un soin si attentif à mouvoir le cycle permanent des espaces célestes ? Ainsi, tantôt l'hiver blanc de frimas dénude les forêts, tantôt aux arbustes reviennent leurs ombrages, tantôt la crinière du Lion, de retour avec l'été, fait, de sa brûlante ardeur, mûrir Cérès, puis l'année retrouve l'harmonie de ses forces. Mais pourquoi toi qui diriges des ensembles si grandioses, sous l'empire duquel les masses du vaste univers accomplissent en bon équilibre leurs mouvements circulaires, te soucies-tu si peu des humains, es-tu tellement loin d'eux, sans te préoccuper d'être propice aux bons et nuisible aux pervers ? La Fortune dirige sans ordre le monde des humains, répand ses présents d'une main aveugle et favorise les pires entreprises ; la funeste passion l'emporte sur des êtres sans tache, la perfidie règne à la cour des puissants. Le peuple est heureux de conférer les faisceaux à une canaille, les mêmes hommes sont l'objet de son adoration et de sa haine. L'austère vertu remporte comme prix de sa droiture des récompenses perverties ; une méchante gêne est le lot des hommes aux mœurs pures ; l'adultère, rendu puissant par son vice, est roi. Ô vanité de la pureté morale, mensonge de sa gloire !

Mais quelle nouvelle apporte le messager d'un pas précipité, en inondant lugubrement son visage de larmes désolées ?

Le messager

Ô sort amer et dur, lourdes contraintes de la servitude, pourquoi les circonstances m'appellent-elles à annoncer une abominable nouvelle ?

Thésée

Ne crains pas d'exposer hardiment d'âpres calamités : je porte un cœur fort bien préparé aux épreuves.

Le messager

La langue refuse à la douleur les paroles qui vont produire du chagrin.

Thésée

Révèle le sort qui pèse sur ma maison ébranlée.

Le messager

Hippolyte, misère de moi, succombe en un déplorable trépas !

Thésée

Moi, son père, je sais depuis longtemps que mon fils est mort ; c'est maintenant celui qui nous a ravi notre honneur qui a disparu. Expose point par point sa mort.

Le messager

Lorsque, fugitif, il eut quitté la ville d'un pas hargneux et mené une course rapide, à enjambées précipitées, bien vite il place ses coursiers sous un bel attelage et fixe à leurs museaux domptés le mors et les rênes. Alors, après s'être dit beaucoup de choses à lui-même, exprimant toute l'horreur que lui inspire sa patrie, bien des fois il appelle à l'aide son père et, laissant flotter les rênes, agite avec ardeur leur courroie, lorsque depuis le large la mer s'enfla soudain avec une immense ampleur et grandit jusqu'aux astres. Aucun vent ne souffle sur l'étendue salée. Nulle part le ciel serein ne gronde, la tempête trouble seulement le calme de la mer. L'Auster ne met pas autant de force à bouleverser le détroit sicilien et la mer ne soulève pas aussi haut ses vagues, quand le Golfe est en furie et que règne le Corus, lorsque les rochers tremblent sous les flots et que la blanche écume fouette le sommet de Leucate. Les flots énormes se dressent en une vaste colline, la mer grosse du monstre se rue à l'assaut des terres. Et ce fléau si terrible ne s'amoncelle pas contre les vaisseaux, il menace les terres. Les vagues déroulent péniblement leur cours ; l'onde alourdie porte en ses plis je ne sais quel fardeau. Quelle terre présente aux astres son visage inconnu ? Une nouvelle Cyclade est-elle en train de naître ? Ont disparu les rochers célèbres par la divinité d'Épidaure, les Roches Scironiennes qui le sont par un crime et la terre resserrée par deux mers. Tandis que, paralysés d'effroi, nous cherchons à les repérer, voici que la mer se met tout entière à mugir, que, de toutes parts, les rochers frémissent en écho. La très haute cime projette des embruns, écume, vomit en jets discontinus les eaux, telle une énorme baleine qui circule parmi les profondeurs de l'Océan, en rejetant par la bouche les flots. La masse d'eau se hérissa dans une violente secousse, se brisa, apporta sur le rivage un fléau plus redoutable qu'on ne le craignait, la mer se rue vers la terre, suit le monstre sorti de son sein. Un tremblement secoue nos membres.

Ah ! ce qu'était l'aspect de son vaste corps ! Taureau portant haut dans les airs un cou de sombre azur, il dressait sur un front vert une épaisse crinière ; ses oreilles se dressent velues, son regard à l'ondoyant coloris suggère tour à tour le chef d'un troupeau de fauves et un animal marin : tantôt ses yeux vomissent du feu, tantôt ils brillent étrangement en un éclat de sombre azur. Sa nuque opulente forme une haute saillie de muscles et ses vastes narines vibrent en amples inspirations ; des algues fixées à eux verdissent son poitrail et ses fanons, son flanc allongé est parsemé de rougeoyant fucus ; et l'extrémité postérieure de son dos concourt à lui donner l'apparence d'un être monstrueux : l'énorme bête couverte d'écailles traîne une immense queue. On croirait voir une scie, celle qui au fond de l'Océan engloutit et brise les vaisseaux, si rapides soient-ils. La terre tremble. Épouvanté, le bétail s'enfuit de tous côtés parmi les champs et le pâtre oublie de suivre ses taureaux. Tous les fauves fuient partout hors des halliers, tous les chasseurs frémissent, blêmes, glacés de terreur. Seul étranger à cette terreur, Hippolyte cherche à retenir les chevaux en resserrant les rênes, à calmer leur panique par le réconfort d'une voix familière. Il est une route montant vers l'intérieur du pays, taillée dans les rochers bordant la mer qui s'étend à leurs pieds ; ici le mastodonte s'excite et prépare ses accès de rage. Quand il a fini de prendre son élan, qu'il a terminé ses essais, préludant à l'explosion, il s'envole en une course rapide, effleurant à peine le sol dans son allure précipitée et se dresse farouche devant les coursiers tremblants. Face à lui ton fils se lève menaçant, le regard fier, sans changer de visage, il hurle d'une voix tonnante : « Cette terreur fantôme ne brise pas mon cœur, car vaincre des taureaux est une tâche que m'a léguée mon père ». Aussitôt après, les chevaux, n'obéissant plus aux rênes, emportent le char et, se mettant à dévier de leur chemin, ils vont partout où cette folle panique entraîne leur rage et s'élancent parmi les rochers. Mais lui, semblable au pilote qui sur une mer agitée empêche son bateau de virer et d'être pris de flanc en trompant avec art la vague, il gouverne ses coursiers emballés ; tantôt il tire sur leurs bouches en serrant étroitement les rênes, tantôt pour les contenir il assène sur leur croupe une volée de coups de fouet. Le monstre les suit, les accompagne sans cesse, tantôt il règle sur eux son allure, tantôt il vient leur faire barrage en provoquant une panique totale. Il ne leur est plus possible de fuir de là, car l'horrible animal marin cornu court barrer leur chemin de toute la largeur de sa gueule. Alors les coursiers, désemparés par la panique, refusent les ordres, luttent pour s'arracher à l'attelage, se cabrent et rejettent leur fardeau. Tombé tête la première, étendu à terre, dans sa chute il a emmêlé son corps parmi les rênes où il est prisonnier et, plus il bataille, plus il serre fort les courroies qui se nouent sur lui. Percevant ce qui se passe, les bêtes, leur char allégé, sans maître, se précipitent où les pousse leur terreur. Ainsi, au sein des airs, ne reconnaissant pas son fardeau habituel et s'indignant de voir le jour confié à un faux soleil, l'attelage précipita Phaéton de la partie du ciel où il s'était égaré. Il ensanglante les champs par larges flaques et sa tête fracassée rebondit sur les rochers ; les buissons arrachent sa chevelure, la pierre dure ravage son noble visage : cette beauté maudite périt sous maintes blessures. Les roues entraînent dans leur course rapide son corps moribond ; et finalement, tandis qu'il est emporté, un tronc à demi brûlé, sorte de pal, le retient de sa pointe plantée au milieu de son aine : le maître empalé, l'attelage s'arrête un moment. Les deux chevaux sont tenus immobiles par ce choc brutal, puis ils mettent en pièces d'un même coup leur entrave et leur maître. Alors les broussailles, les buissons hérissés de ronces acérées lacèrent l'agonisant et toute pièce de bois arrache un lambeau de ce corps. En troupe funèbre, les serviteurs errent parmi la campagne, parmi les lieux où Hippolyte déchiqueté dessine un long sentier de ses empreintes sanglantes, et les chiens abattus suivent à la trace les membres de leur maître. Mais l'activité laborieuse de ces hommes écrasés de douleur n'est pas parvenue à réunir en entier son corps. Est-ce donc là l'harmonie de sa beauté ? Lui, qui naguère, illustre compagnon du pouvoir paternel et héritier certain, brillait avec tout l'éclat d'un astre, est recueilli lambeau par lambeau pour l'ultime bûcher et rassemblé en vue des honneurs funèbres.

Thésée

Ô trop puissante Nature, combien est fort ce lien du sang par lequel tu tiens enchaînés les pères et comme nous respectons ton ordre même malgré nous. J'ai voulu que meure un coupable et je pleure sa perte.

Le messager

On n'a moralement pas le droit de pleurer ce que l'on a voulu.

Thésée

Pour ma part, je regarde comme le comble suprême de mes maux que l'événement rende souhaitable ce qui est abominable.

Le messager

Et si tu t'obstines dans ta haine, pourquoi tes joues sont-elles ruisselantes de larmes ?

Thésée

Je pleure non parce que je l'ai mis à mort, mais parce que je l'ai perdu.

Le chœur

Quelles profondes vicissitudes marquent le déroulement des affaires humaines ! Contre les petits la Fortune sévit avec moindre fureur et la divinité frappe plus légèrement les gens d'humble condition. Leur calme obscurité leur préserve la paix, leur chaumière garantit à leurs vieux jours la sécurité.

Les palais touchant aux régions éthérées subissent l'Eurus, subissent le Notus, les menaces du dément Borée et le Corus porteur d'orages.

Une humide vallée endure rarement les coups de la foudre. Tremblent sous le trait de Jupiter, retentissant de ses hauteurs, le Caucase immense et le bois phrygien de Cybèle, la Mère : craignant pour ses cimes célestes, Jupiter frappe leurs alentours : une demeure plébéienne à l'humble toiture ne permet jamais de grands bouleversements. Il tonne autour des royaumes.

L'heure mouvante vole de ses ailes ambiguës et à personne la Fortune au cours rapide ne tient parole. Celui qui < revoit > les astres brillants et l'éclat du jour, après avoir quitté l'empire de la mort, se lamente tristement sur son déplorable retour et voit sa maison familiale lui réserver un accueil plus lugubre que l'Averne lui-même.

Pallas, vénérable déesse de la race d'Actée, ton cher Thésée voit le ciel et le monde des vivants, il a fui les marais stygiens, mais en retour, sainte déesse, tu ne dois rien à ton oncle rapace : le compte demeure le même pour le tyran des Enfers.

Quelle voix, chargée de pleurs, retentit du fond du palais ? Quel coup prépare Phèdre, hors de son esprit, glaive dégainé ?

Thésée

Quelle folie te pousse à cette explosion de douleur ? Que veulent dire cette épée, ces grands cris, ces coups que tu te donnes au-dessus d'un corps qui devrait t'être odieux ?

Phèdre

Moi, moi, cruel souverain des profondeurs marines, attaque-moi, contre moi lance tous les monstres de la mer au sombre azur, tous ceux que Téthys porte au loin dans ses replis profonds, tous ceux que l'Océan embrasse de ses ondes errantes et recèle en ses flots lointains. Ô Thésée toujours cruel, ô toi qui n'es jamais revenu auprès des tiens, sans leur faire courir de danger ; ton fils et ton père ont été immolés en victimes expiatoires pour ton retour ; tu anéantis ta maison, tu lui es toujours nuisible, soit par amour, soit par haine de tes épouses. Hippolyte, voilà donc en quel état je contemple ton visage, voilà ce que j'en ai fait ! Quel cruel Sinis, quel Procruste a éparpillé tes membres, quel taureau crétois, être à double nature, remplissant de son vaste mugissement la prison de Dédale, féroce sous sa tête cornue, les a déchiquetés ? Misère de moi, où s'est enfuie ta beauté, tes yeux, astres de mon destin ? Tu gis inanimé ? Viens à moi un moment, écoute bien mes paroles. Je ne dis rien de coupable : par cette main, je vais exécuter le châtiment que je te dois, plonger le fer dans mon cœur sacrilège et délivrer Phèdre à la fois de la vie et de son crime ; et toi, à travers les ondes, à travers les marais du Tartare, à travers le Styx, à travers le fleuve de feu, comme une démente je te suivrai. Apaisons les ombres ; prends ces dépouilles de ma tête, reçois ces cheveux coupés sur ce front lacéré. Il ne nous a pas été possible d'unir nos cœurs, mais il nous est du moins possible de sceller l'union de nos destinées. Meurs, si tu es pure, pour ton mari, mais, si tu es incestueuse, pour ton amant. Vais-je gagner la couche de mon époux que j'ai souillée par un crime tellement impie ? Il ne me manquait que ce sacrilège : jouir en épouse vertueuse d'un lit vengé. Ô mort, seul remède d'une passion perverse, ô mort, l'asile le plus convenable pour mon honneur blessé, je me réfugie vers toi, ouvre-moi ton sein, havre de paix. Écoutez, citoyens d'Athènes, et toi, père encore pire qu'une funeste marâtre ! J'ai proféré des calomnies et le crime impie, dont ma propre démence avait conçu l'idée insensée, est le produit de mon imagination menteuse. Ce sont des faits irréels que toi, son père, tu as châtiés et c'est parce que je l'ai accusé d'inceste qu'est mort un jeune homme chaste, pur, sans reproche. Reprends maintenant ta vraie nature ! Mon cœur impie s'est largement ouvert sous le coup du glaive justicier et mon sang offre le sacrifice dû aux mânes d'un jeune homme pur.

Thésée

Ce que tu dois faire, maintenant que ton fils a été enlevé, toi son père, apprends-le de sa marâtre : ensevelis-toi dans les plaines de l'Achéron. Pâles gorges de l'Averne et vous grottes du Ténare, onde du Léthé, propice aux malheureux et vous marais dormants, emportez un impie et retenez-le, englouti sous le poids de maux perpétuels. À présent, soyez-là, cruels monstres de la mer, soyez-là, vastes flots, tous ceux que Protée cache au fond de l'abîme des plaines liquides, moi qui me réjouissais d'un tel crime, emportez-moi dans vos gouffres profonds, emporte-moi là, toi aussi mon père qui as toujours approuvé avec complaisance mes fureurs : j'ai mérité une mort sans douceur, moi qui, en un supplice encore jamais vu, ai mis en pièces et éparpillé à travers champs les membres de mon fils et qui, en poursuivant, vengeur impitoyable, le châtiment d'une impiété imaginaire, suis tombé dans un crime bien réel. J'ai rempli de mes crimes les astres, les Enfers, les ondes. Pas un seul des royaumes tirés au sort ne me reste : ils me connaissent tous trois. Pour cela je suis revenu ? Une route s'est ouverte vers le ciel, pour mettre sous mes yeux deux deuils, une double mort violente, pour me faire allumer, privé de l'un et de l'autre, avec une même torche les bûchers de mon fils et de ma femme ? Toi qui m'as donné cette sinistre lumière, Alcide, rapporte à Dis le présent qu'il t'a fait, rends-moi les ombres que tu m'as arrachées. Moi, l'impie, j'invoque en vain la mort que j'ai quittée. Cruel artisan de trépas, toi qui as imaginé des moyens d'anéantir, d'une sauvagerie peu ordinaire, maintenant inflige-toi à toi-même les supplices qu'impose la règle. Un pin, dont on aura courbé la cime jusqu'à terre pour la renvoyer vers le ciel, me fera-t-il voler en deux morceaux vers chacun de ses bouts ou vais-je me lancer, tête la première, à travers les roches scironiennes ? J'ai vu les supplices, plus pénibles, que le Phlégéthon fait subir aux coupables qu'il tient captifs, en les emprisonnant de ses vagues de feu ; quel châtiment et quel séjour m'attendent, je le sais. Ombres des coupables, faites place, que sur ma nuque, oui, sur ma nuque soit posée la roche, qu'elle pèse sur mes bras qu'elle épuisera, ce labeur éternel du vieillard, fils d'Éole ; que le fleuve se joue de moi en mouillant les alentours de mes lèvres ; que le sauvage vautour abandonne Titye pour voler vers moi et que pour mon châtiment mon foie repousse sans cesse ; toi aussi, père de mon cher Pirithoüs, prends du repos ;

mes membres, que la roue les emporte en rapides tourbillons, sans marquer de pause à chacune de ses révolutions ! Ouvre-toi, terre : accueille-moi, sinistre chaos, accueille-moi. Mon actuel voyage vers les ombres est plus légitime, je suis mon fils. Sois sans crainte, toi qui gouvernes les ombres, je viens avec des intentions pures ; accueille-moi dans ta demeure éternelle, je n'ai plus dessein d'en sortir. Mes prières ne touchent pas les dieux ; mais, si je les invoquais pour des crimes, comme ils seraient prompts à m'accorder leur faveur !

Le chœur

Thésée, l'éternité te reste pour répandre tes plaintes : à présent, acquitte-toi envers ton fils des rites dus ; ensevelis au plus tôt ses membres hideusement déchiquetés par ces sauvages morsures.

Thésée

Ici, ici apportez les restes d'un corps chéri, posez cette masse informe, ces membres entassés au hasard. C'est là Hippolyte ? Je reconnais mon crime. C'est moi qui t'ai fait périr. Afin de ne pas être coupable qu'une seule fois, de ne pas l'être seul, voulant donner à mon cœur de père l'audace d'agir, j'ai fait appel à mon père. Voyez, je jouis du présent accordé par ce père.

Ô l'amère souffrance que cette perte pour ma vieillesse brisée ! Étreins ces membres, ces restes de ton fils, être pitoyable, de toute ta tendresse presse-les sur ton cœur écrasé d'affliction.

Le chœur

Dispose en ordre, père, les membres dispersés de ce corps lacéré, remets au bon endroit ces morceaux abandonnés pêle-mêle : ici c'est la place de sa vaillante main droite ; là il faut mettre sa main gauche experte à diriger les rênes ; je reconnais des marques de son flanc gauche. Combien de parties de ce corps se dérobent encore à mes larmes ! Continuez mes mains, tremblantes sous cette lugubre tâche ; arrêtez vos torrents de larmes, demeurez secs mes yeux, jusqu'à ce que le père achève de dénombrer les membres de son fils et de redonner forme à ce corps.

Thésée

Quel est ce débris méconnaissable, hideux, mis en pièces par tant de blessures ? Quelle partie de toi est-ce là ? Je ne sais ; mais c'est une partie de toi ; mets-la ici, ici, non pas à sa place, mais à une place vide. Est-ce le visage rayonnant d'une lumière divine, capable de fléchir des yeux ennemis ? Voilà ce qu'est devenue sa beauté ? Ô sinistres destins ! Ô cruelle faveur des dieux ! C'est ainsi que le fils revient à son père, que s'accomplit le vœu ? Tiens, prends ces suprêmes offrandes de ton père, toi qu'il faudra ensevelir de nombreuses fois ; en attendant que les flammes emportent les restes que voici.

Ouvrez cette demeure, plongée dans l'amertume par ce meurtre funeste ; que la Mopsopie tout entière retentisse en bruyantes lamentations. Vous, préparez la flamme du bûcher royal, et vous, à travers les champs, allez chercher les débris épars de son corps. Cette femme, qu'on l'ensevelisse sous le poids de la terre et puisse-t-il être lourd à sa tête impie.

Conception et réalisation : Véronique Pinchemel
Édition : Raphaële Patout
Relecture, corrections : Laure Ozon-Grisez

Achevé d'imprimé en France par Normandie Roto Impression s.a.s., à Lonrai (Orne)
N° d'impression : 1503382 - Dépôt légal : 98672-7/01 - août 2015